SOURCE DE VIE
CONTACT AVEC L'ORIGINE DE L'ÊTRE

Léonard Lassalle

SOURCE DE VIE

MY LOCAL MEDIA COMPANY LTD • ENGLAND

*Publié en 2015
Par My Local Media Company Ltd
Droits d'auteur Léonard Lassalle 2015*

N° ISBN : 978-0-9576475-4-1

Tout droit moral de l'auteur a été vérifié.

*Tous droits réservés.
Aucune partie de cette publication ne peut être reproduite, copiée ou transmise sous quelque forme que ce soit, sans acquérir à priori la permission par écrit de l'éditeur, ni être distribuée sous aucune autre forme, que ce soit la couverture ou le texte, que celle qui a été publiée par l'éditeur.*

*Couverture : Léonard Lassalle
Conception graphique et design : Laurence Lassalle
Mise en page des photos et du design général : Dahlan Lassalle
Type de Caractères : Times New Roman
Produit et imprimé par www.lulu.com*

Pour My Local Media Company Ltd, Royaume Uni

Table des Matières

Remerciements 7

Introduction 9

Chapitre 1 11
Premiers pas dans la pratique spirituelle (1937-1959)
Court historique de mes débuts, Rencontre avec celle qui devint ma compagne, Une nouvelle approche de la spiritualité, Première visite de Jean en France, Contact avec l'Entraînement Spirituel, Comment partager l'expérience ?, Rencontre avec la Bête, Épanouissement de ma conscience, Prise de conscience de mon origine, Coïncidence et Réalité, Vivre mon caractère d'indépendance, Rencontre avec les militaires, Reconnexion avec les forces de vie, Changement d'existence en France, Expérience de lévitation, Lâcher la peur, Mariage et premier congrès mondial Subud

Chapitre 2 79
Rencontres avec un homme exceptionnel (1959-1988)
Première visite de Bapak en France, De François à Léonard, Conscience avec les anges, Rencontre avec les Prophètes, Bapak, Jésus et Mahomet, La pêche, Le magasin de chaussures, Conduite à l'aveuglette sous une pluie battante, Bapak change spontanément ses plans, Je prends conscience de la réalité spirituelle du monde matériel, Le Clown de Dieu

Chapitre 3 115
Sur le prénom, la conception, le sexe, la vie et la mort
Nous devenons parents, Découvertes troublantes sur mon père Henry Valensi, D'autres histoires au sujet des prénoms, La circoncision, Mélinda aux prises avec la maladie, Le son de la Terre, Edgar et le mystère de la mauvaise odeur, Le départ de GG, Connexion à la source de l'existence

Chapitre 4 — *153*
Les effets du latihan sur notre vie familiale
Un accident de scooter ouvre sur un changement de vie, Paris, Enfin libéré des militaires, À la recherche d'un revenu et d'un endroit où vivre, J'accepte un défi, Découverte insoupçonnée d'un talent, Déménagement au Royaume-Uni, Je m'adapte à la demande, Notre première propriété, Acquisition du « 21 The Pantiles », Achat de la houblonnière, Le magasin s'épanouit et je découvre d'autres talents, Je m'instruis à travers une expérience pénible, Je suis témoin des forces du monde matériel, Après le départ de Bapak en 1987

Chapitre 5 — *228*
Le Latihan dans les voyages internationaux
Première visite à Java, Changement dans mes responsabilités spirituelles, Le premier latihan de Janusz dans une mansarde de Varsovie, Une visite astrale pendant le latihan, L'Archange, La force de vie qui tout embrasse, Problèmes à l'aéroport de Kinshasa, La danse, Être guidé par chaque partie de notre corps, Prendre conscience de nos ancêtres, L'action du latihan libère ce qui bloque notre évolution, Une rencontre avec la magie noire, Être présent dans la conscience de mon âme

Chapitre 6 — *281*
Retour en Provence
Nous quittons l'Angleterre après 26 ans, Le travail suit, Je retrouve la peinture à l'huile, Un challenge inattendu, La tragédie du 11 Septembre 2001, Une histoire de plus, Quelques mots pour finir

Glossaire — *305*

Index des changements de prénom — *306*

À propos de l'auteur — *307*

Remerciements

À Mélinda, pour son assistance précieuse pendant la rédaction de ce livre.

À nos enfants, qui l'ont rendu possible en m'offrant Dragon, un logiciel informatique de reconnaissance vocale qui m'a permis de parler devant l'ordinateur, ma vue étant trop faible à l'époque pour bien voir le clavier.

À notre fils cadet Laurence, qui a largement contribué à la mise en page de la couverture et du dos du livre.

À Laurence Shorter pour ses remarques pertinentes.

À Adrienne Campbell, décédée avant que le livre soit publié, pour son encouragement, son aide et sa motivation,

À Dahlan Lassalle pour ses précieux conseils, pour la mise en page du livre et pour l'avoir conduit jusqu'au stade final.

À Hiram Rouvillois et à Michèle Portalier pour leur travail sur la traduction en Français de Source de Vie.

À Marie-Paule Cauquil qui a corrigé mes nombreuses fautes, préparant ainsi « Source de Vie » pour l'impression.

Léonard Lassalle
84340 - Beaumont du Ventoux - France
Septembre 2015

Introduction

Source de Vie contient le récit d'expériences vécues au cours de ma vie qui n'ont pas été initiées par ma propre volonté, ni par mes désirs, mais plutôt par une instance venant d'un espace au delà de mon moi ordinaire et que je viendrai plus tard à nommer mon âme. Par contre, je ne voudrais pas vous donner là l'impression que ma vie entière a été inspirée par quelque chose de noble et d'élevé ; soyez rassurés, mon vouloir et mes désirs sont bien vivants, ils hébergent mon ego et sont toujours actifs dans ma vie de tous les jours avec des hauts et des bas, des plaisirs et des souffrances.

En octobre 1957, à 19 ans, j'ai commencé un entraînement spirituel appelé « Latihan Kejiwaan de Subud ». Graduellement, par une pratique assidue, je suis devenu conscient de ce qu'à côté de mon moi ordinaire, il y avait en moi une conscience plus profonde, plus subtile et plus permanente. Pour que cette conscience prenne racine, il m'a fallu cultiver un espace intérieur qui ne peut se révéler que quand ma conscience lâche mon moi ordinaire, c'est à dire mon ego.

Cette réalisation n'est pas venue de mon cœur ni de mon mental, mais plutôt de l'acte de les abandonner pour devenir plus réceptif et plus conscient de ma vie intérieure.

Dans « Source de Vie » je partage ces expériences, tout en sachant que par moments vous allez en trouver certaines difficiles à comprendre ou à accepter comme vraies, puisqu'elles ne sont pas rationnelles au sens terrestre du terme. Elles viennent d'une conscience différente où la logique du deux plus deux ne fera pas nécessairement quatre. Cependant leur impact sur ma vie quotidienne est évident, comme vous allez le découvrir par la suite.

Dans ma compréhension, ces expériences résultent du réveil de ma conscience initiale, celle qui m'accompagna jusqu'à ma naissance et qui trouve son origine dans la Source de Vie. Par la pratique du latihan, j'ai découvert petit à petit en moi une nouvelle forme de compréhension qui ne provient pas de déductions ou d'additions, mais plutôt d'une perception globale d'une situation sans l'usage de ma pensée ou de mes émotions.

Par cette pratique se sont développées en mon Être différentes formes de compréhension : ce qui provient du mental doit être compris par le mental, les sentiments du cœur compris par le cœur, les réalités de nature spirituelle comprises dans la conscience de l'âme. Maintenant je m'aperçois qu'en moi, chaque niveau de conscience possède sa propre réalité et ses lois d'existence.

Vingt-six ans après mon premier latihan, lors d'une réunion à l'hôtel Tara de Londres, le 2 Octobre 1983, Muhammad Pak Subuh, l'homme qui reçut le premier le latihan et que nous appelons « Bapak », me demanda de partager mes expériences de vie durant mes années de pratique du latihan.

C'est la raison principale de ce livre : conter l'histoire de mes expériences telles que je les ai vécues, en toute simplicité et en toute sincérité.

Chapitre 1

Premiers pas dans la nouvelle pratique spirituelle, 1937-1959

Court historique de mes débuts

J'ai grandi dans un environnement inhabituel, principalement dû à une mère excentrique pleine d'amour, qui m'a élevé sur une île sauvage au large de la côte varoise. Il n'y avait ni boutique ni école sur l'île du Levant et jusqu'à l'âge de six ans Je passais la plus grande partie de mon temps seul, proche de mon âme parmi les oiseaux, les poissons, les reptiles et les insectes qui habitaient l'île et son littoral. Les seuls enfants que je côtoyais étaient Sylvette, ma demi-sœur aînée de trois ans et une autre petite fille nommée Didi. Mon demi-frère Philippe, de 11ans mon aîné, avait été placé par son père dans une école de jésuites en Avignon, je ne l'ai retrouvé qu'après la guerre.

Île du Levant

Ma mère peignant l'Île du Levant à bord d'un bateau, 1932

Mon éducation artistique vint en grande partie de la nature qui m'entourait, de la musique de la mer gargouillant dans les trous de crabes, des rochers, des vagues mourant doucement sur les petites plages de galets, ou des sifflements du mistral à travers le maquis, mais aussi de ma mère qui était peintre et que j'observai attentivement, m'imprégnant de sa sensibilité à la recherche de la bonne vibration de couleur à poser sur sa toile. Je la regardais en train de scruter longuement son sujet, avant de mélanger énergiquement avec son couteau à palette, les pigments brillants et huileux pour obtenir le résultat voulu. Je pouvais rester là des heures avec elle dans le silence en admirant sa création.

En 1942, pendant la guerre, survivre sur l'île du Levant devint trop difficile ; la nourriture se raréfiait, et les bateaux d'approvisionnement faisaient de moins en moins souvent les 15 km de traversée depuis la côte. Fin Octobre de cette même année, notre mère décida de quitter l'île et de déménager dans le sud de la Drôme non loin d'un village appelé Dieulefit. Trois mois plus tard, nous apprenions que Marcel Lassalle (mon père d'adoption), décédait de ses brûlures suite à une électrocution par un câble de haute tension à Nuremberg en Allemagne. Là, notre maman trouva une école privée mixte où nous fûmes acceptés comme les seuls enfants non pensionnaires. La directrice, Mme Soubeyran, consciente de notre situation matérielle, refusa gentiment de nous faire payer. Nous fréquentâmes l'école de Beauvallon pendant neuf ans et y reçûmes une éducation élémentaire.

François peignant à Summerhill

En 1951, notre mère eut la bonne idée de nous envoyer en Angleterre dans une école libre et révolutionnaire appelée Summerhill School, dirigée par Mr A.S. Neill. Mano David, le père de ma demi-sœur, et notre grand-mère maternelle payèrent les frais scolaires. Cette école eut une influence profondément positive sur mon développement émotionnel, m'apportant la confiance en moi, en même temps que la capacité de m'exprimer couramment en anglais. Puis à 15 ans, je vins à Paris pour étudier le dessin pendant 2 années et apprendre ce qu'on appelait à l'époque la publicité : conception d'affiches et de lettres (dessiner soi-même sa typographie). Cette éducation peu orthodoxe et sans la présence d'un père, contribua sans doute à me rendre indépendant et à ne compter que sur moi-même ; j'ai tendance à être une personne factuelle, basant ma compréhension sur ce que je peux toucher, voir et sentir.

Notre mère nous éleva sans mentionner le mot Dieu ni nous parler de l'existence de la Bible, du Nouveau Testament ou d'aucune pratique spirituelle ou religieuse. Elle-même avait beaucoup souffert d'un père clergyman et autoritaire, qui devint ultérieurement colonel dans l'armée Britannique. Cependant par un changement de vie total, elle trouva sa voie individuelle en se rapprochant de la nature et nous éleva avec tendresse et d'une manière entièrement libre. J'ai écrit dans mon premier livre, «Noix et Fromage de Chèvre», les aventures de mon enfance jusqu'à la fin de mes études et de la rencontre avec Jean (prononcer Djin) qui devint par la suite ma femme.

Ma pensée rationnelle m'apporta un certain confort en me donnant une base d'où gérer mon existence. Mon univers était relativement petit mais ce que j'en comprenais avait un sens, puisque ma confiance se reposait sur la réalité de mon vécu. Ayant une nature d'artiste j'avais tendance à vivre à travers mes émotions et ma sensibilité plutôt que dans ma tête. Ceci m'aida à gouverner ma fragile embarcation à travers les courants et turbulences de la vie dans ce vaste et complexe océan des ressentiments.

Rencontre avec celle qui devint ma compagne

Ce fut dans l'atelier de peinture, à la Central School of Arts and Crafts de Londres, que je rencontrai pour la première fois Jean (qui plus tard changea son nom pour celui de Mélinda). A l'époque elle se faisait un peu d'argent de poche en posant comme modèle dans les classes de peinture du Maître Leslie Cole.

Un matin de Septembre 1956, j'entrai dans le studio de peinture avec un peu de retard. Il y régnait un silence studieux et je fus surpris

Jean (Mélinda) Londres 1956

par la beauté rayonnante du nouveau modèle vivant qui posait sur une haute chaise drapée d'un linge blanc. Ne voulant pas gaspiller ce qu'il me restait de temps à peindre, je fixai rapidement ma toile sur le chevalet bancal de l'école d'art, et tout en pressant les tubes de couleurs sur ma palette, je regardai le modèle attentivement me demandant quel angle me donnerait la meilleure composition? Après un moment de réflexion, je choisis finalement une vue de trois quarts, puis versai un peu de térébenthine dans un vieux pot à yaourt et, pinceaux en main, passai dans un état calme et réceptif… Soudainement, comme un feu qui enflammerait un champ de paille et emballé par le souffle de mon inspiration, je m'immergeai totalement dans ma créativité. Pendant l première partie de ma courte matinée je travaillais d'arrache-pied ; il n'y avait aucune pensée dans mon esprit, juste une concentration ardente. Tout en l'observant, je remarquai que ce nouveau modèle était bien différent de ceux que j'avais rencontrés à Londres et à Paris. Elle semblait intérieurement éveillée; il y avait une intensité lointaine dans son regard et ses yeux vert pâle reflétaient une conscience intérieure active.

Pendant la pause thé traditionnelle anglaise de 11 heures, je ne pus m'empêcher de la rejoindre dans le réfectoire du 1er étage et de lui demander si je pouvais m'asseoir à sa table; elle sourit timidement et acquiesça gentiment, puis nous échangeâmes nos noms, elle s'appelait Jean (Djin). « Que faites-vous à l'intérieur de vous même, pendant la pose ? » lui demandai-je, curieux de savoir si mon observation était correcte. Très surprise par ma question si personnelle, elle répondit : « rien ! » Je répétai la question plusieurs fois et elle avoua finalement : « et bien, puisque vous insistez, par moments je compte de 1 à 100 et en même temps de 100 à 1. Et aussi j'essaie de sentir le bout de mes orteils tout en faisant remonter ce ressenti dans mon corps jusqu'à ma tête et en tâchant de prendre conscience de mon Tout ». En riant maintenant, elle ajouta : « mais je réussis rarement, c'est très difficile vous savez ! » Impressionné et admiratif, je remarquai : « ce que vous faites ressemble beaucoup à un exercice de Gurdjieff ».

En vérité, une partie de nous avait déjà fusionné ; chacun était heureux de savoir que l'autre connaisse le « Travail » de Gurdjieff, ce qui établit entre nous un lien immédiat. Au cas où vous n'auriez pas entendu parler de Georges Ivanovitch Gurdjieff, c'était un ésotériste Caucasien qui apporta du Moyen Orient des techniques de développement de Soi pour les enseigner aux occidentaux. Son lieu de « Travail » était à Fontainebleau, au sud de Paris.

Jean m'informa alors qu'elle vivait et travaillait dans un centre appelé « Institut pour les Études Comparées de l'Histoire, de la Philosophie et des Sciences ». Cet Institut se trouvait dans une propriété nommée Coombe Springs, près de Kingston-on-Thames dans le Surrey. La personne en charge était un monsieur John G. Bennett et sous sa direction, ses élèves pratiquaient les méthodes de Gurdjieff. J'étais moi-même déjà intéressé par ce « Travail » et par les écrits d'Ouspensky, via un ami artiste peintre à Londres. La lecture de ces livres ésotériques me montra combien ma conscience fluctuait selon mon humeur et j'avais remarqué qu'il n'y avait rien de vraiment permanent dans mes sentiments ou mes pensées.

Jean devint vite ma compagne et nous passâmes ensemble tout notre temps libre. Je commençai à lui rendre visite à Coombe Springs, surtout en soirée, restant souvent avec elle jusqu'au petit matin ; elle aimait partager tout de sa vie avec moi, me racontant le travail intérieur qu'elle faisait en me décrivant en détail les exercices tels que « les mouvements », « les dance Derviches » ainsi que « l'exercice du Stop ! ». Mr. Bennett était le maître, tandis que certains de ses élèves les plus expérimentés prenaient aussi les classes.

En parallèle avec la vie d'artiste étudiant que je menais à Londres, je nouai rapidement de nouvelles relations avec les amis de Jean à Coombe Springs, mais pour moi la plupart des résidents et des visiteurs de l'Institut semblaient compliqués et me donnaient, d'une certaine façon, l'impression d'être « englués » dans leur dévotion envers le « Travail » de Gurdjieff et aussi envers Mr. Bennett, leur maître absolu. À 18 ans, j'étais déjà trop indépendant et déterminé pour suivre les voies de quiconque, sinon les miennes ; probablement à cause de mon éducation un peu sauvage et originale, je ne désirais pas rejoindre une organisation spirituelle qui aurait pu avoir autorité sur moi.

Une nouvelle approche de la spiritualité

À l'époque, je partageais un petit appartement au premier étage avec John Lawrence, un ami qui étudiait l'illustration à la Central School of Arts and Crafts. L'appartement se trouvait dans Belsize Park Avenue, non loin de Hampstead Heath. John avait été élevé dans le catholicisme strict d'une école privée ; nos très différents conditionnements éducatifs nous avaient conduits à des perceptions divergentes sur toutes sortes de sujets. Pourtant nous prenions plaisir à converser ensemble, chacun s'efforçant de faire comprendre à l'autre son point de vue. En matière de spiritualité, on lui avait appris à « croire » en : Dieu, le Nouveau Testament, la Bible, Jésus et ses miracles. Mon approche était que « croire » en quelque chose tend à signifier que je ne connais pas cette chose en laquelle on me demande de croire, alors que quand je connais quelque chose par le vécu de ma propre expérience, je n'ai pas besoin de croire.

«Il est préférable d'avoir confiance en ce que tu sais par ta propre expérience, plutôt que de croire en une chose dont tu ne sais rien, aussi sainte puisse-t-elle paraître », affirmais-je, ce à quoi John répondait : «mais tu ne peux pas connaître Dieu ! Tu peux seulement croire en Lui.» Et ainsi nos conversations continuaient souvent tard dans la nuit. Mon bref séjour à l'école de Summerhill m'avait appris qu'il n'y avait pas de bonne ou de mauvaise réponse ; cela dépendait de l'angle sous lequel on se plaçait. Je vois maintenant que même si nos discussions étaient intéressantes, ni lui ni moi n'avions changé de point de vue.

Je vais revenir maintenant à l'histoire du comment cette nouvelle approche spirituelle m'est parvenue. Une nuit, au début de l'été 1957, j'entendis au milieu de la nuit une voiture qui klaxonnait dans Belsize Park Avenue. Je regardai à travers une des grandes fenêtres à guillotine qui longeaient mon lit pour voir qui était assez fou pour faire un bruit pareil à 2h 30 du matin ! Et à ma grande surprise, je vis Jean et notre ami architecte Peter Gibbs qui me faisaient signe depuis la petite Austin 7 décapotable garée juste en bas de ma chambre. J'entrouvris la fenêtre et leur soufflai à voix basse : « chut, du calme, vous allez réveiller tout le quartier ! » « Pouvons-nous monter te voir ? » supplia Jean, me gratifiant d'un grand sourire. Je leur fis signe de monter. J'enfilai rapidement mon jean et ma chemise qui étaient au pied de mon lit et me précipitai en bas pour ouvrir la porte d'entrée. Ils étaient venus me dire qu'une chose incroyable s'était passée à Coombe Springs. Je remarquai leurs yeux joyeux et étincelants de vie ; ils semblaient transportés, comme touchés par la baguette magique d'une fée. « Êtes-vous ivres ? Ou avez-vous pris de la drogue ? Vous rendez-vous compte de l'heure ? » demandai-je, d'une voix aussi basse que possible. Peter me raconta le pourquoi de leur excitation : Mr Bennett, qui avait l'habitude de donner régulièrement des séminaires internationaux sur le « Travail» de Gurdjieff, avait tout récemment invité un Indonésien nommé Muhammad Pak Subuh, avec sa famille et ses amis. D'après Peter, ils étaient venus apporter à Coombe Springs un entraînement spirituel d'une nature totalement nouvelle. La décision d'inviter le gentleman indonésien avait, semble-t-il, été prise rapidement par Mr. Bennett et quelques « Gurdjieffiens » proches. Des anciens du «Travail» en furent offusqués et certains adeptes purs et durs avaient simplement quitté Coombe Springs, alors que les autres étaient restés pour recevoir « le contact » amené par le latihan que Muhammad Pak Subuh apportait.

« Il nous offre ce qu'il appelle le Latihan kejiwaan, ce qui semblerait signifier une sorte d'entraînement spirituel, expliqua en hésitant Peter, apparemment, Mr Bennett. en compagnie d'un très petit groupe de disciples choisis, ont déjà commencé le latihan depuis plusieurs mois. Ce « contact » avait été apporté d'Indonésie par un certain Hussein Rofé, qui l'avait lui-même reçu directement de Pak Subuh lors de son séjour à Java. Sur la base des résultats positifs qu'ils avaient eux-mêmes ressenti, Mr Bennett et son petit groupe ont décidé d'offrir le latihan aux autres membres présents à l'Institut de Coombe Springs. Il. expliqua pourquoi il avait pris cette décision d'inviter Pak Subuh à l'Institut : dans ses dernières conversations avec Gurdjieff, juste avant la mort du maître en octobre 1949, Gurdjieff avait suggéré à Bennett de porter toute son attention sur un nouveau courant spirituel qui viendrait d'Extrême-Orient pour aider l'humanité. Quelque temps après, un sage maître soufi du Moyen-Orient lui dit quelque chose de semblable. Puis Mr Bennett fut contacté par un ancien du « Travail » qui vivait à Chypre, Meridith Starr, qui lui affirmait avec conviction qu'avec sa brève expérience du latihan, il le recommanderait certainement comme quelque chose d'entièrement nouveau et de très prometteur. » Peter expliqua tout cela d'une seule traite et termina avec un grand sourire.

« Alors, quelle est donc la différence avec ce que vous faisiez avant – l'observation de soi, les mouvements et tous ces exercices ? » demandai-je, ne comprenant pas très bien de quoi il était question. Il expliqua : « C'est complètement différent. Avec les exercices de Gurdjieff, les gens utilisent leur volonté et leur concentration. Avec le latihan, au contraire, on n'utilise pas la volonté ou la concentration ; on s'abandonne complètement et on suit seulement ce qui vient spontanément de l'intérieur et c'est vraiment incroyable ! » Peter essayait de partager sa nouvelle expérience avec enthousiasme.

« S'abandonner à quoi, pourquoi ? » répondis-je avec cynisme ne comprenant toujours pas de quoi il parlait. Jean prit la relève, désireuse de partager avec moi sa récente expérience du latihan. Sa bouche dansait librement tandis qu'elle parlait avec joie. « Juste avant que les dames commencent le latihan, on nous demanda d'enlever nos chaussures et de fermer les yeux. Puis j'ai entendu une dame indonésienne dire : « commencez ! » Ensuite j'ai senti un mouvement venir du plus profond de moi, je ne lui ai pas résisté, je l'ai suivi. Des larmes coulaient sur mes joues et spontanément je me suis mise à chanter et à émettre des sons que je n'avais jamais émis auparavant. Il y avait à peu près 10 femmes dans la pièce et chacune se déplaçait librement et chantait, certaines en pleurant, d'autres en riant. C'était étonnant et je me suis sentie si bien après… » Pour souligner ce qu'elle partageait, elle ferma lentement ses paupières, comme pour témoigner de la sincérité de son lâcher prise. Il y avait beaucoup d'émotion dans sa voix et des larmes inondèrent ses yeux.

« Quand tout cela s'est-il passé ? » demandai-je, essayant de revenir sur terre. Jean répondit, « oh ! Juste ce soir, vers 22 heures dans la grande maison. Tous ceux qui ont commencé ce latihan se demandent vraiment ce qui leur arrive ! » Je les observais, tout en pensant : « Ces deux là sont bien illuminés ; ils déraillent complètement et Coombe Springs semble devenir un asile de fous ! »

Finalement, comprenant que leur joie et leur enthousiasme ne semblaient pas avoir beaucoup d'effet sur leur copain français, Peter intervint soudain : « Je pense que nous ferions mieux de rentrer ; Jennifer va se demander où diable j'ai bien pu disparaître ? » Jennifer est la femme de Peter. Je regardai les beaux yeux verts de Jean et dans leur luminosité pétillante, je vis une ombre de déception et sus immédiatement que c'était parce que j'avais été incapable de répondre positivement à leur immense joie. Je souris gentiment et dis : « bonne nuit, la prochaine fois essayez de venir à une heure plus raisonnable ! Au week-end prochain.» En effet, nous avions prévu que je lui rendrai visite le samedi soir suivant à Coombe Springs.

De retour dans mon lit, j'écoutai le doux ronron du moteur de l'Austin 7 s'estomper doucement dans le petit matin. Le silence qui suivit, au lieu d'apaiser mon esprit, me donna l'espace pour essayer d'évaluer ce qui venait d'arriver. Non, mes amis n'étaient visiblement pas ivres. Pourquoi s'étaient-ils donc donnés tant de mal à faire ce trajet, de Kingston upon Thames au nord de Londres, pour partager

19

leur étrange expérience avec moi ? Cela montrait certainement qu'ils me portaient dans leurs cœurs ; mais quelle était la vraie raison de leur excitation et de leur état hyper-joyeux ? Après tout, on n'entreprend pas un trajet aussi long en pleine nuit juste comme ça. Peut-être que ce qu'ils venaient de rencontrer était si vaste, si puissant, nouveau et sublime, qu'ils avaient éprouvé le besoin, dans l'ardeur de leur enthousiasme, de partager cette expérience avec la personne qui leur est la plus proche. Ces pensées répandirent un sentiment chaleureux et réconfortant dans ma poitrine ; ils ont conduit tout ce chemin parce qu'ils m'aiment. Soudain, je me sentis mal à l'aise de leur avoir dit « bonne nuit » si durement et si sèchement.

Quelques jours plus tard, en traversant l'Institut pour aller voir Jean, je remarquai qu'il y avait un changement de comportement des résidents que je croisais. Il y avait plus de légèreté et de sourires, comme si chacun s'était détendu et était devenu soudainement heureux d'être lui/elle-même. La plus jeune génération en particulier manifestait un air de liberté comme si le cordon ombilical qui auparavant les reliait à Mr Bennett et au « Travail » de Gurdjieff avait été coupé. Je les trouvais plus bavards, comme s'ils avaient été délivrés d'une tension interne probablement due à la concentration cérébrale requise par les méthodes de « self-observation » de Gurdjieff.

Première visite de Jean en France

Nous étions au début des grandes vacances de l'été 1957 et je désirais descendre dans le Midi pour rendre visite à ma mère et lui présenter Jean, que j'avais invitée à séjourner avec nous à Vallauris. Nous fîmes le long voyage en train et arrivâmes, un jour et une nuit plus tard, à Cannes sous un resplendissant ciel bleu. C'était la première fois que Jean venait en France et j'étais heureux de lui montrer cette belle partie du monde.

Ma mère fut ravie de rencontrer enfin ma « girlfriend ». C'était la première que je lui présentais et elle ressentit tout de suite une profonde affection pour elle. La différence entre la manière de vivre de nos familles respectives était bien flagrante. Jean avait été élevée dans une atmosphère bourgeoise anglaise où les sentiments de chacun ne se partageaient pas, gardant tout à l'intérieur en donnant toujours l'impression que tout allait bien et sinon, au moins était sous contrôle.

*Quartier du Devens, Vallauris
la maison de notre mère*

Dans ma famille, par contre, la plupart des émotions étaient partagées instantanément ; je dis la plupart, parce que les très profondes, celles qui causaient de la souffrance, nous les gardions pour nous afin d'éviter de blesser ceux que l'on aimait.

Sur le plan matériel, c'était tout aussi différent : en Angleterre la majorité des maisons avait une salle de bain avec eau chaude et eau froide, ainsi que des salons avec des rideaux à fleurs et des fauteuils confortables et profonds. En France, nous avions seulement un robinet d'eau froide dans la cuisine pour servir toute la maisonnée. Il n'y avait pas de salon, pas de fauteuil, ni de rideau aux fenêtres. La cuisine servait de salle à manger, de salon et de salle de travail et la seule table robuste servait à toutes sortes d'activités.

Bien que ma compagne ne montrât aucun désarroi, elle me raconta, des années plus tard, qu'elle avait été surprise par la simplicité de notre manière de vivre. C'était très gratifiant pour moi de voir que Jean s'entendait aussi bien avec ma mère ; toutes deux prenaient plaisir à bavarder ensemble sous la treille de la terrasse, pendant que Maman, cigarette aux lèvres, fabriquait ses abat-jour en raphia. Tous les jours nous nagions dans la belle bleue et assis confortablement sur ma vieille Lambretta grise, nous visitions le bord de mer et l'arrière-pays sauvage. Ces vacances furent sublimes et grisantes mais il fut bientôt temps de rentrer en Angleterre.

La rencontre avec ma mère avait été un moment important et aidait

Jean à mieux comprendre mes antécédents. J'avais fait connaissance de sa famille et j'admirais comment elle avait réussi à se libérer de son influence bourgeoise. Elle pouvait maintenant mieux comprendre que mon passé et l'éducation originale que j'avais reçu étaient ce qui avait le plus façonné mon caractère.

Dès notre arrivée, Jean retourna à Coombe Springs. Elle ne savait pas très bien ce qu'elle ferait ensuite ; la venue du latihan avait complètement changé la dynamique de l'Institut et de ses membres. Pour moi, qui n'avais pas complètement terminé mes études à la Central School of Arts and Crafts, ce fut un vrai plaisir de reprendre mes pinceaux, mes couleurs et ma palette. Je me réimprégnai rapidement dans le tourbillon de la vie d'artiste étudiant de Londres.

Contact avec l'Entraînement Spirituel

Ma sœur, son mari Toby et moi décidâmes de partager un appartement à Nevern Square, non loin de la station de métro d'Earl's Court. Toby se refaisait une santé après avoir passé trois mois de convalescence dans un sanatorium non loin de la capitale. Sylvette gagnait un peu d'argent comme modèle dans le monde de la mode londonienne. La plupart de mon temps libre je le passais avec Jean et souvent les week-ends nous allions en visite à la houblonnière de Peter et Jennifer Gibbs, dans l'East Sussex.

Mes nouveaux amis parlaient beaucoup de leur nouvelle expérience du latihan. Je m'apercevais combien cela avait de l'importance pour eux, mais je ne souhaitais toujours pas m'impliquer : je n'en éprouvais vraiment pas le besoin. Cependant, j'étais témoin des changements que l'entraînement spirituel produisait en eux et je me demandais si cela aurait aussi un effet sur moi ?

Quoique je ne pratique pas l'exercice moi-même, ma proximité avec Jean dut avoir une influence sur tout mon Être. Car je remarquai que la fragile structure que j'avais construite en moi depuis mon plus jeune âge à travers les joies et les souffrances, commençait à s'effriter. Je ne me sentais pas aussi stable qu'avant, le doute commençait à s'insinuer en moi. Savais-je vraiment qui j'étais ? Ce gars à l'intérieur de moi ne semblait jamais être le même, il fluctuait toujours selon qui était en face de lui. Je devenais de plus en plus confus et quand ma famille ou mes amis me posaient une question, n'importe laquelle, je répondais : « Je n'en sais absolument rien ; de fait, en réalité, je ne sais rien du tout, pas même qui je suis ! »

Ma sœur et Toby commencèrent à se faire du souci pour moi. Ils pensaient que mon étrange comportement pouvait être dû à l'influence de Jean, puisque je passais la plupart de mon temps avec elle. Leur supposition me dérangea, bien que je sois conscient au fin fond de moi qu'un changement avait commencé... mais je n'arrivais pas à me l'expliquer clairement. Ce qui se passait dans mes sentiments intérieurs était trop embrouillé dans ma conscience pour être partagé avec qui que ce soit, même avec ma famille.

Je me sentais vulnérable comme un très jeune enfant, comme si toutes mes défenses étaient à bas. J'étais toujours dans cet état de déréliction quand, tard dans l'après-midi d'un vendredi de la mi-octobre1957, je franchis les grandes portes de fer forgé de Coombe Springs. Automatiquement, comme si c'était devenu mon habitude, je me dirigeai droit vers la chambre de Jean, lorsque je croisai par hasard Pierre Elliot dans la cour de la maison principale. Pierre, qui avait des liens de parenté avec Mr. Bennett et qui avait étudié à la Sorbonne, ne ratait jamais une occasion de me parler en français.

« Salut, François (deux ans plus tard je changeai de prénom pour Léonard), comment ça va ? » dit-il en me souriant et en m'offrant sa main droite. Je sentis que je pouvais lui ouvrir mon cœur et je répondis d'une voix plaintive : « Pas terrible... en vérité, pas bien du tout ! Je sens que j'ai perdu mon moi, ou mes moi, que je ne sais plus rien ; ni qui je suis, ni rien d'autre.»

Les mains derrière le dos, marchant lentement tout en regardant le sol, il m'écoutait intensément. Puis soudain il cessa de marcher, tourna la tête pour me regarder directement dans les yeux et dit calmement : « Pourquoi ne commences-tu pas tout simplement le

SOURCE DE VIE

latihan ? Puis il ajouta, si tu veux, je peux l'organiser pour que tu commences ce soir.» J'étais sur le point de répondre : « Non merci, ce latihan n'est pas pour moi » quand je sentis monter en moi un silence… et ma voix intérieure, qui en de rares occasions auparavant était venue des profondeurs de mon Être pour me secourir, déclara dans une calme autorité : « Mais pourquoi pas ? Tu admets que tu ne sais rien, tu ne sais même pas qui tu es ; alors, pourquoi ne pas voir et essayer ? Qu'as-tu à perdre ? »

Cette voix intérieure sortie de mon profond me sembla juste : comment pouvais-je porter un jugement sur quelque chose dont je n'avais même pas l'expérience ? Qu'avais-je à perdre ?

Je regardais les yeux noisette de mon ami à travers sa vieille paire de lunettes en écaille de tortue ; ils étaient doux, légers et semblaient rire, ses lèvres dessinaient un léger sourire engageant. « OK, après tout pourquoi pas ? Dis-moi où et quand ? » m'entendis-je répondre. « Ce soir, 21 heures, à la hutte, répliqua-t-il en ajoutant, viens simplement, juste comme tu es. »

La hutte était une grande cabane en bois de toute récente construction. Elle avait été placée non loin de la maison principale dans le seul but d'abriter le latihan pendant qu'on finissait le Djamichunatra, un grand bâtiment à neuf pans basé sur l'ennéagramme, érigé à l'extrémité sud de la propriété.

Jean n'était pas dans sa chambre et je la trouvai dans le cottage bavardant avec sa nouvelle amie, Sheila. Elles furent toutes deux ravies lorsque je leur contai ma brève conversation avec Pierre. Une lueur apparut dans les yeux de Jean qui les fit briller comme les bâtonnets d'étincelles magiques que l'on brandit à Noël. Je compris son bonheur puisque ce serait une chose de plus que nous allions pouvoir partager dans nos échanges sur notre vie intérieure.

«Oui, je suis tellement perdu… Je réalise que je ne sais absolument rien et que je n'ai rien à perdre, alors pourquoi ne pas essayer ? » dis-je, me sentant déjà plus fort depuis que j'avais décidé d'entreprendre l'entraînement spirituel que les Indonésiens appellent « Latihan Kejiwaan ».

CHAPITRE 1

Quelques minutes avant 21 heures, je descendis vers la hutte. Mes pas étaient lents, ma respiration profonde. L'air automnal était devenu coupant et les feuilles se détachaient des arbres. Il n'y avait pas de lune et j'étais guidé dans la pénombre par une ampoule de faible voltage fixée au-dessus de la petite porte de la hutte. Pierre m'attendait debout dans l'étroite antichambre.

« Enlève juste ton manteau, ta veste, tes chaussures et tout ce qui est métallique, y compris ta montre et ta monnaie ; mets les ici sur le banc ou dans tes chaussures. » me dit-il en m'indiquant du doigt le long banc à cadre métallique et lamelles de hêtre qui se trouvait à ma droite, contre une cloison en bois.

En enlevant nerveusement mes mocassins je sentis mon cœur s'emballer et me dis : « pourquoi au juste vas-tu te laisser embringuer là-dedans ? ».

Ce n'était pas le genre de pensées dont j'avais besoin au moment même où la porte du hall du latihan s'ouvrit largement, mais il n'y avait plus de temps pour la réflexion ; je me trouvais maintenant dans une salle spacieuse. Elle était éclairée par une autre faible ampoule qui pendait librement du faîte du toit pentu, permettant à peine de voir les quatre coins de la pièce.

Mes narines détectèrent instantanément une forte odeur de pétrole brûlé et de moisissures venant des vieux tapis de laine qui recouvraient de manière disparate le plancher de bois suspendu, qui grinçait légèrement sous le poids de nos pas. Pierre me guida au centre et me plaça sous la faible lumière. Debout devant moi, à un mètre environ, était le grand, l'impressionnant Monsieur Bennett, ses yeux bleu pâle me regardaient d'un air aimable, un côté de sa bouche souriait légèrement. A sa gauche se tenait digne et silencieux Muhammad Pak Subuh, mieux connu sous le surnom de Bapak.

Je remarquai qu'il portait une paire de lunettes moderne, avec d'épais verres carrés et qu'il était la seule personne dans la pièce qui ait gardé ses chaussures ; il tenait ses mains derrière le dos, regardant au loin d'un air absent. À la droite de Mr Bennett il y avait Pierre, les yeux déjà fermés. Plus loin dans la pièce je reconnus, dans la semi-obscurité, Sjafrudin, Iksan, Batare Pane et un très jeune Indonésien du nom d'Imran appelé plus tard Asikin.

Ils appelaient le premier latihan une « ouverture » ; je me demandais ce qui en moi allait être ouvert ? Mr Bennett me sortit de mes pensées en disant d'une voix calme :

« Relaxez-vous, fermez les yeux… commencez ! » Je fermai les yeux, en pensant « commencer quoi ? ». Puis, après un bref moment je sentais qu'il y avait un mouvement d'air et qu'il y avait de l'activité dans la salle. J'entendis, venant de la direction de Mr Bennett, des bruits étranges et une sorte de chant spontané. Intrigué j'ouvris imperceptiblement mes yeux et regardant à travers mes cils je vis le très respectable Mr Bennett danser, je devrais dire plutôt gesticuler, il me fit penser à un gros orang-outang exprimant son bonheur.

Gardant les yeux mi-clos, je tournai ma tête en direction des autres bruits venant du lointain de la pièce et je vis Iksan effectuant une étrange danse javanaise d'art martial : pieds et genoux pointant vers l'extérieur, mains à plat soudainement changeant de direction comme des couperets sous le rythme de cris saccadés. Pierre avait disparu… puis il réapparut, faisant le tour de la pièce avec de grands pas lents. Chaque personne, moi excepté, exprimait son expression individuelle, indépendamment les uns des autres. Je me sentais comme un incongru dans ce lieu avec ces gens bizarres et me demandais si je devais rapidement courir vers la sortie. Voulais-je réellement être là, parmi ce groupe très spécial, en train de faire des choses étranges. Je ne me sentais pas faire partie de cet « entraînement spirituel » ; je ne savais pas quoi faire pour y participer. M'étais-je trop précipité en acceptant de venir ce soir ? Pourtant ils étaient tous venus pour faire le latihan avec moi. Pouvais-je vraiment partir ? Je me sentais maintenant très gauche, déplacé émotionnellement et physiquement. Je me demandais combien de temps cela durerait quand soudain, juste derrière moi, j'entendis un grand rot très audible… « Pourquoi ne pas péter aussi, tant qu'à faire ? Cela viendrait-il aussi de Dieu ? » pensai-je, amusé par mes pensées vagabondes. Pendant que ces réflexions plutôt critiques bouillonnaient dans ma tête, une autre éructation roula jusqu'à mes oreilles. Cette fois, c'était comme si les entrailles de la Terre s'étaient ouvertes et que des grondements profonds en sortaient sans aucune résistance. J'avais été élevé à la campagne ; j'avais toujours observé avec une certaine admiration combien semblaient soulagés les chèvres, vaches et chevaux quand ils laissaient librement leurs gaz s'échapper de leurs corps. Intrigué et curieux de savoir qui avait la capacité de roter avec une relaxation aussi naturelle, je tournai doucement la tête pour voir qui c'était.

Juste derrière mon épaule droite était Bapak, les yeux clos, le corps oscillant doucement de droite à gauche. Il semblait être dans un lieu très éloigné, cependant je me sentis entièrement enrobé dans l'espace de sa conscience. Et ma conscience se réveilla soudainement. Qu'étais-je en train de faire ? Étais-je en train de me conduire comme un voyeur ?

Je me sentis fondre à l'intérieur, tout comme une motte de beurre sous un soleil radieux et fermai les yeux, devenant très humble… puis je me vis diminuer en un Être minuscule. C'était comme si mon moi ordinaire, avec tous ses nombreux « je », s'était évaporé, il ne restait juste qu'une conscience en éveil.

Dans un silence intérieur abyssal une paix profonde s'établit, suivie par la prise de conscience qu'il y avait beaucoup de vie et de présence dans mes mains ainsi que dans mes bras qui se levaient lentement d'eux mêmes. La seule « volonté » nécessaire était de les laisser faire en leur donnant la liberté de mouvement. Ils étaient maintenant totalement déployés, suspendus dans l'espace sans aucun effort de ma part et un sourire de bien-être animait mon visage.

«Terminé ! » La voix de Mr Bennett tomba comme le tranchant d'une hache… « Terminez maintenant ! » Je me sentis irrité par cette brusque interférence et protestai : « pourquoi voulez-vous finir ? Je viens juste de commencer mon latihan ! »

« Oh, non ! Vous l'avez fait plus d'une demi-heure et ça suffit. » répondit-il à la manière d'un père qui seul sait ce qui est bon pour son enfant. Il n'y avait plus rien à dire, l'expérience, quoique plutôt brève, fut profonde et complètement nouvelle pour moi. Je sentais toujours cette grande paix intérieure en marchant lentement vers la porte de la hutte et je ne me sentais pas d'humeur à parler à quiconque.

Je me chaussai rapidement et sans attendre enfilai mon manteau, pendant que les autres sortaient lentement en parlant et en riant. Tandis que je marchais dans la nuit sombre vers les « cottages », mon esprit restait vide comme si mon mental avait été temporairement déconnecté de la source de mes pensées. Tout en marchant seul dans la froide obscurité, je me sentis merveilleusement bien. Je remarquai combien ma conscience à l'intérieur était différente de ce qu'elle était auparavant. En arrivant au cottage, je savourai un instant de vacuité, me sentant juste présent dans mon être et m'arrêtai au bas des marches, attendant de recevoir l'impulsion pour monter dans l'appartement de Sheila. Finalement j'entendis des rires venant de la petite cuisine ; cette ambiance positive me porta au haut des marches et rayonnant j'entrai dans la pièce. Ah, te voilà ! Nous nous demandions où tu étais » dit Jean avec un grand sourire exprimant son bonheur. Elle continua : « vite, dis-nous comment ça s'est passé ? Qui était là ? ». Sheila cessa de remuer la sauce rougeâtre de sa casserole et se retourna, cuillère de bois toujours en main, elle souriait elle aussi. En vérité, je n'étais pas tout-à-fait prêt à partager mon expérience qui m'avait semblé durer juste un instant, mais en voyant leur soif de savoir ce qui était arrivé à François dans son premier latihan, je cédai et laissai mon côté clownesque reprendre le dessus.

Comme nous avons ri pendant que je racontais mon histoire ! Je prenais grand plaisir à mimer Mr. Bennett gesticulant comme un orang-outan, Iksan faisant sa danse martiale dans la semi-obscurité, Pierre marchant en rond avec les mains derrière le dos, penché en avant comme s'il regardait le sol… ensuite, la majestueuse éructation et la soudaine conscience que Bapak était là, juste derrière moi.

Je redevins sérieux pour leur dire mon sentiment d'avoir été si stupide de m'être comporté comme un voyeur et puis comment j'avais littéralement fondu, après avoir senti la présence de Bapak, ce qui déclencha un profond sentiment d'humilité. Je racontai aussi comment je retrouvais une Conscience intérieure que je n'avais pas sentie depuis que j'étais enfant, mais malgré tout différente, puisque j'étais maintenant adulte.

Je me réveillai de bonne heure le lendemain matin et, étendu dans le lit le long du corps doux et chaud de Jean, je me posai une question : « si je devais mourir dans l'instant, dans quel François serai-je ? » Je lâchai mes pensées qui s'apaisèrent instantanément et je devins conscient d'un espace immense et paisible en moi, complètement hors du temps. J'eus le sentiment que ce serait là où je me trouverai à l'instant de ma mort...

Ce fut une réalisation très réconfortante que de me sentir près de la source de mon origine : être avant le mot, en pleine conscience de mon Être dans l'espace éternel. J'eus le sentiment que je serai capable de m'y reconnecter en lâchant simplement mon ego. À cette époque, j'avais 19 ans et le mot âme ne faisait pas encore partie de mon vocabulaire.

Il me tardait de faire mon prochain latihan ; cette fois je ne m'assoirai plus sur la barrière pour observer les autres, mais je descendrai dans l'arène avec toute ma sincérité, en me laissant complètement aller, tout en restant attentif à ce qu'il adviendrait.

Deux jours plus tard j'entrais à 21 heures par le grand portail noir de Coombe Springs pour participer au latihan des hommes (en règle générale on conseillait aux femmes et aux hommes de faire le latihan séparément). Il y avait déjà une longue queue d'hommes devant la hutte à mon arrivée ; le foyer était très petit et cela prenait du temps pour enlever manteaux, chaussures et objets métalliques de nos poches. Beaucoup bavardaient entre eux tout comme s'ils allaient au cinéma; d'autres semblaient être dans leur bulle intérieure, déjà dans leur propre monde.

Le regard de Peter Gibbs croisa le mien, il sourit gentiment et me dit : « à plus tard ! » tout en disparaissant dans le hall toujours faiblement éclairé. Je le suivis. Certains avaient déjà commencé leur latihan ; d'autres s'étaient assis tranquillement sur les tapis, adossés au mur. Quelques-uns, qui venaient de terminer leur demi-heure de pratique, réintégraient doucement leur présence dans le corps physique, puis sortaient.

J'ai choisi un endroit pour avoir assez d'espace et pouvoir, au cas où, suivre librement les mouvements qui viendraient de mon profond sans déranger personne. Maintenant, les yeux fermés, les bras relâchés le long du corps, pieds légèrement écartés, je me tenais debout dans un silence sincère avec une aspiration à ne pas résister à quoi que ce soit qui viendrait de l'intérieur. Il me semblait être comme devant un portail fin et invisible, en attente d'impulsions qui me feraient mouvoir dans l'espace encore inconnu de mon univers intérieur.

Portant quelques instants ma présence à l'extérieur de moi-même, je réalisai que la salle était maintenant remplie d'autres hommes, chacun profondément pris par son propre latihan. Le mélange de sons et de mouvements produits par tous était dense et surprenant. Fermer les yeux bloqua ma vision de l'entourage, mais je ne pouvais fermer les oreilles au tumulte étrangement harmonieux, mais pourtant chaotique, qui se manifestait autour de moi. Comment pouvais-je rester si tranquille, si paisible dans un lieu qui avait plus l'air d'un asile de fous que d'un lieu de dévotion. Semblable à des roseaux qui puisent l'eau vive par leurs racines et qui se laissent balancer dans la brise, je laissai mon Être s'imprégner des vibrations résonantes de la salle. Je notai un certain détachement de mon corps et de ce qui se passait autour de moi et ma conscience bascula doucement dans un niveau d'existence différent, plus clair, plus embrassant et bien plus large.

Un certain temps plus tard, mon attention fut attirée par une voix discordante que mes oreilles discernèrent dans le vacarme général. Elle semblait se rapprocher de plus en plus jusqu'à être si proche de moi que je ne pus m'empêcher d'entrouvrir les yeux. Là, debout, juste en face de moi, à moins d'une coudée, se tenait un petit homme barbu, dans la trentaine avancée, le front ridé et renfrogné par ses yeux énergiquement fermés. Des sons déplaisants venaient de sa bouche dissimulée par une grande barbe en broussaille. Me reculant légèrement je pensais : « Que dois-je faire ? Dois-je m'éloigner ? » Puis je réalisai soudain que j'étais passé de mon Être intérieur au moi du François extérieur. Je me tenais là, gêné et déconnecté du latihan. J'attendis… et après un laps de temps, comme rien ne changeait, je m'abandonnai totalement à nouveau. La réponse à ces questions ne vint pas en paroles de mon mental mais à travers un complet lâcher-prise des sensations déplaisantes que mes pensées entretenaient envers cet homme. Ce fut intéressant de remarquer qu'aussitôt que je me détachai de la source de mes soucis (qui venaient en vérité de mon ego), le bruyant petit barbu s'éloigna et je me reconnectai aux vibrations plus fines du latihan.

Tout mon corps maintenant, mes mains en particulier, semblait être devenu plus grand, comme rempli d'une vibration en expansion. Mes bras s'étaient soulevés sans pesanteur, tirés vers le haut par quelque force magique. Je reconnus ce que j'avais commencé à éprouver lors de mon premier latihan. Les mouvements qui venaient spontanément, je les laissai s'épanouir librement. Je devins le spectateur d'un « happening » dans mon corps. L'impulsion ne venait pas de ma volonté, car cette partie de mon Être ne semblait pas active, mais de quelque part ailleurs. Pourtant, mes mouvements étaient en harmonie avec mon Être entier. Les poignets suivirent, ondulant avec lenteur, semblables aux mouvements des ailes des goélands qui planent au-dessus de la houle des océans. Maintenant, mon corps entier suivait ce rythme lent et harmonieux. Je ne voyais pas seulement mon corps se mouvoir avec souplesse, ma conscience aussi était devenue plus vaste. En même temps j'étais pleinement conscient des autres qui faisaient leur entraînement spirituel autour de moi. Distance, temps et volonté s'évanouirent en même temps que l'ego. Ma présence semblait se situer dans une dimension différente où la conscience ordinaire n'existe pas. Aussi fus-je très surpris d'entendre, venant de quelque part dans la pièce, la voix aimable de Bob Wiffin dire : « Fini maintenant ! » Je remarquai en fait que la cacophonie du latihan s'était tue ; un profond silence envahit le vaste espace de notre hutte. Je trouvai un coin où je pus m'asseoir. La sensation en moi était si agréable que je ne voulais pas l'arrêter. Je restai là quelque temps, assis sur le plancher, savourant la paix de ma conscience. Les hommes se levaient et quittaient la pièce. Je remarquai avec quelle douceur je retournais dans ma conscience ordinaire ; les pensées revinrent dans mon mental. Je vis mon ami Peter Gibbs sortir de la pièce et je le suivis. Avant de remettre ses chaussures, il me regarda de ses yeux pâles qui brillaient de joie comme pour me dire : « Maintenant tu comprends pourquoi nous sommes si excités par cet incroyable latihan. »

Comment partager l'expérience ?

Bapak nous recommandait de pratiquer l'entraînement spirituel deux ou trois fois par semaine mais pas plus ; apparemment au début il n'était pas bon de le pratiquer trop souvent car cela aurait eu tendance à nous déconnecter du monde matériel. Je choisis de le faire deux fois par semaine, afin de ménager ma bourse sur le coût du trajet Londres-Coombe Springs.

Quelque chose en moi était enthousiasmé par l'expérience. Ce « contact » était si simple : pas besoin de mots pour le recevoir, pas de technique, pas de devoirs, pas de règles, pas d'exercices à apprendre, pas besoin de maître ou de gourou. Tout ce qu'il fallait faire était de lâcher sa personne, complètement et en toute sincérité et c'était tout. Dans les semaines qui suivirent je rejoignis régulièrement les hommes pour faire le latihan dans la hutte en bois. Je remarquai que les expériences ne se répétaient pas, chaque fois c'était différent, comme si j'étais entré dans une conscience constamment en évolution. Les mouvements qui émanaient de mon Être étaient maintenant accompagnés spontanément de sons émergeant de mon profond. Certains étaient plaisants et harmonieux, d'autres rauques et discordants. Je dois dire cependant que je ne restais pas dans un latihan continu pendant toute la demi-heure. Je me surprenais souvent en train de m'échapper vers mon mental, me trouvant soudain en train de penser mécaniquement à telle ou telle chose. C'était quelque peu troublant ; pourquoi n'étais-je pas capable de garder ouvert le robinet spirituel pendant toute la demi-heure ?

Je découvris, quelques mois plus tard, que ceci faisait partie du processus de lâcher-prise et c'est pourquoi le « latihan kejiwaan » est appelé un « entraînement spirituel ». Il porte notre conscience à un autre niveau d'être, où le mental ordinaire et les pensées ne peuvent accéder. Mais quelle que soit la qualité de mon latihan, je ressens toujours la même chose quand il est terminé : un profond sentiment de paix dans tout mon Être.

Naturellement tout cela était excitant ; c'était complètement neuf pour moi, et rien dans mon expérience de vie précédente ne pouvait lui être vraiment comparé.

Souvent, dans la journée, je me sentais léger, heureux, comme si quelque chose en moi avait été libéré, mais je n'aurais pu dire quoi, ni comprendre d'où cela venait. Je voulais partager cette sensation légère, heureuse, avec mes amis et ma famille proche - et même avec les gens dans la rue. Par moments, j'avais même envie de grimper sur le fronton de l'entrée de la station du métro Earls Court et de crier aux passants : « Hé, ho, vous là-bas ! enfin la bonne nouvelle est arrivée ! Et c'est pour vous tous aussi, venez, venez... ».

Mais je savais fort bien que si je suivais cette impulsion, je passerais pour le fou du village. Comment pouvais-je bien partager cet enthousiasme avec les autres ? Comment l'expliquer clairement ? Quels mots utiliser pour faire comprendre sa simplicité, son accessibilité ? Tout était trop nouveau ; je n'avais pas le vocabulaire à l'époque, ni l'assurance ou la compréhension pour trouver les mots justes.

Un dimanche soir, je revenais de Coombe Springs vers l'appartement de Nevern Square, me sentant léger et heureux après un latihan particulièrement revigorant. Ma sœur Sylvette et son mari Toby étaient là, car nous avions décidé de dîner ensemble. Pendant le repas elle me demanda, « pourquoi es-tu si pétillant et si heureux dernièrement ? Que t'est-il arrivé ? Tu n'es plus vraiment le même ! » Je me sentis aussitôt acculé, cherchant les mots justes pour expliquer ce qui se passait car c'était vrai que quelque chose était en train de changer en moi. Tous les deux me regardaient d'un air inquisiteur, guettant ma réponse… « Eh bien c'est cet incroyable « latihan » ! C'est–euh… cet entraînement spirituel, que je viens de commencer, c'est tout simplement extraordinaire ! » J'essayai désespérément de partager mon enthousiasme, mais les mots venaient difficilement. « Les hommes et les femmes le font séparément, vous voyez, on se tient comme ça, debout aussi relaxé que possible et des choses se passent…viennent des mouvements ou même parfois je danse, je chante ou je fais de drôles de bruits. Tout ça arrive spontanément car rien n'est fait intentionnellement. Ça dure environ 30 minutes et après chacun se sent comme propre et paisible à l'intérieur.» Toby me regardait avec doute et suspicion et l'œil préoccupé, il me dit d'une voix paternelle : « pour moi, cela me paraît très dangereux ; comment sais-tu d'où vient ce… « latihan » ? Tout ça me semble très bizarre et si j'étais toi, je m'en écarterais ! » Et dans ma tête je me dis : « Oh non ! je leur donne une mauvaise impression. Pourtant, de me sentir heureux, n'est-ce pas la preuve que c'est juste ? » Sylvette me poussa plus loin dans le désespoir en ajoutant : « oui, Toby a raison, c'est complètement stupide ! Tu n'as aucune idée d'où vient ce truc ! En tout cas tu te comportes étrangement ces derniers temps. Je suis sûre que c'est à cause de cette fille avec qui tu sors ! C'est bien ça hein ? »

J'étais maintenant à l'agonie à l'intérieur, me sentant complètement incompris. Ma peine était douloureuse. Comment avais-je pu en arriver là ? Je les aimais tellement tous les deux et je savais que ma sœur se faisait du souci pour son petit frère ; oui, c'était vrai que je changeais, mais comment ne pas changer quand, en moi, je découvrais tant d'espace d'une immensité joyeuse, tant de conscience aigüe que je n'avais jamais connus auparavant. Cela me rappelait ma situation de jeune enfant, quand je pouvais voir des choses, les comprendre et sentir les situations sans être capable de les exprimer avec des mots clairs aux adultes, qui ensuite les interprétaient de travers ! Je sentis tristement qu'il n'y avait pas lieu de partager davantage mes expériences liées au latihan avec Sylvette et Toby, puisqu'ils n'étaient pas dans l'état d'esprit de m'écouter objectivement. Ils ont dû sentir mes pensées puisqu'après cette soirée, ils ne me posèrent plus de questions sur le latihan et ses effets et cela pendant de nombreuses années. Cependant je pouvais comprendre leur réaction, j'étais le petit frère de Sylvette et elle essayait de me protéger de quelque chose qu'elle ne connaissait pas. Elle ne reconnaissait pas vraiment, à cette époque, que j'étais capable d'être responsable de moi-même.

Comme les jours s'écoulaient, je devins conscient d'une autre présence parmi mes nombreux « moi » ; mes sentiments intérieurs devenaient plus subtils, comparés à la conscience quotidienne qui résidait dans mon ego, mon « je » ordinaire. Cette présence intérieure semblait être là constamment, comme montant la garde en arrière-plan, simplement dans l'observation, ne jugeant ni ne soupesant les choses comme le fait normalement le « je » ordinaire.

La plus proche comparaison que je pourrais faire avec cette présence est ce que les Tibétains appellent le « troisième œil ». Je venais de lire Sept Ans au Tibet et j'aimais cette analogie décrivant une conscience et une vision qui est au-dessus de la conscience commune et de l'acte de voir avec nos yeux habituels.

Toutes ces réalisations étaient nouvelles pour moi, elles ne venaient pas parce que je les avais apprises, ou lues dans les livres, mais elles faisaient partie intégrante de mes expériences les plus récentes, de mon monde intérieur nouvellement découvert.

Je vins à connaître quelques Indonésiens qui résidaient à Coombe Springs, en particulier l'un d'eux nommé Sjafrudin. Il était grand et mince avec de grands yeux bruns aimables et un beau sourire qui révélait une dentition irrégulière. Il était souriant et ouvert, il était probablement l'Indonésien le plus à l'aise avec les européens, il parlait aussi un peu anglais. Souvent je bavardais et plaisantais avec lui après le latihan ; le sujet de nos échanges importait peu, nous prenions juste plaisir à la compagnie de l'autre. Souvent Peter, Robin ou Tom se joignait à nous ; l'atmosphère était toujours légère et plaisante.

Rencontre avec la Bête

Quelque chose de vraiment surprenant m'arriva deux mois environ après avoir commencé mon aventure spirituelle ; je tombai malade. Il était rare que la maladie me garde au lit ; parfois j'avais un rhume occasionnel, ou un mal de gorge que je soignais moi-même, jamais je n'appelai de docteur. Mais cette fois là, un jeudi de fin novembre, soudainement au milieu de la nuit, je ressentis une violente douleur dans la région du cœur. Elle était si aigüe et intense qu'elle rendit ma respiration difficile et me força à me recroqueviller puis à m'écarter dans toutes les directions comme si j'étais manipulé par quelque marionnettiste diabolique. Aux premières heures du samedi matin, je délirai complètement, mon mental était devenu incontrôlable et hyper actif, il remuait en moi des pensées noires. Pourtant, cette présence calme plus profonde, dont j'avais récemment pris conscience était toujours présente, tout comme une bonne compagne, gardant de loin un œil sur moi et me disant que tout irait finalement bien et qu'il n'y avait pas matière à me faire du souci.

C'était du moins le message que je recevais du profond de mon Être ; mais la plupart du temps la douleur torturante me ramenait à la sombre réalité de mon corps physique, flottant dans un espace où il n'y avait qu'obscurité et agonie.

Dans la matinée du samedi, Jean arriva pour le week-end comme prévu. Elle me vit à la porte dans un tel état, incapable de me tenir debout, qu'elle m'installa immédiatement dans mon lit en désordre. Sylvette et Toby étaient heureusement partis à Paris pour deux semaines et j'étais soulagé d'être seul dans l'appartement.

« Qu'est-ce qui arrive à mon « Squeak » ?». Pour une raison que j'ignore toujours, Jean adorait m'appeler « Squeak » (se prononce scouik et signifie : petit cri aigu d'une souris). La douleur intense désorganisait mes pensées, mais je m'efforçai de lui donner un bref résumé de ce qui se passait.

« Je dois aller te chercher un docteur, mais je n'en connais pas vraiment autour d'ici… » Elle paraissait soucieuse et murmura pensivement : « Ah ! je sais, le Dr. Courtenais-Mayers ; il a une bonne réputation et il fait partie du groupe Gurdjieff. Je vais appeler Coombe Springs pour avoir son numéro de téléphone » et elle disparut dans le salon. Elle revint quelque temps après avec un large sourire sur son beau long visage ; sa présence dans l'appartement m'avait apporté un grand réconfort et le seul fait de la regarder me soigner avec tant d'amour était apaisant.

«Super ! j'ai parlé avec le docteur Courtenais-Mayers, il vient ce soir à 18 heures. » Il arriva précisément à l'heure dite et Jean le conduisit à ma chambre. La quarantaine affirmée, élégamment vêtu d'une veste de tweed Prince de Galles gris pâle, chemise blanche et cravate bordeaux, il s'assit sur le rebord du lit. Comme il me questionnait, je compris à son accent qu'il était bien Français. D'un geste brusque, il allongea son bras gauche, dévoilant une paire de boutons de manchette en or, il regarda sa montre en prenant mon pouls de sa main droite. Le docteur n'était certainement pas très bavard et je me demandais ce qu'il diagnostiquerait. Sans un mot, il ouvrit sa belle sacoche de cuir et en sortit un stéthoscope et écouta mon cœur avec attention. L'air soucieux, il me dit : « votre cœur est en très mauvais état ; vous devez vous ménager pendant les deux prochaines semaines. Je vais vous faire une injection de camphre tout de suite. À partir de demain vous prendrez ces pilules deux fois par jour, matin et soir ; appelez-moi dans dix jours. »

Il gribouilla quelque chose d'illisible sur une ordonnance et quitta l'appartement aussi prestement qu'il était arrivé. Les douleurs dans ma poitrine commencèrent à diminuer mais j'étais encore trop faible pour me lever. Jean s'occupa de moi ce week-end-là et cuisina assez de soupe pour la semaine. Elle me quitta le dimanche soir pour retourner à Coombe Springs.

Dans le lit, les yeux clos, je me laissais dériver dans d'étranges espaces nébuleux de formes abstraites et de couleurs vives. Comme un oiseau volant sans corps, ma conscience entrait et sortait dans une danse rapide à travers ces formes et ces couleurs tout en ressentant leurs différentes surfaces et leurs contenus. Parfois me venaient d'agréables sensations de bonheur, de joie et d'amour ; à d'autres moments, les sensations étaient noires et désagréables créant de l'anxiété ; puis elles revenaient de nouveau à une liberté joyeuse. Parfois le vol plané glissait lentement, parfois il était rapide, mais jamais mon oiseau ne se posait, cette condition n'était pas reliée au temps et la plus grande partie de ma journée se passait à voyager dans ces mondes étranges.

Je pense que c'était le lundi en début de soirée, au quatrième jour de lit, qu'en m'éveillant ma main sentit quelque chose de bizarre. Mes doigts caressaient ma joue légèrement quand je découvris avec stupéfaction une surface rugueuse, comme si ma peau était couverte de bosses en forme de cratères. Devenant anxieux, je touchais mes lèvres et les trouvais beaucoup plus grandes que d'habitude et très rêches, mes dents étaient plus grandes ainsi que plus pointues. Je ne pouvais croire ce que j'étais en train de toucher. Voulant des preuves sur cette situation effrayante et intrigante, je rassemblai mes forces et titubai jusqu'à la salle de bains, allumai la lampe tubulaire au-dessus du miroir, et soulevant péniblement mon corps en m'appuyant sur le lavabo, j'osai regarder dans le miroir…

Ce n'était pas croyable ! Ce que je vis était une terrifiante bête. Pétrifié d'horreur je regardai derrière moi pour voir si elle s'y trouvait, mais il n'y avait personne. Je regardai le miroir à nouveau mais la bête était bel et bien là en face de moi ! Pour être certain que je ne rêvais pas, je me pinçai la joue, ce n'était pas un rêve. Mon visage était tout rugueux, bosselé et hérissé de poils épineux. Mes lèvres d'un rouge brun sombre étaient épaisses et craquelées, mes canines débordaient légèrement sur ma lèvre inférieure. Mes sourcils étaient épais et broussailleux ; je me risquai finalement à regarder la bête dans les yeux qui étaient d'un orange doré ; je vis un regard profondément sauvage et en colère. C'était une force animale, détachée, qui me regardait. Une vague de frissons descendit le long de mon épine dorsale. Regardant plus loin dans l'immensité obscure de ses vastes pupilles, je sentis une présence qui me sembla étrangement familière. Avec peine, je murmurai mon prénom à travers mes lèvres engourdies : « François ? ». Une voix rauque et grave sortit de ma poitrine tout en faisant écho dans ma gorge. Cette fois, irrité, je me frappai énergiquement la joue du plat de la main droite sentant instantanément sa surface étrangement piquante. « Qu'c'est qu'cette histoire? », risquai-je en découvrant qu'il m'était difficile de prononcer ces mots clairement.

Un vent de profonde colère tourbillonna dans ma poitrine ; je me sentais furieux comme une bête en souffrance ! Cette rage intérieure me donna une force colossale, qui était purement animale. Pourtant, très profondément, quelque part près de la source de mon Être intérieur, il y avait une tranquillité détachée qui n'était pas affectée par cet incroyable scénario. « Comment vais-je faire pour sortir dans la rue ? Je ne peux pas aller dans le métro comme ça, je vais terrifier les gens ! » Pensai-je en observant que la bête allait vers le téléphone, le saisissait et appelait le bureau à Coombe Springs. Olga de Nottbeck, une norvégienne qui était la secrétaire à l'époque, répondit au téléphone et, reconnaissant une détresse inhabituelle dans ma voix, dit avec son accent norvégien : « Hello, François, oui, je vais chercher Sjafrudin tout de suite ; attends juste une minute. ». L'attente me sembla une éternité, puis j'entendis enfin la douce voix à peine audible de mon ami : « Hello François, quel est le problème ? » « Ça ne va pas du tout Sjafrudin, je suis devenu une bête sauvage, un monstre ! Tu dois venir tout de suite pour m'aider à sortir de là. Peut-être pourrions-nous faire un latihan ensemble ? Cela pourrait-il m'aider ? » Je m'aperçus que je hurlais dans le téléphone, ne cachant pas ma colère. La même voix monotone me répondit avec la même douceur : « tout ira bien, ne te tracasse pas, va simplement à la cuisine te faire une tasse de thé. » C'en était trop pour la bête en colère que j'étais et j'explosai ! « Une tasse de thé ? Tu veux rire ! Tu ne dois pas me laisser comme ça ! Je te dis je suis devenu réellement un horrible monstre ; ce n'est pas une blague ! Viens ! Peter Gibbs t'emmènera dans sa voiture, je suis sûr qu'il sera d'accord ! » Après une longue hésitation, Sjafrudin rompit le silence et de sa voix monotone me répondit : « Il y a beaucoup, beaucoup de brouillard... en vérité on ne voit rien dehors… » C'en était vraiment trop ! On ne se soucie pas d'un peu de brouillard quand un ami est dans un tel pétrin ! C'est irresponsable ! Fulminant et exaspéré, je raccrochai violemment le téléphone tout en me sentant honteux de mon acte irrespectueux. Ma respiration était devenue sifflante et précipitée ; je fis trois fois le tour du salon pour laisser échapper la vapeur de ma colère, puis retournai au miroir du lavabo et regardai…

Je reconnus vaguement mes traits déformés dans la bête qui semblait quelque peu moins sauvage et j'esquissai un timide sourire au monstre. Ces yeux semblaient plus gris que l'or flamboyant d'avant. J'entrai dans la cuisine, je n'avais pas envie d'une tasse de thé comme l'avait suggéré mon ami effrayé par le brouillard, mais je pris une belle orange dans le bol en bois que je coupai promptement en deux pour presser son jus dans un verre. L'arôme de l'orange s'échappa et envahit la cuisine. Je respirai profondément le parfum en portant le verre à mes narines et regardai par la fenêtre. Il y avait un léger brouillard qui diffusait la lueur orangée d'un lampadaire à demi caché par un arbre sans feuille, l'atmosphère qui planait sur le petit parc était presque lugubre. Je savourai le bon jus en pensant : « Franchement… cher Sjafrudin, effrayé par le brouillard… je suppose que ce que je hurlais dans le téléphone te paraissait complètement fou. » Je m'appuyai pendant quelques temps contre le pan de la fenêtre à guillotine, sirotant ma boisson tout en regardant le ciel bas et lourd de nuages qui reflétait la lumière des lampadaires de la cité. La bête sauvage rentra dans sa tanière et ma colère se dissipa. J'essuyai mon front et mes sourcils avec la paume de la main pour découvrir que mon visage avait à nouveau changé. Je me précipitai dans la salle de bain et vis dans le miroir que bien qu'il soit encore gonflé et légèrement déformé, le visage était devenu plus aimable qu'avant. Je remarquai que je n'étais plus aussi fatigué et que je n'avais pas envie de me recoucher. Je revins à la cuisine pour réchauffer la soupe que Jean avait si gentiment préparée. La puissante expérience avait quelque peu ébranlé mon esprit rationnel. J'essayai de comprendre, mais ne savais par où commencer. Ma seule certitude était qu'il ne s'agissait pas d'un rêve mais d'une réalité ; je veux dire par là que j'étais tout le temps pleinement conscient. L'expérience était trop bizarre pour la partager avec quiconque excepté Jean et Peter Gibbs ; s'ils n'en comprenaient pas la signification, du moins ils ne la critiqueraient pas comme venant de mon imagination. Je décidai de ne pas chercher à la comprendre avec ma tête mais de la laisser en suspens, de l'accepter comme quelque chose qui était réellement arrivé mais que je n'avais pas besoin d'analyser.

Je me rétablis bien plus vite que ne l'avait prévu le docteur Courtenais-Mayers ; en fait, le jour suivant, au réveil, je me sentis clair dans mon esprit, positif, heureux et fort. Après un petit déjeuner copieux, je décidai de ne plus prendre les pilules pour le cœur et retournai à la Central School of Arts and Crafts pour continuer mes études. L'expérience de la bête sauvage certainement calma mon désir de « proclamer » le latihan au monde, aussi bien qu'à mes amis proches. Aussi, décidai-je de ne plus partager les expériences que je vivrais dans mon entraînement spirituel, excepté avec Jean, bien sûr. Je m'excusai auprès de Sjafrudin pour avoir raccroché le téléphone si grossièrement en cette soirée de brouillard. Il rit et me dit : « Ce n'est pas un problème, François, tu comprendras un jour la signification de cette expérience. »

Épanouissement de ma conscience

Le latihan faisait de plus en plus partie de moi. Ce n'était plus un effort de me connecter et il harmonisa petit à petit ma vie. Mais je cessai d'en parler en dehors du groupe avec qui je le pratiquais.

À chaque session, la manifestation de la pratique était différente : à la fois dans les sons et les mouvements qui survenaient de mon corps ainsi que dans les sentiments plus subtils de mon Être intérieur. Je n'avais pas clairement compris, avant de commencer le latihan, qu'il était possible de distinguer en moi-même plusieurs degrés d'éveil. Ce fut bien des années plus tard, pour avoir vécu de nombreuses et fortes expériences, que je découvris qu'il existait différents niveaux de conscience dans mon Être.

SOURCE DE VIE

Coombe Springs était devenu une ruche active ; des gens venaient du monde entier, restaient quelque temps, et repartaient ensuite chez eux avec le latihan. Pak Subuh, sa femme Ibu et quelques membres de leur famille commencèrent à voyager autour du monde, là où ils étaient invités. Mr. Bennett, qui suivait souvent les Indonésiens dans leurs déplacements, apprit rapidement leur langage et lors de leur premier tour du monde, devint le principal traducteur de Bapak. Quand il nous parlait, Pak Subuh s'exprimait toujours en indonésien mêlé de quelques mots de haut javanais (langue javanaise qui exprime la réalité spirituelle).

Je trouvais que, dans les nombreuses conférences qu'il donna durant sa vie et dans son livre révélateur Susila Buddhi Dharma, il expliquait vraiment clairement les interactions des forces de vies résidant en chacun de nous et leur influence directe sur notre comportement.

La manière simple dont il expliquait tout le potentiel du développement humain, du physique au spirituel, s'adapte facilement à mon esprit rationnel. Je m'habituai sans peine à cette nouvelle forme de langage qui devint partie de moi-même. Semblable à un bébé qui découvre le monde matériel intrigant et attrayant qui l'entoure, après avoir débuté le latihan je percevais à travers mon Être intérieur une conscience croissante du monde spirituel dans sa gigantesque diversité.

Des groupes de personnes pratiquant le latihan émergèrent ici et là, non seulement en Angleterre, mais aussi sur les différents continents. Lors de ses voyages Bapak parlait à ceux qui avaient déjà l'expérience du latihan. Il utilisait souvent une analogie pour nous expliquer une réalisation spirituelle : « quand vous vivez une nouvelle expérience, par exemple le goût du doux, alors, je vous explique que ce goût est appelé sucré.» Ses explications nous apportaient des mots pour décrire ce que nous vivions dans le spirituel. Il utilisait souvent des mots arabes pour expliquer les états de conscience plus subtils de notre vie intérieure. Cela venait de sa culture indonésienne musulmane dans laquelle il avait été élevé, mais aussi parce que ces mots n'existent pas toujours dans la langue indonésienne de tous les jours. Je remarquai avec intérêt que nos langues usuelles à base de latin n'avaient pas non plus de mots pour décrire les états de conscience plus subtils. Mr. Bennett, en traduisant, devait utiliser les mots arabes de Bapak, faute de mots équivalents dans nos langues Européennes. Peu à peu, une sorte de langage Subud se développa. Nous ne pouvions comprendre les mots arabes qu'après avoir vécu l'expérience de leur contenu. Par exemple, Bapak utilisait depuis longtemps le mot « jiwa » pour exprimer le mot « âme », mais pendant plusieurs années on le traduisit par « sentiments intérieurs » ou quelquefois « sentiments plus fins ». Quand Mr. Bennett entendit pour la première fois le mot jiwa, il avait probablement demandé ce que cela voulait dire, et Bapak lui avait expliqué ce mot en en utilisant plusieurs autres que Mr. Bennett avait ensuite employés. Je trouvais plus simple d'utiliser le mot jiwa jusqu'à ce que, quelques années plus tard, mon champ d'expériences spirituelles s'étant élargi, je sois capable d'utiliser librement le mot âme. Dans ce livre, je vais utiliser le français courant et non les mots indonésiens ou arabes que Bapak employait couramment, excepté, vous me l'accorderez, le mot « latihan » que je trouve très pratique. Cette expérience est si nouvelle et si unique que je ne trouve pas de mot français pour le remplacer avec précision. Naturellement, si je m'adressais à un Indonésien, je n'utiliserais pas ce mot là, qui signifie simplement entraînement, mais je lui ajouterais l'adjectif « kejiwaan » qui signifie spirituel.

Un soir où je ne pouvais aller à Coombe Springs, je décidai de faire l'entraînement tout seul chez moi. À ma grande satisfaction, je remarquai par mon action habituelle de lâcher-prise, que le latihan commençait à venir du dedans vers le dehors. C'était merveilleux de découvrir que je n'avais besoin de personne d'autre dans la pièce pour me connecter à mon Être intérieur ; simplement, grâce au lâcher-prise sincère de mon cœur et de ma tête, le latihan commençait.

Maintenant, je savais que je pouvais continuer mon développement spirituel, même quand j'étais dans l'impossibilité de rejoindre le groupe à Coombe Springs ou ailleurs. À vrai dire, je m'aperçus que mon aptitude à lâcher prise complètement était bien facilitée par la présence d'autres hommes. Quand j'étais seul, mes pensées revenaient sans cesse à la charge et interféraient avec mon calme intérieur. Il devint clair que lorsque j'utilisais intentionnellement mes pensées mon latihan s'arrêtait immédiatement. Pour le retrouver il me fallait, pour ainsi dire, redémarrer à nouveau l'exercice en abandonnant complètement mes pensées dans un espace où il n'y avait qu'une paisible tranquillité. Le latihan reprenait alors spontanément.

Prise de conscience de mon origine

Parfois je passais un long week-end à la houblonnière des Gibbs où je retrouvais Jean qui venait en voiture avec Peter de Kingston upon Thames. À l'une de ces occasions, un beau samedi matin au début du printemps 1958, je faisais de l'auto-stop et on me déposa sur le bord de la grande route, près de la jonction avec Chillies Lane, non loin du village de Crowborough dans l'East Sussex. Je me sentais le cœur léger en marchant vers la maison de mes amis quand, spontanément, ma conscience s'aiguisa en vivant une réalisation intérieure. Mon esprit était en repos total quand ma poitrine se remplit d'une façon inattendue d'une énorme quantité d'amour, si grande que je sentis sa présence bien au-delà de mon corps physique. Dirigeant mon attention vers mon Être intérieur, j'observai dans mon profond une colossale explosion, comme un grand bang silencieux. Il n'y avait pas de couleurs en ce point et depuis l'obscurité profonde, des nuages diffus éclairés par l'énergie du bang se déployaient vers l'extérieur. Il régnait une quiétude dans mon Être intérieur et les seuls sons que je pouvais entendre venaient de mes pieds frappant la route et du pur sifflement d'un merle dans le bois de châtaigniers voisin. Comme l'explosion d'amour s'éployait, une délicate et fine conscience de la naissance d'un monde nouveau me vint, d'où émergeaient ses propres couleurs, infiniment subtiles.

Baignant dans cette prescience spirituelle, j'observai la création physique de mon Être. Les couleurs étaient belles, depuis le profond bleu océanique jusqu'aux ocres-roses légers. De son centre noir en explosion d'amour continue, je notai un point de brillance qui devint bientôt comme un embryon. Puis dans un mouvement de croissance galactique, je me reconnus comme un fœtus dans les eaux placentaires de l'univers. La sensation était sublime et difficile à mettre en mots car ils sont si frustes comparés au raffinement de l'expérience. La spirale flottante se déroulait harmonieusement - le Nouveau Monde. L'enfant était lentement muni des éléments requis pour affronter ce que son âme s'était préparée à faire sur cette planète terrestre. Grisé par l'expérience, je compris soudain que ce que je venais de vivre était semblable au Big Bang dont les scientifiques nous avaient récemment parlé dans leur description du commencement de l'univers. Je réalisai que cette expérience était en rapport avec la création de mon propre Être.

En marchant le long de la petite allée qui me conduisait vers mes amis, mon Être entier savourait intensément ce que je venais de vivre. « Oui, chacun de nous est un Être de plein droit, avec ses propres lois de cause à effet, orbitant autour de l'espace vide de son Big Bang originel » pensai-je clairement en atteignant la maison de Chillies.

Je ne partageai pas cette expérience avec Jean, Jennifer et Peter à ce moment-là, car elle était encore trop fragile, trop jeune pour la sortir de l'éphémère cocon de ma nouvelle conscience.

Coïncidence et Réalité

Bapak avait commencé à donner plus souvent des conférences ; c'était enrichissant et nouveau pour nous, nous y prîmes bientôt goût en essayant de n'en manquer aucune. Un samedi après-midi, comme nous arrivions à Coombe Springs pour le latihan avec Peter Gibbs au volant et deux autres amis, on nous dit que Bapak était parti à Manchester donner une conférence aux membres du Nord. Bien qu'il fût plutôt tard pour entreprendre un si long trajet, nous décidâmes sans hésitation de prendre l'autoroute M1. En entrant dans la vaste cité, ne sachant où aller, nous arrêtâmes la voiture sur le bord d'une rue paisible et éclatâmes de rire tant la situation était comique; nous avions fait tout ce trajet du Sud de Londres sans même savoir où nous allions. Retrouvant mon sérieux, je baissai la vitre avant, sortis ma tête en la tournant vers l'arrière de la voiture et voyant une passante qui se dirigeait vers nous, lui demandai à tout hasard : « Excusez-moi, Madame, sauriez-vous par hasard où se tiendra dans quelques minutes une conférence donnée par un monsieur nommé Bapak ? » Elle répondit aussitôt avec stupéfaction : « Oh, comme c'est étonnant ! Vous êtes membres de Subud, n'est-ce pas ? » Nous acquiesçâmes avec un large sourire. « Eh bien moi aussi et je suis en retard ! Pouvez-vous m'y emmener ? Je connais le chemin, ce n'est pas loin d'ici. »

Nous entrâmes dans la salle juste au moment où Bapak commençait sa conférence. Manchester avait plus d'un million d'habitants à l'époque et la seule personne à qui nous avons demandé la route était un membre Subud ! Était-ce simplement un rayon de chance ? Ou une fortuite coïncidence ? Ou ce que nous pourrions appeler la guidance de notre Être intérieur ?

Vivre mon caractère d'indépendance

Pendant les années 50 et le début des années 60, le service militaire en France était encore obligatoire. Au printemps 1954, je dus aller dans une caserne pour participer à une évaluation préliminaire de mes qualités guerrières. La caserne était près de Tarascon en Provence. Beaucoup de jeunes gens de la région sud-est étaient parqués comme des sardines dans de grands baraquements. Pendant trois jours nous fûmes soumis à toutes sortes de tests psychologiques, intellectuels et physiques. De ce contingent, les officiers sélectionnèrent une dizaine d'entre nous pour faire deux jours de tests supplémentaires afin d'évaluer plus finement notre intelligence. Au vu de mes résultats, les officiers de la caserne décidèrent de faire de moi un officier ; je serais affecté au Service des Radars Mobiles de l'Armée.

Grâce à mes études d'art à Paris et plus tard à Londres, j'avais été autorisé à prolonger mes années étudiantes et à repousser mes obligations militaires. Finalement le 18 mars 1958, je fus convoqué par les autorités militaires françaises au camp de Carpiagne, un vaste espace perché sur les hauts plateaux aux abords de Marseille. J'avais espéré que ce jour n'arriverait jamais, mais il vint et j'expliquai à Jean que j'étais obligé de m'y présenter mais que je n'avais pas l'intention d'y rester longtemps, que je ferais tout mon possible pour en sortir très vite, car je n'avais pas du tout envie de combattre en Afrique du Nord dans une guerre que je n'approuvais pas.

En quittant Coombe Springs, l'esprit déjà envahi par des pensées militaires, je passai devant le bureau d'Olga de Nottbeck et l'entendis m'interpeller : « Oh, hello François, justement Mr Bennett veut te voir, peux-tu monter dans son bureau maintenant ? » Surpris, je montai quatre à quatre les étages qui menaient à son bureau. « Bonjour Monsieur Bennett, vous vouliez me voir ? » dis-je avec hésitation en risquant ma tête par la porte entrouverte du bureau. La petite pièce semblait dilatée par son imposante présence. « Oui, entre et prends un siège » ordonna-t-il en me montrant vaguement du doigt le vieux fauteuil de cuir en face de son bureau. Je m'assis et regardai autour de la petite pièce nue, cherchant quelque chose d'intéressant à voir. Finalement mes yeux se posèrent sur la vaste stature de Mr Bennett. Ses larges touffes de cheveux gris étaient négligemment jetées en arrière, son grand front régulier exprimait l'intelligence et une forte volonté. Son nez droit surplombait une courte moustache. Il s'arrêta soudain d'écrire et leva le regard, me regardant d'un air absent avec ses yeux d'un bleu électrique. Je me sentis embarrassé puis je vis qu'il fermait les yeux et semblait dans une concentration profonde. J'attendis…

« Sais-tu que Bapak nous conseille de suivre les lois de nos pays respectifs ? » dit-il d'une voix douce, ouvrant lentement les paupières et me regardant avec intensité. « Euh, oui, je sais » répondis-je en me demandant où cela allait nous mener. « Je voudrais te conseiller de faire ton service militaire français et ensuite, quand tout sera fini, tu pourras épouser Jean. » dit-il sur un ton autoritaire qui me dérangea. Comment diable savait-il que j'allais essayer d'échapper à l'armée ? Je n'avais pas l'intention de combattre dans la guerre d'Algérie pour tuer des arabes, d'abord parce que j'étais un pacifiste et ensuite parce que je n'avais pas l'intention de me séparer de Jean. Et comment pouvait-il avoir le culot de me donner ce conseil que je ne lui avais pas demandé ? Je me sentis en colère de cette intrusion de Mr Bennett dans ma vie privée ; après tout, je n'étais pas son élève et je n'avais pas besoin qu'on me dise ce qu'il fallait que je fasse. « Merci pour votre conseil, Mr Bennett, dis-je avec détermination, mais j'ai décidé d'essayer d'éviter le service militaire et de revenir à Jean le plus tôt possible ! » Je me levai de mon siège et ajoutai hardiment en atteignant la porte : « c'est gentil à vous de vous soucier de notre avenir, mais en fait je peux seulement suivre ce qui me semble être le meilleur pour nous deux. Merci et au revoir.»

À mon retour, je repassai devant la porte d'Olga qui ne résista pas à me demander : « alors, comment ça s'est passé ? » visiblement curieuse d'entendre le résultat de ma brève rencontre avec son patron. Appuyant mon épaule sur le cadre brillant de la porte de son bureau, je répondis : « quelles que soient les lois de mon pays, je ne veux pas me joindre au massacre de gens qui combattent pour libérer leur pays ! » Et sans attendre sa réaction, je sortis du bâtiment à l'air libre. Olga, concernée par l'avenir du couple « Gin & tonic », comme elle avait pris l'habitude de nous appeler, était probablement la personne qui avait signalé mon intention de ne pas faire mon service militaire à Mr Bennett. Anxieuse à propos de ma convocation militaire, Jean avait dû partager ses appréhensions avec elle.

Je m'arrangeai pour arriver à Vallauris le 1er Mars 1958, afin d'avoir le temps de me préparer avant d'aller au camp militaire de Carpiagne. Jean m'accompagna à la gare de Victoria Station pour me dire adieu. Elle pleurait lorsque je l'embrassai sur le quai. « Je vais m'en sortir, ne te tracasse pas et je te téléphonerai aussitôt fait », dis-je avec beaucoup de conviction, mais je compris devant son regard perdu qu'elle croyait qu'elle ne me reverrait plus. C'était dur de se séparer quand le train siffla. Lentement et avec douceur je me séparai de la femme que j'aimais pour entrer dans le wagon, l'émotion était forte. « Comment pouvait-elle me croire ? » me demandai-je en regardant par la fenêtre son beau visage long encadré de cheveux d'un noir profond. Ses belles lèvres que j'aimais tant reflétaient maintenant une profonde tristesse. Jean fit un grand effort pour esquisser un dernier sourire, mais le mouvement d'adieu de sa main reflétait sa pensée qu'elle ne me verrait plus jamais. En fait, son grand frère qu'elle avait tant admiré et aimé était parti pareillement dans un train, de cette même gare, pour rejoindre les forces Britanniques qui combattaient Rommel et son armée dans le désert Libyen. Quelques mois plus tard son tank avait sauté sur une mine et elle ne le revit plus.

Rencontre avec les militaires

Comme le train s'éloignait de la gare, je commençai à élaborer un plan pour échapper au service militaire. D'abord, absolument personne ne devait être au courant de mes intentions, sauf ma mère, bien sûr puisque je devais séjourner chez elle ces deux premières semaines. Je décidai d'utiliser les bénéfices dont la nature m'avait pourvu pour faciliter mon exemption. Mon ami parisien Pierre Münz m'avait dit en quittant l'armée, où il avait servi comme infirmier, qu'il y avait un nombre magique pour savoir si quelqu'un était apte ou non au Service. Il me dit qu'en prenant ma taille, mon poids, mon tour de poitrine à l'inspiration puis à l'expiration et qu'en faisant un certain nombre de calculs, si je tombais au-dessous du chiffre magique 45, je serais absolument inapte à porter l'uniforme.

Ma taille 1m 87, mon poids autour de 65 kg et ma poitrine naturellement étroite étaient des atouts pour passer sous le nombre magique, je devais perdre environ 10 ou 11 kg... À l'inspiration et à l'expiration, j'espérai diminuer mon tour de poitrine d'un centimètre. De surcroît, cela irait mieux si je pouvais trouver un moyen de mesurer 1m 92 ou même1m 93 !

Je décidai d'arrêter de manger pendant les deux semaines avant d'aller au camp militaire de Carpiagne. Quand je l'annonçai à ma mère, elle fut très secouée, mais après avoir essayé en vain de me faire changer d'avis, elle accepta totalement ma décision cachant soigneusement son angoisse. Mes seules absorptions seraient de l'eau, du café noir ou du thé sans lait ni sucre et bien sûr je continuerais à fumer des gauloises.

Je n'avais jamais fait auparavant de jeûne aussi drastique. Les trois ou quatre premiers jours furent difficiles, mais je remarquai que je me détachais graduellement de la nourriture. Je vis aussi que j'accédais bien plus facilement à mes ressentis internes, plus subtils, où je pouvais trouver paix et quiétude. Mon latihan, que je continuais à pratiquer deux fois par semaine, devenait de plus en plus éthéré, de moins en moins terrestre. Comme les jours passaient, je remarquai combien il était difficile de penser clairement aux questions quotidiennes et matérielles ; mon esprit avait tendance à flotter ailleurs et je devais faire un effort spécial pour organiser les choses que je devais faire, comme par exemple préparer mon trajet jusqu'au camp militaire.

Je fis de longues promenades autour de l'arrière-quartier du Devens ; à l'éclosion du printemps la Côte d'Azur vibrait déjà aux sons de la vie des insectes, le soleil était chaud et pourtant l'air était frais à cause de la neige qui couvrait les Alpes majestueuses derrière Nice. Je remplissais mes poumons à ras-bord avec cet air cristallin. Je voulais faire le plein de toute cette beauté qui m'entourait avant d'aller au peu attrayant camp de l'armée.

Le grand jour arriva ; je pris un train matinal à Cannes pour être à Marseille à 11h. Six autres jeunes gens et moi fûmes pris en charge par une fourgonnette 2 CV de l'armée et conduits au camp militaire. Le plateau de Carpiagne s'étend à 600 m au-dessus du niveau de la mer ; c'est un endroit où le mistral souffle violemment et où il n'y a pas d'arbre pour s'abriter. Jusqu'à l'horizon, mon œil ne pouvait voir que des roches aigües et des pierres éparpillées brûlées par le soleil sur une lande revêche de rude chiendent et de quelques fleurs à même le sol.

On nous débarqua à l'extérieur d'un énorme entrepôt où une centaine de jeunes hommes faisaient la queue devant un long comptoir de bois clair. On nous donna notre équipement militaire, incluant un sac kaki et on nous demanda de retirer nos vêtements civils pour enfiler l'uniforme militaire. Tout me paraissait lourd : le casque, le fusil, les grosses godasses et tout l'attirail qui habille un soldat. J'eus beaucoup de peine à retrouver mon moi ordinaire. Je sentais avec acuité les effets de deux semaines de jeûne, mais me débrouillai finalement pour revêtir l'uniforme de laine kaki et mettre mes affaires dans le sac. Puis je fis semblant de ne pas pouvoir le soulever. Un petit gars surexcité, avec un gentil visage, me vit faire des efforts et m'offrit son aide : « Je m'appelle Alain. Allez, laisse-moi t'aider, pose ton sac là sur mon épaule gauche, je te le porterai ». Il porta les deux sacs, ses jambes maigres et arquées forcées de faire des pas rapides et courts sous le poids. De le voir marcher me fit penser à un fermier d'Asie trottant aux champs sous le poids de ses fardeaux.

Un bon kilomètre de route pierreuse nous amena enfin au camp principal où il y avait des dizaines de baraques. Après un court arrêt, nous fûmes conduits vers un long abri en bois qui devait être notre dortoir. Couvert de sueur et le souffle court, Alain laissa tomber lourdement les sacs en disant : « ça y est, ouf on y est ! » Je le remerciai vivement tout en entrant dans la baraque. Chaque soldat déposait son sac sur le lit métallique qu'il avait choisi ; comme j'étais plutôt lent dans mes mouvements, il ne me resta plus que celui juste à côté des toilettes, malodorantes et crasseuses.

Je ne me rendis pas au réfectoire pour le repas du soir, mais errai autour du camp, tremblant de froid. Maintenant que le soleil était descendu derrière les crêtes rocheuses, la température était tombée au-dessous de zéro. Je décidai de rentrer au dortoir, me pelotonnai dans le lit et m'efforçai de générer un peu de chaleur, puis je m'endormis. Vers ce qui me sembla être le milieu de la nuit, j'entendis le son d'un clairon, puis la porte de notre baraque fut violemment ouverte et les lumières allumées. J'aventurai un œil au-dessus de mon drap pour voir ce qu'était ce vacarme. Un sergent d'allure coriace se tenait là, jambes écartées, les mains derrière le dos, hurlant aussi fort qu'un coq qui annonce la levée du jour : « Tout le monde debout ! Et dehors dans cinq minutes ! » Il regardait autour de lui furieusement et quand il vit certains d'entre nous s'enfoncer dans leurs lits, il pointa un doigt impérieux tout en criant : « Démerdez-vous, gros culs ! » Je regardai ma montre, il était 4 h 30. Être prêt en cinq minutes n'était pas une mince affaire, car il y avait moins de robinets que de gars dans la baraque et un seul WC ! Je décidai de laisser passer tout le monde avant moi... En sortant, mon souffle fut coupé net par la froideur du mistral. Je me dirigeai lentement vers la file des « soldats en devenir » alignés devant le peu sympathique sergent. À travers ses gueulantes spasmodiques, nous avions compris que nous partions pour une marche de cinq heures dans les montagnes. J'allai alors vers lui pour lui expliquer que je n'étais pas capable de faire une telle marche, que j'étais malade, que je voulais voir un docteur. Il hurla avec colère en pointant du doigt un petit bâtiment non loin de notre baraque. « Le médecin-colonel Aubry sera là à 9 heures. Attends jusqu'à ce qu'il arrive et je te préviens, ne vas pas vadrouiller aux alentours du camp ! »

Tremblant comme une feuille, transpercé par un mistral glacé, j'attendis jusqu'à neuf heures quand finalement le médecin-colonel Aubry arriva. Son lieu de consultation se tenait dans une petite cabane surchauffée. L'unique pièce était chichement meublée ; un bureau en bois très fatigué, une chaise pivotante métallique rouillée sur laquelle dormait un vieux coussin exténué, un grand meuble-classeur et un radiateur bouillant. Cette chaleur étouffante apaisa immédiatement mon corps transi, je me sentis absolument limpide dans mon esprit et paisible en mon intérieur. Le médecin militaire ne m'offrit pas la seule chaise qui se trouvait en face de son bureau ; au lieu de cela, il me fit attendre pendant qu'il fouillait d'un air absent une pile de dossiers.

Cela doit être son rituel du matin, jeter un coup d'œil sur les bulletins de santé de tous ses hommes, pensai-je.

CHAPITRE 1

« Quel est votre nom, soldat ? Et dites-moi pourquoi vous êtes ici » laissa-t-il tomber sèchement, en me regardant avec distance de ses yeux vert de gris. « Lassalle François, mais il doit y avoir une erreur dans vos notes ; je ne suis certainement pas assez costaud et alerte pour être dans l'armée ! » répondis-je timidement. Il répliqua immédiatement, visiblement irrité par ce que je venais de dire. « Premièrement, jeune homme, quand vous parlez à un officier, vous devez dire « mon colonel ». deuxièmement vous devez comprendre que nous ne faisons pas d'erreurs dans l'armée ! » aboya-t-il avec raideur. Il se retourna vers le classeur et après une brève recherche, en sortit un dossier. Il le regarda un certain temps, haussa les sourcils et déclara ; « Je vois d'après vos excellents résultats que vous êtes en parfaite santé et bien intelligent ; en fait, à cause de vos bons résultats, nous allons faire de vous un officier. »

Amusé par la situation où je m'étais fourré, je décidai de faire le naïf. « Je veux ma Maman, voyez-vous, mon colonel » pleurnichai-je d'une voix pitoyable. L'air exaspéré, il prit une feuille de papier et gribouilla quelque chose. « Vous voulez votre maman, c'est bien ça ? Voilà ! apportez ce papier à l'infirmerie et ils vous feront un examen physique complet. » Il le dit presque gentiment, mais soudain sa voix redevint militaire. « Tournez à droite juste en sortant ! Quatre baraques plus loin vous verrez l'hôpital, c'est un bâtiment en pierre. » Sans me regarder, il me tendit le papier qui portait sa minuscule signature, je sortis de son bureau avec une sensation de soulagement. Je me dis qu'il avait probablement participé à la guerre d'Algérie et avait vu et traversé des horreurs. J'en conclus qu'il était probablement un type sympathique hors de l'Armée.

À l'infirmerie, on me mit dans une pièce minuscule avec une lucarne face au Nord. Le seul meuble était un lit métallique bancal sur lequel était posée une couverture kaki pliée soigneusement et un oreiller rayé sans taie sur un matelas crasseux et également rayé ; j'y jetai mon sac.

Plus tard dans l'après-midi, un petit gars vêtu d'un survêtement blanc d'hôpital trop grand pour lui, entra dans ma chambre et me fit signe de le suivre. Nous entrâmes dans une petite pièce où il m'ordonna de retirer mes vêtements sauf mon caleçon et de monter sur une ancienne bascule. Puis il prit et nota mon poids sur la fiche médicale qu'il tenait. Ensuite il me demanda de me tenir absolument droit avec mon dos contre le poteau gradué pour mesurer ma taille mais comme il était trop petit pour lire la mesure au-dessus de ma tête, il fut obligé de grimper sur un tabouret. Je profitai de l'occasion pour me hausser sur la pointe des pieds pour augmenter ma taille.

« Fan de chichounne, tu es vachement grand ! » s'exclama-t-il en annonçant le 1,92 m qu'il venait de lire. Vint ensuite la mesure du tour de poitrine : « Inspire à fond, bon…maintenant, vide tout l'air… peux tu faire mieux ? » demanda-t-il, surpris, et ajouta, en lisant son mètre ruban, « seulement un centimètre ! Ce n'est vraiment pas grand chose » commenta-t-il.

J'étais très satisfait tout en réalisant que désormais, à chaque examen, j'aurais à me hausser de cinq centimètres pour répéter cette étrange saga. Peu de temps après, je fus examiné par le médecin en chef de l'hôpital militaire. En l'attendant, je décidai de respirer très vite pour accélérer mes battements de cœur. Je le fis pendant 15 minutes et en me levant à l'appel de mon nom, je me sentis pris de vertige et trébuchai en entrant dans son cabinet qui sentait le désinfectant. Tout l'équipement semblait fait de vieux métal écaillé repeint en blanc. Après un rapide examen, il me demanda, « Souffrez-vous de problèmes cardiaques ? »

« Selon mon homéopathe, j'ai un cœur bizarrement allongé ; je n'ai pas beaucoup d'endurance, vous savez », répondis-je rapidement.

Le docteur remplit la feuille de son rapport médical et me renvoya à ma chambre froide et peu accueillante. « Comment se développera la suite de mon séjour à Carpiagne ? » pensai-je. Je m'aperçus que je n'en avais pas la moindre idée. J'enlevai mes chaussures mais restai habillé car la chambre n était pas chauffée, enveloppé dans la couverture sur le lit métallique rouillé et grinçant. Extrêmement fatigué, je sentis venir le moment céleste de l'endormissement qui emmène loin des réalités terrestres

CHAPITRE 1

Je fus réveillé par des cris et des rires moqueurs et ouvrant les yeux, regardai en direction de la lucarne où je vis de jeunes visages grimaçants, pressés contre la vitre qui essayaient d'attirer mon attention. Dès qu'ils virent que je les avais remarqués, ils commencèrent à me narguer en me montrant du doigt pour attirer d'autres collègues à prendre part à la mascarade. Je compris qu'ils faisaient la queue pour des examens médicaux et que celle-ci passait malheureusement le long de ma fenêtre. Je me sentis comme un animal doit se sentir dans la cage d'un zoo.

Ce n'était pas agréable, mais mon état intérieur était si tranquille et si paisible que cela ne me dérangeait pas. En fait, je me sentais attristé pour eux, qui étaient destinés à devenir de la chair à canon pour la guerre d'Algérie. Bien qu'ils fussent en train de rigoler en se moquant de moi, je sentis de l'amour pour eux comme s'ils étaient de jeunes enfants, complètement inconscients des atrocités qui les attendaient.

J'entendis une cloche sonner pour annoncer le dîner à la cantine mais je me pelotonnai encore plus profondément sous la mince couverture kaki. Quelque temps après, la porte s'ouvrit soudainement et le garçon qui m'avait mesuré et pesé entra ; « Viens, c'est l'heure du dîner, tu vas le manquer ! » dit-il gentiment.

« Non, je peux manger seulement la nourriture que ma mère me prépare ; j'ai un foie très fragile. Puis-je avoir un verre d'eau, s'il te plaît ? » Il revint quelques minutes plus tard avec un verre d'eau et un yaourt nature, disant « Bon, mange ce yaourt, ça ne te fera pas de mal » Je refusai son offre et il quitta la pièce d'un air soucieux. Je restai allongé le reste de la journée dans ce lit étroit et bancal sans confort. Le seul livre en ma possession était une Bible de poche reliée en cuir qui avait été donnée à ma mère à sa naissance en 1903 par sa marraine. Je n'avais jamais lu le fameux livre saint et pensai que c'était une bonne occasion de découvrir enfin son mystérieux contenu.

Les effets du jeûne maintenant se faisaient sentir. Le manque de nourriture m'affaiblissait et je remarquai à quel point mes pensées, mes sentiments et mon ego étaient pratiquement non-existants. Je ne sentais plus aucune puissance dans la singularité du « je ». C'était comme si j'étais dans une conscience plus vaste, pendant que mon moi ordinaire somnolait. Lire la Bible dans cet état de conscience me fit sentir combien mon ego avait tendance d'ordinaire à filtrer subjectivement l'information qu'il recevait.

Je n'avais pas fait de latihan depuis mon arrivée à l'infirmerie de Carpiagne et le jour suivant, je sentis un besoin urgent de me libérer des tensions accumulées. Je pensai que si je faisais le latihan dans le couloir principal de ce petit hôpital militaire, je libérerais les contraintes pénibles dans mon Être et peut-être aussi que le personnel et les médecins penseraient que j'avais complètement perdu la tête. À leurs yeux, je n'aurais pas seulement été faible et fragile mais en plus mentalement instable. Cela aurait sûrement grevé mon évaluation militaire. Je me levai de mon lit, me mis tranquillement debout et laissai venir le latihan. Je commençai à me balancer doucement, me sentant extrêmement heureux. Des sons sortirent des profondeurs de ma poitrine ; je les laissai s'échapper dans l'espace environnant. Puis je marchai lentement vers la porte, l'ouvris et toujours chantant, tournai à droite, face au long couloir au bout duquel une porte-fenêtre conduisait au paysage brillant d'ensoleillement. Le sentiment intérieur de joie était immense et je laissai mon corps virevolter comme un derviche tourneur ; toujours chantant, je filai, me déplaçant rapidement le long de l'étroit corridor.

Après quelques minutes, j'entendis une porte s'ouvrir et vis, par intermittence pendant que je tournais sur moi même, un jeune infirmier criant pour appeler du secours. Un instant plus tard, un autre infirmier vint en renfort par une porte différente. Ils sautèrent sur moi comme s'ils attrapaient un voleur, me plaquant au sol et ils m'y maintinrent fermement.

Mon chant se mélangeait maintenant à de l'amusement pour cette scène inhabituelle. J'étais pleinement conscient de ce qui se passait et décidai de continuer. Je fus soudain frappé violemment au visage par une serviette mouillée, claquant un côté puis l'autre de mon visage. C'était pénible et désagréable et je leur demandai d'arrêter. Le docteur, qui était arrivé, se penchait maintenant sur moi et écoutait mon cœur qui battait fort ; comme il introduisait de force des pilules dans ma bouche, je sentis l'odeur désagréable de ses gros doigts rudes sentant fortement la nicotine. Je n'avalai pas les pilules, mais les cachai entre mes gencives et ma joue. Ils me prirent ensuite par les bras et les jambes, comme on fait pour un mort sur un champ de bataille, me portèrent à ma chambre et me jetèrent sur le lit. Quand ils quittèrent la pièce, j'entendis le docteur dire au petit infirmier : « Donne lui en deux chaque matin. »

Une fois le silence revenu, je crachai les deux petites pilules blanches pas encore fondues dans mon mouchoir. Ce latihan avait certainement été « unique ». La première partie avait été extrêmement libératrice et avait ravivé les liens m'unifiant à mon âme. Bien sûr, la seconde partie n'avait pas été agréable mais elle avait quelque chose de hautement amusant et d'y penser me fit rire intérieurement.

Je restai deux semaines au camp militaire de Carpiagne, puis on me demanda d'être prêt le lundi matin pour être présenté au Conseil de Recrutement des médecins-généraux et médecins-colonels au quartier général de Marseille. Cela faisait maintenant plus d'un mois que j'avais commencé ce jeûne complet et quand je me regardais dans le miroir, je remarquais à quel point mes joues avaient fondu dans mes mâchoires, faisant saillir mes os et donnant l'impression que mes yeux étaient enfoncés profondément dans ma tête. Je me sentais très faible en étant debout, pourtant l'endroit où je résidais en moi-même était limpide et calme, je m'y sentais à l'aise.

Aussitôt arrivé dans l'immense bâtiment militaire du centre de la cité provençale, on me demanda de rejoindre un groupe de jeunes recrues qui attendait dans la cour intérieure. On nous dirigea ensuite vers une petite chambre sans fenêtre et peu de temps après, un sergent entra qui nous ordonna d'enlever nos vêtements, sauf le caleçon et de nous adosser contre le mur de la pièce adjacente.

À nouveau on nous pesa et on nous mesura, cette fois devant les sévères officiels de l'armée assis de l'autre côté d'une longue table, tenant leur stylo à bille prêt à gribouiller sur leurs bloc-notes. L'un d'eux risqua une blague débile en me voyant entrer dans la pièce ; c'était en rapport avec ce dont il avait été témoin à la libération des Juifs du camp de Buchenwald. Une explosion de rires s'ensuivit chez les officiels en uniforme. Pendant qu'on me mesurait, je me levai insensiblement sur la pointe des pieds, espérant m'arrêter à la hauteur désirée. À mon grand soulagement, ma ruse passa inaperçue et on me demanda de m'habiller et d'aller au bureau récupérer mon livret militaire.

Je donnai mon nom au soldat/secrétaire qui se trouvait derrière un grillage surplombant un vieux comptoir de bois et il me glissa le petit livret militaire brun que je scrutai attentivement pour découvrir, à ma grande déception, qu'en travers de la page de garde étaient imprimées les deux lettres rouges R.T., réformé temporaire... Que c'était pénible d'apprendre que, bien qu'ayant été exempté de service dans l'immédiat, j'aurais à reprendre tout ce cirque l'année suivante ! Cependant, une fois hors du grand immeuble, je me sentis enfin libre ; je voulais courir dans toutes les directions, bien que mon corps ne fût pas prêt pour un sprint. Je partis à pied à la recherche d'un café tandis que les lettres rouges R.T. flashaient dans mon esprit comme une lampe d'avertissement.

Reconnexion avec les forces de vie

Je m'assis à la terrasse d'un café tranquille à une petite table ronde en bakélite. Maintenant, pour au moins un an, le temps me ré-appartenait ; je pouvais penser, bouger librement dans mon propre espace-temps et suivre mes propres décisions. J'étais là, regardant passer la foule avec la sensation d'être étrangement absent. C'était comme si je me tenais sur un rocher regardant la mer, une mer de sensations et sur le point d'y plonger... C'était un moment important puisqu'ayant passé plus d'un mois sans aucune nourriture, j'étais maintenant sur le point de retourner aux plaisirs de la vie physique, y compris celui de manger. Je savais que toutes mes passions reflueraient avidement dans le vaste espace que j'avais habité pendant le début de mon jeûne.

Je fus soudain arraché à mes rêveries. « Et qu'est- ce que ce sera pour vous, Monsieur ? » Un jeune garçon de café se tenait devant moi. Je ne pus m'empêcher de regarder dans ses yeux pour voir si je pouvais découvrir s'il avait déjà servi dans l'armée. Oui, il devait avoir souffert récemment, car ses yeux bleus semblaient durs et pas réellement présents, comme s'ils ne voulaient pas voir. J'avais complètement oublié que l'on s'assoit dans un café pour consommer et je n'étais pas prêt pour lui fournir une réponse. Il fallut à mon esprit un certain temps pour penser nourriture, même simplement pour savoir laquelle ? Je répondis avec effort, commandant un sandwich au gruyère et une bière blonde légère. La baguette croustillante arriva, avec une fine tranche de fromage à trous pris entre des feuilles de laitue qui débordaient sur les côtés. Je sentis l'extrême puissance apéritive du pain frais. Je saisis à deux mains le sandwich pour ne rien perdre de son contenu et ouvris toute grande la bouche tout en fermant les yeux. À ce même instant, la présence de Jean emplit mes sentiments intérieurs ; elle me regardait, son sourire reflétait une certaine hésitation... puis un délicieux sentiment d'amour pour elle m'envahit. Mais qu'est ce qui n'allait pas ? Pourquoi son sourire n'était-il pas libre ? Avait-elle lié son cœur ailleurs ? Je décidai de cesser ce pénible jeu de devinettes et mordis passionnément dans le sandwich, créant une myriade de miettes dorées qui s'éparpillèrent sur la table ronde.

Toute ma présence était maintenant à l'intérieur de ma bouche. Quelle étrange sensation c'était d'avoir la bouche pleine de nourriture, de mâcher et de mâcher encore, mélangeant et réactivant toutes mes glandes salivaires. Avaler la première bouchée fut un véritable acte de volonté ; c'était comme si j'avais oublié comment faire descendre la nourriture dans ma gorge. Les muscles de mes mâchoires et le haut de mes dents peinaient et je me demandai comment j'arriverai à finir le sandwich. Je remarquai cependant comme était rapide le processus d'action et de réaction qui ramenait ma conscience dans mon Être terrestre. Elle s'étalait en moi, tandis que le sandwich diminuait, comme un barrage qui aurait cédé, inondant la plaine en aval. Il me fallut une demi-heure pour finir ce sandwich et la bière. Soudain, je me sentis fatigué par l'exercice de manger.

« Après tout, cela fait longtemps que je n'ai pas utilisé les muscles de ma mâchoire, c'est normal qu'ils me fassent mal … », pensai-je tout en me dirigeant vers la gare centrale de Marseille. Il me tardait d'être à nouveau avec ma mère, de sentir son parfum suave, d'entendre sa douce voix et de manger sa délicieuse cuisine ; un large sourire s'épanouit sur mon visage. Il devait être 16 heures quand mon train arriva à Cannes et ma première intention fut de trouver une cabine téléphonique. Je ne pouvais attendre plus longtemps pour annoncer à Jean ma bonne nouvelle. « Allo, es-tu là, Jean ? Oui, c'est François. Je viens juste d'échapper à mes obligations militaires ! Tu peux descendre maintenant ! » dis-je d'une voix débordante de joie, si heureux d'être de nouveau en contact avec elle.

« Quoi ? Comment as-tu fait ça ? » fut sa brève réponse. « Tu sais bien…j'ai jeûné…j'ai arrêté de manger, donc je suis devenu trop faible pour l'armée ; s'il te plaît, viens vite, descends maintenant ! ». Je lui rappelai fermement ce que je lui avais dit sur le quai de Victoria Station un mois auparavant. « Mais je ne peux pas car je pars pour Oslo demain ! » répondit elle d'une voix mal à l'aise. « Oslo ? Pourquoi diable Oslo ? Et avec qui ? » hurlai-je dans le téléphone, perturbé par ce que je venais d'entendre. D'une voix fragile, presque larmoyante elle me répondit. « Avec Canut » Canut était un étudiant norvégien en psychologie qui avait fait des études à Londres. Il l'avait aidée à sortir d'une profonde dépression juste avant qu'elle ne rejoigne le groupe Gurdjieff. C'était quelque temps avant que je ne la connaisse. Je l'avais entrevu une fois brièvement à Coombe Springs et je n'avais guère été impressionné par ce rouquin scandinave-intellectuel couvert de taches de rousseur. « Canut ? Mais c'est dingue, je ne te comprends pas ! » m'exclamai-je, perplexe. « Je suis désolée, mais c'est vrai, j'ai déjà acheté le billet alors… » confirma-t-elle d'une

CHAPITRE 1

voix triste. Ignorant tout sentiment qu'elle pût avoir pour Canut, je m'entendis déclarer avec une conviction pleine d'autorité : « Viens demain ou j'irai moi-même te chercher ! » Elle, probablement secouée par mon autorité et par ma détermination à être avec elle, se ressaisit et déclara d'une voix redevenue douce et calme : « Ok, bien, je vais essayer de m'arranger avec les billets et descendre à Cannes demain soir. »

Surpris par son aptitude à changer d'avis si rapidement sur une question aussi importante, je fus secrètement inondé de joie par sa décision et dis : « Super ! Je serai à la gare de Cannes jeudi matin. As-tu assez d'argent pour le billet ? » « Oui, ne t'inquiète pas, je pense que j'en ai juste assez dans mon porte-monnaie. Je suis désolée pour la confusion, en fait je ne pensais pas te revoir si tôt. Je dois partir maintenant. On se verra jeudi matin. » Dans son affirmation j'entendis des traces de bonheur et me sentis profondément rassuré ; après tout, elle avait probablement pensé qu'elle ne me reverrait plus jamais, car la guerre en Afrique du Nord faisait rage et la France envoyait de plus en plus de troupes pour combattre le mouvement d'indépendance Algérien.

Ma mère fut également surprise en me voyant descendre les marches menant à la terrasse où elle fabriquait un abat-jour en raphia, entourée de ses chats. « Non ! Je ne peux pas le croire ! Te voilà déjà de retour, mais c'est merveilleux ! » s'exclama-t-elle avec des larmes dans les yeux en se levant de sa chaise pour m'embrasser. « Mon chéri, tu as l'air tellement, tellement maigre ; viens vite manger quelque chose... » ajouta-t-elle après notre longue étreinte. Je lui racontai tous les détails de mes deux semaines au camp militaire de Carpiagne sans manquer aucun des détails incongrus ou cocasses. Elle fut enchantée d'apprendre que Jean serait avec nous jeudi matin. Elle adorait Jean et était heureuse à l'idée de la revoir.

En cette mémorable et merveilleuse matinée, Jean était bien dans le train à la gare de Cannes, portant un panier de joncs tressés et une petite valise marron ; c'étaient toutes ses affaires. Debout, sur le quai, seuls au monde, nous nous étreignions dans la joie, je pouvais sentir la chaleur du rayonnement de son bonheur créé par notre réunion. Je la regardai dans les yeux et vis combien notre mois de séparation avait été difficile pour elle.

Changement d'existence en France

Ce jeudi d'avril 1958 fut le commencement de notre vie en commun et nous ne nous quitterons jamais plus. Nous n'avions aucune idée de ce que la vie nous avait réservé, mais nous étions si heureux ensemble, que le présent immédiat était tout ce qui comptait. Quoique la maison de ma mère soit minuscule, elle était juste assez grande pour nous trois ; Maman était ravie d'être avec nous car nous apprécions sa compagnie.

Pour Jean et moi, le latihan était devenu partie de notre vie et nous sentions le besoin de nous organiser pour le pratiquer avec régularité. Il n'y avait pas de pièce où nous pouvions nous mouvoir librement dans cette petite maison, donc nous avons décidé de faire le latihan dans la clairière gazonnée d'une grande forêt de pins qui couvrait les collines derrière le village de Vallauris. Pendant que l'un faisait sa pratique spirituelle, l'autre veillait à l'arrivée de possibles vagabonds. On se servait du sifflet familial pour prévenir qu'une personne était dans les parages. Je dois dire au lecteur qui ne connait pas le latihan que quoique nous pratiquions deux fois par semaine, la conscience de sa présence ne nous quittait pas, délicatement, tranquillement, comme la flamme discrète d'une bougie intérieure. Quoiqu'à l'époque je n'en sois pas vraiment conscient, cet éveil de nos âmes apportait une perspective entièrement nouvelle à la manière dont notre vie commune s'épanouissait.

L'hebdomadaire bien connu, Paris Match, avait écrit un long article avec beaucoup de photos sur « Le Mage » Pak Subuh, qui avait miraculeusement guéri l'actrice Eva Bartók et son tout nouveau-né. Cet article suscita de nombreuses interrogations au bureau Subud de Coombe Springs. Pierre Elliott, qui travaillait activement à l'époque pour l'organisation émergeante de Subud, nous avait envoyé une liste de 30 personnes, toutes de la côte d'azur, qui aimeraient en savoir plus sur Pak Subuh et le latihan.

Le nom de Charles Parsons était souligné en rouge avec une note disant qu'il pouvait être celui qui nous aiderait à rassembler toutes ces personnes dans sa maison afin que nous répondions à leurs questions. Nous contactâmes Mr. Parsons et sa femme Psyché ; il fut décidé que nous leur rendrions visite. Leur grande maison était à la proue du pittoresque village médiéval appelé

Saint Paul de Vence, 1959

Saint Paul de Vence qui s'étendait sur une colline dominant la Baie des Anges. La vue à 180 degrés de Nice au Cap d'Antibes était à vous couper le souffle. Les Parsons vivaient dans une impressionnante demeure que Charles, nous l'apprendrons plus tard, avait hérité de son père. Soulevant et relaissant tomber trois fois l'élégant heurtoir médiéval en fer forgé massif sur la colossale porte en noyer, nous annonçâmes notre présence. « Entrez ! » dit-il d'une voix enrouée, en ouvrant la porte tout en nous regardant par-dessus ses lunettes rafistolées. Il faisait frais dans le grand hall d'entrée ; les murs étaient couverts de tableaux impressionnistes attrayants et avant que je puisse demander de qui étaient ces belles toiles, notre hôte dit : « Oh, à propos, c'est mon père qui les a peints ». Il le dit avec nonchalance avec un fort accent californien.

« Montons, allons à mon bureau taper la lettre pour les Français ! ». Cela nous prit plusieurs heures pour taper les 32 lettres, faisant des copies carbones, adressant les enveloppes, etc... Mr. Parsons était écrivain de profession, spécialisé dans les phénomènes paranormaux et semblait familier avec cette vielle machine à écrire, dont le ruban rouge surgissait de lui même spontanément et avec insistance à la place du noir. La lettre invitait les personnes intéressées à venir à la propriété de Saint Paul de Vence le dimanche de la première semaine de mai 1958 à 15 heures.

Ce dimanche arriva rapidement. Je ne me sentais pas prêt intérieurement et je me demandais nerveusement ce que je dirai à ces braves gens venus des différentes parties de la Côte d'Azur. Rétrospectivement, je me rendais compte que j'en savais très peu sur Pak Subuh ou le latihan, que j'avais pratiqué seulement sept mois. Jean, qui avait vécu à Coombe Springs, travaillé avec John Bennett et commencé le latihan trois mois avant moi, ne parlait pas un mot de français et ne pouvait m'être d'aucune aide, sinon en apportant sa beauté et le soutien de sa présence. Nous revêtîmes nos plus beaux habits et enfourchâmes la Lambretta pour le voyage de Vallauris à St Paul de Vence.

« Vite, ils sont tous là, ils vous attendent, suivez-moi ! » dit Charles Parsons à voix basse en fermant la lourde porte. Nous le suivîmes dans les sous-sols voutés de l'immense maison et nous entrâmes par une petite porte cintrée en arche qui donnait sur un jardin clos et brillamment ensoleillé. Cet endroit délicieux était planté de citronniers et d'orangers dont certains étaient encore en fleurs.

Toutes les 32 personnes avaient répondu à notre invitation. Nous nous arrêtâmes sur le pas de la porte en leur souriant timidement ; ils avaient manifestement bavardé entre eux et lorsque nous apparûmes, un silence inquisiteur flotta dans l'atmosphère aux senteurs parfumées. J'observai une certaine déception sur leurs visages quand Charles Parsons nous présenta. Ils s'attendaient manifestement à voir un vieil homme à l'allure de sage, peut-être avec une grande barbe blanche et des cheveux longs. À la place se tenaient devant eux un garçon de 19 ans et sa copine, tous deux ébouriffés par le trajet en scooter. Charles Parsons, l'air un peu embarrassé par la situation, dit rapidement, dans son mauvais français : « Venez, allons dans la pièce où Mr. Lassalle donnera sa conférence.

La pièce avait été arrangée comme pour une conférence classique, avec des rangées de chaises en face d'une table carrée, derrière laquelle se trouvaient deux chaises. Je me sentis très mal à l'aise avec cette disposition, aussi je demandai aux visiteurs de m'aider à ranger les chaises en formant un grand cercle. Pendant ce temps mon mental m'empoisonnait de questions : « Qu'est-ce que tu vas leur dire ? Comment vas-tu commencer ? Ils sont tous bien plus âgés que toi et probablement bien plus instruits sur les questions spirituelles ! Comment vas-tu t'y prendre ? »

Jean s'assit à ma gauche, Charles et Psyché à ma droite, et les autres complétèrent le cercle. Je savais très bien que si j'utilisais mon mental pour faire une conférence sur Subud, je m'emmêlerais les pinceaux. Aussi, juste comme si je débutais mon latihan, je fermai les yeux... et lorsque je trouvai une quiétude profonde, demandai à l'intérieur de moi-même : « Que dois-je dire ? » Une réponse absolument claire monta des profondeurs de mon Être : « Parle seulement de ton expérience du latihan kejiwaan de Subud. »

Je remarquai une certaine gêne provenant de quelques-unes des personnes présentes ; mon silence avait-il été trop long ? J'ouvris lentement les yeux et offris un large sourire en les regardant tous, sans me focaliser sur un en particulier. Alors, comme si un robinet s'était ouvert en moi, les mots se mirent à couler librement de ma bouche. C'était comme si j'écoutais les histoires que je racontais. En fait, beaucoup de choses s'étaient produites dans ma vie depuis que j'avais commencé le latihan et c'est de cela que j'étais en train de leur parler.

Deux heures avaient passé quand soudain le flot de mes mots s'arrêta, comme si on avait fermé le robinet magique. Plus rien ne venait et je sentis que je n'avais plus rien à partager. Après un bref silence, je dis en souriant : « Avez-vous des questions ? » Une dame dans la cinquantaine demanda : « Comment Subud ou ce latihan dont vous nous avez parlé, traite-t-il le corps astral et le voyage en astral ? » Quoique mon ego fût très tenté de donner une réponse sur le corps astral à partir du peu que j'avais lu à ce sujet, je revins à l'espace de calme intérieur en moi-même et suivis ce qui vint :

« Jusqu'ici, dans ma courte pratique du latihan, je n'ai rien expérimenté à propos du corps astral ou du voyage astral. Si je vous en parlais, je ferais seulement référence aux livres que j'ai lus. Je ne pense pas être venu pour ça, mais plutôt pour partager avec vous les réalités de mes expériences depuis que je pratique l'entraînement spirituel de Subud. »

Il n'y eut pas d'autre question, aussi nous leur demandâmes de lever la main si cela les intéressait de commencer la pratique du latihan. Tous levèrent la main, sauf la dame entre deux âges qui avait posé la question et son mari. Nous dîmes aux autres que nous leur ferions savoir par lettre ou par téléphone, quand ils pourraient rencontrer Pierre Elliott et recevoir le latihan.

Charles et Psyché Parsons étaient enchantés par la réunion et suggérèrent d'inviter Pierre et sa femme Viviane à Saint Paul de Vence. Psyché et son mari étaient très motivés pour commencer le latihan aussitôt que possible et Charles offrit aimablement à Pierre et à Viviane l'usage de leur grande propriété.

Pierre et Viviane arrivèrent au cours de l'été 1958 et de nombreuses personnes qui avaient assisté à la réunion commencèrent l'entraînement spirituel. Puis nous louâmes un grand local à Nice, la salle Marie-Christine, où nous nous réunîmes deux fois par semaine ; le premier groupe Subud de France était formé ! Pierre et Viviane partirent ensuite à Paris pour démarrer un autre groupe, me laissant avec Jean nous occuper des nouveaux membres de Nice.

Il est intéressant de remarquer que depuis la naissance du groupe de Nice, un nouvel espace était apparu dans nos sentiments intérieurs où Jean et moi devînmes conscients de la présence du groupe en nous. Nous fûmes témoins de leur premier latihan et ceci avait indéniablement créé un lien fort entre chacun de nous ; nous trouvions que nous devions veiller à la régularité ainsi qu'au développement harmonieux du latihan et nous nous étions naturellement occupés des personnes nouvellement intéressées. Deux fois par semaine, nous nous installions avec joie sur la Lambretta pour parcourir les 90 minutes de trajet entre Vallauris et Nice.

CHAPITRE 1

Au cours de l'automne, un télégramme de Pierre nous apprit que Bapak nous avait nommés « assistants » ; cela voulait dire que nous pouvions désormais transmettre ce contact spirituel à quiconque le désirait. Le terme assistant signifiait que nous aidions Bapak dans la diffusion du latihan, car la tâche de ce qu'il décrivait comme sa mission dans le monde aurait été trop lourde pour un seul homme. On peut expliquer aussi que ce nouveau rôle était d'assister les gens dans leurs premiers pas dans la pratique, en étant témoins de la sincérité de leur connexion avec ce que nous sentions être la Grande Force de Vie. Ainsi notre temps devint très occupé par les demandes au sujet de Subud qui arrivaient de Menton à Marseille et même de la distante Carcassonne. Pour nous, ce n'était pas vraiment un effort ; nous suivions simplement ce qui nous était demandé. Nous sentions que notre action était bonne en rendant le latihan aussi accessible que possible aux gens intéressés.

Il nous fallait naturellement gagner un peu d'argent pour survivre et nous lançâmes un petit commerce de batik sur soie, concevant et réalisant des chemises et des foulards, que nous vendions dans de « chics » boutiques de mode le long de la Côte d'Azur. Bien que nous suivions régulièrement notre entraînement spirituel deux ou trois fois par semaine avec le groupe de Nice, la conscience de la présence du latihan en nous était quasi permanente.

Des états de conscience inhabituels s'éveillaient spontanément en nous. Une fois, par exemple, dans les premières lueurs du jour, comme nous unissions notre féminité et notre masculinité en une fine vibration, notre conscience évolua vers un état de paix, un profond état de paix. Puis, soudain Jean ouvrit grand ses yeux, s'exclamant : « Tu es tout entouré de lumières brillantes, étoilées, c'est incroyable ! »

Cette remarque inattendue me fit sortir net de mon état angélique vers une réalité plus physique et elle ajouta presque tristement : « elles sont parties maintenant ; je ne les vois plus ».

Une autre fois, alors que nous unissions nos corps, je me sentis très mal à l'aise, comme si nous étions surveillés par quelques hommes pas très bien intentionnés. La sensation devint si réelle et si forte que j'ouvris les yeux et regardai autour de nous pour apercevoir six ou sept hommes debout autour de ma Jean bienaimée, ils nous regardaient d'un air bizarre. Je sus à l'instant que c'étaient ses anciens amants, chacun rempli de sa propre fantaisie passionnée pour elle ; ils me regardaient avec des expressions déplaisantes, envieuses.

C'était une expérience tout à fait détestable ; je ne savais comment maîtriser cette vision ; elle eut pour effet de refroidir complètement mes élans passionnels. « Qu'y a-t-il ? Qu'est ce qui ne va pas ? » demanda Jean, inquiète du changement très brusque dans mon état physique et émotionnel. Je ne savais pas quoi répondre, pensant qu'elle pourrait être heurtée si je lui disais ce que je venais de voir. Aussi attendis-je un moment, puis je lui expliquai gentiment : « J'ai senti d'autres présences dans la pièce, comme si on nous surveillait. J'ai ouvert les yeux et j'ai vu tes anciens amants, debout tout autour du lit avec des sourires amers. »

« Je ne suis pas vraiment surprise tu sais, je suis désolée », murmura-t-elle tristement, comme si c'était de sa faute.

Cette expérience puissante eut pour effet de couper complètement mon désir sexuel pour Jean. Je l'aimais encore profondément, savourant chaque moment de sa présence, mais l'attirance sexuelle s'était évanouie. Cette situation était inhabituelle pour moi, car ma tendance était plutôt à l'inverse. Je me découvris soudain libéré de ne plus avoir à faire attention à mes fantaisies sexuelles et je fus amusé par la pensée : «Dans cet état il serait facile d'être un moine ! Finalement, ne pas être attiré par le sexe, présente quelques aspects positifs ! »

Je demandai à Jean de ne pas se tracasser pour ce manque d'appétit sexuel, lui expliquant que cela n'avait rien à voir avec elle, mais que c'était quelque chose qui se passait en moi. Je l'assurai que mes sentiments sexuels se réveilleraient quand j'aurai assimilé la situation. Il me semblait que je devais traverser un processus nécessaire de nettoyage intérieur et que nous ne devions pas trop nous en préoccuper. C'était un passage temporaire et il fallait un espace-temps pour évoluer.

La compréhension de cette expérience me vint quelques années plus tard ; ces trois mois sans activité sexuelle nous montrèrent que notre amour restait intact. Je remarquai que le processus avait transformé ma rancœur envers tant d'aspects de la vie passée de Jean, comprenant qu'une acceptation de ce qu'elle était, avec toutes ses expériences passées, contribuaient à faire d'elle la personne qu'elle était maintenant et que j'aimais tant.

Expérience de Lévitation

Aux environs de Noël 1958, je faisais un latihan dans la Salle Marie-Christine à Nice avec cinq ou six autres hommes. La grande salle avait un parquet poussiéreux et fatigué, en rentrant sur la droite, une estrade d'environ 1 m de haut sur laquelle se tenait un grand sapin de Noël entièrement décoré. Juste à côté, mais cette fois sur le parquet, il y avait un piano droit noir. À un certain moment pendant mon latihan, je me retrouvai debout le dos au piano, me balançant doucement de droite à gauche, les yeux clos, perdu dans un bien-être total. Je remarquai que j'étais devenu sans poids, mon chant s'arrêta, mes deux bras se tenaient écartés et je sentis mon corps s'élever, mes pieds quitter le parquet. C'était une sensation étrange. Puis je me trouvai volant en arrière par-dessus le piano, je pensai alors : « Oh, je vais directement sur l'arbre de Noël ! » À cet instant, ma conscience retourna dans mon ego, le latihan cessa, et je sentis brutalement l'effet de la gravité, chutant dans les branches étincelantes de l'arbre, en atterrissant finalement sur l'estrade. Je restai quelque temps sous l'arbre, quelque peu abasourdi par ce qui venait de se passer, mon corps était maintenant très lourd, comme s'il allait s'enfoncer à travers les planches et je me dis : « c'était ce que l'on appelle une lévitation, j'étais bien en apesanteur mais je suis redevenu à présent comme du plomb. »

Avant cette étrange expérience, j'étais dubitatif, voire même critique envers les gens qui écrivaient ou parlaient de la lévitation.

Cette expérience m'aida à comprendre que la gravitation est chose possible mais doit être relative à l'endroit où se trouve la conscience et que dans d'autres sphères d'existence, les lois sont différentes et adaptées à chacune d'elles. Était-ce là ce que certains appellent le corps spirituel, le corps qui peut vous suivre sans bruit et sans poids dans une sphère où la matière n'est qu'une infime partie de l'espace ?

Après ce latihan, pendant que nous remettions nos chaussures, un des hommes leva la tête et plaisanta : « Hé, que faisais-tu sous l'arbre de Noël ? » Les autres rigolèrent à l'idée de François sur le dos, étendu là haut sous le sapin de Noël. Comme je sentais cette expérience trop fraîche pour pouvoir la partager, en guise de réponse, je me contentai de leur faire un large sourire.

Lâcher la peur

Marie, une jeune femme vietnamienne qui vivait à Cannes et faisait le latihan régulièrement avec Jean depuis plusieurs mois, nous demanda si André, son compagnon, pouvait commencer la pratique lui aussi. Il est coutume de rencontrer les personnes intéressées plusieurs fois afin de bien les informer sur Subud et le latihan, nous fîmes donc comme d'habitude et pendant nos discussions, André me dit qu'il avait été commando en première ligne de l'armée française pendant la guerre d'Indochine ; il avait lu beaucoup de livres et trempé dans divers mouvements spirituels. Il avait eu aussi des connexions avec un groupe Gurdjieff quelque part sur la Côte. André était le genre de type qui savait tout. Quand je partageai avec lui le peu que j'avais expérimenté en Subud, il trouva sur le champ une analogie avec le livre qu'il venait de lire. Était-ce un pressentiment, mais je n'étais pas heureux de le voir commencer le latihan. Je le sentais instable, nerveux et agité. N'étant pas sûr de pouvoir veiller sur lui s'il y avait un problème, je le faisais attendre, mais je n'étais pas assez clair en moi à cette époque pour mettre des mots sur cette sensation instinctive. Finalement, comme il insistait, j'acquiesçai et il commença le latihan.

Quelques mois plus tard, je reçus un télégramme me demandant d'appeler d'urgence Marie au téléphone. « Viens vite à mon appartement ! André m'a battue et se comporte agressivement. J'ai besoin de ton aide, vite ! » pleurait Marie au téléphone. Ce n'était pas la première fois qu'elle nous parlait de ses tendances violentes.

Vers 20 heures, nous prîmes la Lambretta pour Cannes, garâmes le scooter en bas de l'escalier de béton qui desservait l'appartement du premier. En entrant dans la petite cuisine nous sentîmes immédiatement l'atmosphère très tendue. Marie tremblait de tous ses membres, elle avait une pommette tuméfiée et avait manifestement pleuré longtemps ; elle nous offrit gentiment une tasse de thé au jasmin. Je m'assis en bout de table, le dos à la cuisinière blanche en fonte émaillée, Jean à ma gauche et Marie en face. André était échevelé, sa cravate bleue défaite, l'air hagard et il marchait rapidement autour de la pièce les poings serrés. Il parlait de manière incohérente et jurait bruyamment, blâmant Marie pour son malheur et sa misère ; pourtant c'était entièrement de sa faute s'il ne s'en sortait pas dans la vie. Il ressassait ses phrases et marchait en rond. Après l'avoir longuement écouté, je lui parlai avec douceur avec ce que je pensais être du bon sens et de la psychologie de base, je tentai de le ramener à un état d'esprit plus raisonnable. Au début, cela semblait marcher, il avait l'air de comprendre. Je lui disais qu'il avait en lui toutes les ressources dont il avait besoin pour se débrouiller dans la vie, qu'il pouvait choisir son chemin, mais que pour cela il devait trouver le calme en lui et écouter son moi profond pour qu'il le guide.

La rage d'André semblait retenue pour un temps, pourtant son regard restait sauvage, suggérant qu'une autre éruption allait se produire. Il se mit à marcher autour de nous à nouveau, tendu et silencieux. Puis il s'arrêta derrière moi, un silence glacial s'installa autour de la table ; je remarquai du coin de l'œil, la lame étincelante d'un long couteau de cuisine. À mon grand ahurissement, j'en sentis la pointe aiguë sur la peau tendre de mon cou. « Bon ! s'exclama-t-il, je comprends enfin que tu es l'agent secret de Mr. Bennett, tu travailles pour lui, non ? ». Maintenant il hurlait dans mon oreille, pressant la pointe du couteau un cran plus loin dans ma chair. Pendant les heures qui suivirent, la cuisine devint complètement un lieu d'enfer et de torture ; la tension atteignit son maximum. Un langage outrancier, des allégations inimaginables sur mon implication dans le Service Secret Britannique, mélangées avec des accusations de coopérer avec Mr. Bennett qui avait le pouvoir de contrôler le monde ésotérique et ainsi de suite…je sentais la pression de la lame diminuer ou s'intensifier à chaque gesticulation de sa main gauche.

Il est aisé d'imaginer ce qui trottait dans mes pensées et sentiments pendant ces heures pénibles. Je compris que j'avais trop agi comme un père en essayant de rassurer André en lui donnant des conseils. Cela avait probablement contribué à le mettre dans cet état de violence incontrôlable. Je me souviens d'avoir pensé qu'il devait détester son père qui avait probablement été violent avec lui quand il était enfant. Sans aucun doute, mes mots paternalistes avaient produit en réalité le contraire de ce que j'avais espéré. André ne voulait plus m'écouter et il me disait maintenant combien il était heureux de découvrir que j'étais l'agent secret de son pire ennemi Mr. Bennett et qu'il n'avait pas d'autre choix que de me tuer. Jean croisait les doigts, les mains posées sur la table, la tête sur le côté elle contemplait son pouce qui tapait lentement contre l'autre. Marie regardait par terre, gorge serrée, incapable de dire un mot, le visage aussi blanc que le formica de la table.

« Dans quelle étrange situation je me trouve ? » pensai-je ; « Nous venons pour les aider et nous nous retrouvons maintenant au bord d'un drame, sous l'horrible menace d'un couteau de cuisine. » Je savais que la situation était allée trop loin pour pouvoir l'apaiser par de sages paroles. André était au volant et avait pris les commandes ; il avait attrapé l'espion et se sentait en plein pouvoir. Je compris que la seule chose qui me restait à faire était d'abandonner mes émotions avec mon ego et de me tourner complètement vers mon âme pour la laisser me guider. Comme je lâchai mon inquiétude, j'entendis ces mots jaillir de mon intérieur, confirmant mes pensées, « laisse ton cœur et ton mental et sois près de moi. » Je me relaxai en profondeur, lâchant même mon souhait que la situation s'arrange, ainsi que ma peur. J'eus une sensation de vol plané vers mon intérieur, tout comme une plume de duvet atteignant lentement le fond d'un puits jusqu'à ce que je trouve une tranquillité parfaite où il n'existait que présence… Aussitôt, toute la situation bascula miraculeusement, je me sentais maintenant entouré d'amour et de lumière, bercé par une conscience devenue angélique.

La voix d'André devint alors distante ; elle semblait moins menaçante et la pression piquante sur mon cou diminua jusqu'à disparaître totalement. Mes yeux étaient fermés lorsque j'entendis une explosion de pleurs et André s'effondra lourdement sur la chaise à ma droite, le front enfoui dans ses bras croisés sur la table. Le couteau de cuisine reposait maintenant inerte à côté de lui. Je regardai ma montre ; il était 4 h 30 du matin. Je me levai lentement, Jean et Marie suivirent ; nous étions tous épuisés. En passant à côté d'André, qui sanglotait encore comme un enfant, je lui frottai amicalement les épaules avec ma main gauche. J'embrassai Marie en la quittant ; les yeux pleins de larmes, elle dit doucement, « Merci à vous deux d'être venus. » Jean l'embrassa longuement et affectueusement et nous quittâmes le petit appartement. L'air frais du petit matin en même temps que l'aube naissante qui repoussait le sombre ciel nocturne, firent du bien à nos émotions et à nos corps fatigués. Jean, assise sur le siège arrière de la Lambretta, la tête posée contre mon dos me tenait fermement par la taille, tandis que nous serpentions sur la route tortueuse vers Vallauris.

Cet événement étrange me troubla pendant un certain temps ; pourquoi avions nous dû subir tout cela, quand notre intention était d'aider Marie ? Maintenant, rétrospectivement, je vois que cette expérience m'a amené aux limites de mes peurs où j'ai appris que la seule solution était de changer mon état intérieur pour un niveau plus élevé où résident l'amour et la confiance. Cependant, il me restait quelques questions. Devais-je continuer à m'occuper d'André et l'encourager à poursuivre le latihan ? Je ne pus trouver de réponse et je décidai d'écrire à Pak Subuh pour lui demander conseil. Bapak répondit ; « André est alcoolique. Ni le latihan ni vous ne pouvez l'aider, tant qu'il ne décide pas lui-même d'arrêter de boire. » Le message était absolument clair.

Ce qui est intéressant, c'est qu'après cet incident, André ne revint plus jamais au latihan et ne tourmenta plus jamais Marie. Plus tard, elle nous dit qu'il était allé dans une maison de santé à Nice. Deux ans plus tard, je tombai sur lui dans les rues de la ville et autour d'une tasse de café il me dit qu'il sentait toujours le latihan et que cela l'aidait, mais il ne revint jamais au groupe Subud de Nice.

Mariage et Premier Congrès Mondial Subud

Jean et moi vivions heureux dans la minuscule maison de ma mère au quartier du Devens. Notre petite entreprise de foulards en soie marchait bien ; je m'arrangeais pour trouver le temps de peindre et les activités Subud nous occupaient pleinement. L'idée de mariage ne nous avait pas effleurés ; nous n'en sentions pas le besoin car à nos yeux, nous étions mariés devant Dieu par la sincérité de notre union. Nous voulions avoir des enfants, mais pour quelque raison ce n'était pas encore arrivé. La mère de Jean, Winifred Orton, jardinière passionnée, écrivait assez souvent à sa fille lui parlant des dernières plantes qu'elle avait plantées dans son beau jardin ou de ses dernières floraisons. Mais, dans sa dernière lettre, elle suggérait avec une certaine insistance que nous soyons mariés au plus vite et que la cérémonie soit religieuse et tenue en Angleterre.

Winifred et Frank suggéraient que le mariage se fît dans leur maison à Cowden dans le Kent courant août 1959 et qu'ils paieraient et organiseraient tout. Il était compréhensible que Jean veuille faire plaisir à ses parents et bien que nous ne fussions pas spécialement attirés par l'idée d'un mariage religieux, pour leur faire plaisir, nous avons accepté leur offre. Honor, ma mère, était ravie de notre décision et la date du mariage fut fixée le 1er août. La réception se ferait à la maison des Orton, près du charmant village de Cowden.Cela tomberait dix jours avant le premier Congrès Mondial Subud, qui se tiendrait à Coombe Springs ; nous décidâmes d'y aller après notre courte lune de miel.

Le mariage eut lieu dans l'élégante petite église anglicane en pierre grise du XVIIème siècle de Cowden dans laquelle s'entassèrent les120 invités. Ensuite, la réception se tint sous une grande tente blanche dressée pour l'occasion dans les jardins de la maison. Outre nos familles, la plupart des invités étaient nos amis de Coombe Springs, y compris Mr. Bennett et son épouse Elizabeth. Monsieur et Madame Orton, dans leur souci de l'apparence, avaient loué une Rolls-Royce pour amorcer notre départ en lune de miel. J'avais poliment refusé, disant que ce n'était pas du tout notre style et que nous préférions partir sur le scooter qu'un de nos amis, Robin Mitchell, nous avait prêté. Malgré tout, la Rolls-Royce avec chauffeur à casquette nous attendait. Mais nous préférâmes sauter sur la Lambretta en habits de mariés et partir tels quels, faisant au revoir de la main à tous au milieu des rires et de l'amusement général.

Notre lune de miel se passa bien, malgré le froid et la pluie qui ne nous lâcha pas. Être mariés officiellement nous donnait à

Notre Mariage à Cowden, 1er Août1959

tous deux une sensation positive. Ce n'était pas parce que nous étions désormais plus proches l'un de l'autre ou que notre vie sexuelle s'était intensifiée, non. C'était la reconnaissance et le témoignage de notre union devant les gens que nous aimions qui, en quelque sorte, scellaient notre amour mutuel au vu du monde extérieur.

Juste pour remettre le lecteur dans l'atmosphère politique de l'époque, pendant la fin des années 50 et au début des années 60, il y avait un sentiment d'insécurité déstabilisant dans le monde, dû essentiellement à la « guerre froide ». La menace des armes atomiques planait sur nos têtes, avec la guerre destructrice au Vietnam et le combat franco-algérien en Afrique du Nord. La société occidentale libre-penseuse souhaitait être réveillée à une nouvelle réalité spirituelle. Jusqu'alors, la plupart des voies spirituelles étaient basées sur les anciennes religions. Maintenant, avec l'arrivée du latihan, nous pouvions laisser de côté nos traditions et nos croyances figées d'antan et débuter en nous-mêmes quelque chose de complètement nouveau.

C'était une pensée stimulante de savoir qu'il était possible de nous connecter directement à nos âmes sans l'intermédiaire d'une religion, d'un prêtre ou d'un gourou. Comme c'était rafraîchissant de pouvoir quitter la politique et les vieilles voies spirituelles ! Je me tournai vers quelque chose de complètement différent, je commençai à découvrir le chemin qui était latent en moi, là où le programme individuel de mon âme nous attendait, impatient de s'épanouir.

Jean et moi arrivâmes donc à Coombe Springs. Le premier Congrès Mondial Subud devait commencer le lendemain, lundi 10 août, dans l'impressionnant bâtiment à neuf côtés appelé le Djamichunatra, qui avait été construit en fin 1957. Le temps vira vers un parfait ciel bleu d'été. J'avais apporté quelques unes de mes peintures et j'organisai une petite exposition. Chacun semblait heureux de se mouvoir, apportant les dernières touches de finition avant l'ouverture officielle du Congrès. En moins de deux ans, le latihan s'était répandu rapidement de l'Indonésie à l'Occident. À cette époque, beaucoup de gens avaient reçu ce qu'on appelait alors le « contact », quelquefois d'une manière un peu chaotique. Par exemple, à Sydney, environ 200 personnes avaient commencé le latihan ensemble dans une grande salle de concert. Des reporters et des photographes s'y étaient mêlés sans être remarqués avec leurs caméras et avaient publié le jour suivant leurs photos et leurs articles dans les journaux locaux, donnant une impression tout à fait fausse de ce qu'était Subud.

Lors de ce premier Congrès Mondial, Bapak posa quelques directives pour nous aider à rendre plus harmonieuse la diffusion de Subud. Une organisation Subud mondiale fut établie, avec une structure simple qui pouvait être utilisée dans n'importe quelle partie du monde libre. Ce premier Congrès Mondial fut une expérience mémorable. Je n'avais jamais assisté à un rassemblement d'autant de personnes souriantes venant de toutes les parties du monde. Nous étions de groupes ethniques, de langues, de cultures et de religions différentes. La présence de Pak Subuh parmi nous et le fait de pratiquer le latihan, créaient une puissante sensation d'unité malgré notre diversité. Être ensemble dans le latihan sans la présence de l'ego, laissant l'orchestrateur divin guider les sons, les mouvements et les sensations en chacun de nous, était réconfortant. Cela faisait un tout chaotique et harmonieux qui avait un effet stimulant.

Le Djamichunatra, avec ses formes à neuf pans s'élançant vers le haut pour s'y rencontrer créait un espace merveilleux pour pratiquer le latihan. Ce fut dans ce bâtiment que pour la première fois je sentis brièvement mon âme s'élargir dans l'univers. Bien que conscient de mon corps en mouvement et chantant sur le plancher du bâtiment, ma conscience se dilata au-delà, m'emmenant au-delà de Coombe Springs, au-delà de Kingston, puis au-delà de l'Angleterre et de l'Europe. Regardant vers mon ventre, je vis la Terre ; c'était comme si j'étais devenu si grand que notre planète était devenue une partie de moi. Je tournai mon attention vers l'univers et me sentis aussitôt attiré en lui ; mais vint ensuite la sensation que je n'étais pas capable d'aller plus loin dans ce voyage, que je n'avais pas suffisamment de confiance, ce qui m'effraya. Dès que la peur me gagna, je me retrouvai sur mes pieds, fermement établi sur le sol. Cette brève expérience me confirma qu'il y avait une fenêtre en moi à travers laquelle je pouvais passer ; mais pour cela, je sus que mes peurs ne pouvaient pas faire partie du voyage.

« Entraînement » exprime bien l'action du latihan ; chaque fois que je le pratique, je laisse s'évaporer mon moi ordinaire avec ses peurs, ses désirs, ses « je veux » et ses « je ne veux pas ». Bien sûr, je ne suis pas capable de le faire complètement tout le temps ; aussi, en pratiquant le latihan régulièrement je m'entraîne, petit à petit, à devenir plus permanent et plus sincère dans mon lâcher-prise. Pendant toute la durée du Congrès, Jean et moi assistâmes à toutes les réunions où parlait Bapak. Malgré l'inconfort d'être assis par terre à écouter les explications de Bapak sur le latihan, nous étions absorbés par ce qu'il nous racontait et c'était immensément enrichissant. La puissante présence de Bapak créait un sentiment fraternel et d'unité parmi nous. L'amour qui émanait de lui, lorsqu'il nous parlait, faisait que chacun de nous se sentait aimé et l'aimait en retour. Je n'avais jamais éprouvé un tel amour et un tel respect pour un homme. Parfois, quand il parlait, j'avais l'impression qu'il me parlait personnellement ; il me regardait et souriait en expliquant avec douceur, utilisant un langage que je comprenais et répondait aux questions qui surgissaient dans mon esprit. D'autres aussi vivaient la même expérience de sentir que Bapak répondait à leurs propres questions. La résonance de sa voix agréable et puissante vibrait à travers mon Être. Bien qu'il parlât en haut javanais mélangé d'indonésien, je comprenais souvent ce qu'il disait avant la traduction de Mr. Bennett. Je me sentais très à l'aise avec les mots qu'il employait pour décrire les forces vitales qui nous habitent et nous entourent. La force de vie matérielle, la force de vie végétale, la force de vie animale, la force de vie humaine et les autres forces qui ne faisaient pas partie à l'époque de mon champ d'expériences étaient un bon moyen d'expliquer l'interaction de ces forces qui animent la Terre aussi bien que nous-mêmes.

Il y avait toujours une foule d'admirateurs autour de Bapak et de ses proches et je ne désirais pas les approcher de trop près, mais respecter leur espace avec discrétion. Ainsi, d'une certaine manière, je repoussais le sentiment qui se faisait jour en moi de vouloir être près de lui et de lui parler d'une manière ordinaire. À plusieurs reprises, j'eus l'occasion de lui dire quelque chose mais je sentis toujours que sa conscience m'enveloppait tellement, qu'il savait exactement ce qui se passait en moi et ce désir de lui parler s'estompait, simplement d'être en sa présence me comblait.

Chapitre 2

Rencontres avec un Homme Exceptionnel, 1959-1988

Première visite de Bapak en France

Quoique « Source de vie » ait été écrit chronologiquement, dans ce chapitre j'ai décidé de regrouper mes expériences vécues en présence de Bapak de 1959 à 1988. Comme vous allez le découvrir, le nom de Bapak apparait souvent et vous comprendrez alors pourquoi j'ai choisi ce titre : « Rencontre avec un Homme Exceptionnel ». Les Indonésiens ont coutume d'appeler un homme mûr et respecté « grand-père » d'où le mot Bapak que nous employons maintenant en nous référant à lui. Il ne se comportait pas avec nous comme un professeur, un gourou ou un prêtre, non, pas du tout ; il ne nous donnait pas d'exercices formatés, de mantras à réciter ou de prières à apprendre. Il était plutôt comme un doux grand-père, toujours prêt à partager avec nous sa vaste expérience spirituelle et à donner des explications sur la pratique du latihan.

À la fin du premier Congrès Mondial, il fut prévu que Bapak et sa suite viendraient à Saint Paul de Vence pour se reposer dans la maison des Parsons. Arrivant à Nice par un vol depuis Genève le 21 Décembre 1959, ils furent conduits directement à la maison. Jean et moi restâmes là deux semaines avec eux pour veiller à leurs besoins. Notre rôle était de faire les achats nécessaires pour la cuisine, d'organiser les rencontres et le latihan, de gérer un emploi du temps pour les nombreuses personnes qui désiraient rencontrer Bapak. Jean passa beaucoup de temps avec les dames indonésiennes à les aider dans la cuisine. Tôt le matin, je faisais les courses et au retour je m'occupais des visiteurs, m'assurant qu'ils n'envahissaient pas l'espace de Bapak. Un membre de Subud, le Dr. Ropars, qui avait reçu récemment le contact, avait une Citroën DS 21 noire toute neuve. Il proposa gentiment de conduire Bapak et sa suite aux alentours et devint son chauffeur pendant les deux semaines à Nice pour les conférences et le latihan ainsi qu'à Marseille pour visiter un petit groupe qui venait juste de démarrer.

Quoique le temps fût ensoleillé avec un ciel bleu, il faisait froid pour les Indonésiens et une de mes tâches était de veiller à ce que les appartements soient bien chauffés. Aussi, plusieurs fois par jour, je descendais le glacial escalier de pierre jusqu'à la cave de la vieille propriété, pour y chercher le charbon nécessaire à la gourmande chaudière. Les murs de la cave, épais d'1 m, étaient perforés de trous rectangulaires à intervalles réguliers pour apporter un peu de lumière et d'aération dans les différentes salles voûtées.

Face à la pile de boulets noirs, je fredonnais joyeusement tout en raclant le seau tout près du sol et le tirant vers le haut pour le remplir de charbon quand, surpris, je sentis mes cheveux se dresser sur ma tête ; c'était comme si j'étais entré en contact avec une grande toile d'araignée. Dans la semi-obscurité, je levai la main et sentis les poils de mon avant bras se dresser également tandis que je la déplaçai pour vérifier s'il y en avait une. À ce moment là je pris conscience qu'une forte présence m'entourait, pourtant il était évident que j'étais seul.

En revenant dans le grand hall avec le seau rempli de charbon, je rencontrai le Dr. Zakir, qui était à l'époque le secrétaire personnel et le traducteur de Bapak. Sachant que les Indonésiens sont tout à fait à l'aise avec le monde invisible, je lui demandai de descendre avec moi à la cave, lui expliquant que j'avais vécu quelque chose de peu commun et qu'il pourrait peut être m'aider à comprendre. J'espérais qu'en tant que Javanais, il prendrait au sérieux cet étrange événement. Il acquiesça, et nous descendîmes tous deux près du tas de charbon.

« C'était par-là », dis-je en montrant vaguement du dos de ma main l'endroit où j'avais eu cette sensation de contact avec une toile d'araignée. Il répondit en riant : « Non, je ne sens personne ici, mais, vous savez, les esprits se déplacent ! »

Alors nous partîmes tous deux avec hésitation, chacun de notre côté, dans les salles sombres du cellier voûté, à la recherche de l'invisible présence.

« Dr. Zakir ! C'est là, je l'ai trouvée, venez ! » dis-je tout excité quand je sentis à nouveau l'étrange présence sur ma peau, qui s'exprimait immédiatement par la chair de poule.

« Oui, je sens cet esprit ; il veut se faire remarquer ; il est probablement venu pour voir Bapak », ajouta-t-il en éclatant de rire.

Dans ma tendre enfance, j'étais entré à plusieurs reprises en contact avec le monde invisible, mais c'était la première fois à l'âge adulte que j'étais témoin de quelque chose d'aussi réel, quelque chose que mon esprit ne pouvait définir. Étant très rationnel, cette expérience ne collait pas avec mon schéma de compréhension. Je décidai de ne plus y penser, non pas de l'ignorer, mais de le laisser en l'état, comme simplement une autre expérience irrationnelle, mais cependant réelle.

L'après-midi, les gens, qui avaient préalablement pris rendez-vous, venaient voir Bapak ou Mr. Bennett. Un de mes rôles était de les faire entrer et de les annoncer. Un matin, j'entendis un coup discret du heurtoir de la grande porte d'entrée. Comme je l'entrouvrais, un très vieil homme au dos légèrement voûté, avec une longue barbe blanche, de longs cheveux blancs et des yeux perçants d'un bleu pâle me regarda directement tout en entrant dans le hall et me dit dans un mauvais anglais :

« Je suis venu pour voir Pak Subuh et Mr. Bennett. »

Avant que j'aie pu lui demander qui il était et s'il avait pris rendez-vous, il s'était assis sur le long banc du grand hall, les mains sur sa canne dressée entre ses genoux. Je m'assis à côté de lui et commençai à lui expliquer, avec mon enthousiasme juvénile, comment Subud était venu en Occident. Je sentis le besoin de lui expliquer ce que je connaissais de Gurdjieff, de Mr. Bennett et de la venue de Bapak en occident. Pendant que je parlais, nos regards se croisèrent et je vis en un clin d'œil qu'il était amusé par ma naïveté. Je me sentis brusquement très gêné, comprenant que ce vieux monsieur qui n'avait pas encore dit un mot, à part sa demande en arrivant, en savait probablement plus que moi sur Gurdjieff, Mr. Bennett et Bapak.

« Je m'excuse, Monsieur, je réalise que c'est moi qui devrais vous écouter plutôt que l'inverse ! Connaissiez-vous donc Georges Ivanovitch Gurdjieff ? »

« Cette canaille ? C'était un voleur ! » répliqua-t-il soudainement animé et il commença à me raconter cette histoire fascinante. Son nom était Mr. Zoun. Il n'était pas sûr de sa date de naissance car il avait été trouvé inconscient, complètement nu, dans une forêt du Turkménistan Oriental par un groupe de moines soufis qui l'emmenèrent dans leur monastère. Il avait environ 15 ans quand ils le recueillirent et l'éduquèrent ; il n'avait aucune mémoire de son passé. Puis en 1924, en Italie, il joua le rôle de Léonard de Vinci dans un film muet en noir et blanc sur le grand artiste. En fait, si je devais décrire sa physionomie, je dirais simplement : regardez l'autoportrait de Leonardo, imaginez les yeux bleu clair, et vous avez l'homme. Il me raconta comment Gurdjieff arriva un jour à ce monastère, fut accueilli, nourri, logé et y resta plus de six mois pour étudier les anciens documents secrets de leur librairie. Puis, une nuit, il disparut subitement sans prévenir. Il me dit aussi que lui, Mr. Zoun, n'avait pas de passeport ni de preuve de son identité et donc qu'il voyageait principalement à pied. Quand il arrivait à une frontière, il marchait à reculons comme s'il venait de l'autre pays et quand les douaniers le voyaient, pensant qu'il venait juste d'entrer dans leur territoire, ils se dépêchaient de conduire ce personnage indésirable et sans papiers de l'autre côté de leur frontière, il passait ainsi d'une nation à l'autre. Il m'annonça ensuite qu'il voulait rencontrer Pak Subuh. Comme c'était l'heure du latihan général, je lui expliquai brièvement comment nous nous préparions pour l'entraînement spirituel en retirant nos montres, les pièces de monnaie dans nos poches, etc. Que nous nous tenions debout dans un lâcher-prise total, en suivant librement tout ce qui pourrait venir de l'intérieur. Compte-tenu de son âge avancé et de son évidente sagesse, je sentis qu'il était juste de le laisser entrer dans la salle du latihan.

Pendant le latihan, je jetai un coup d'œil rapide pour voir comment ça se passait pour lui ; Mr. Zoun était là, son antique chapeau sur la tête, sa canne pendant à son bras replié, sa sacoche arrimée à l'épaule, ses sandales encore aux pieds. Il semblait détendu et heureux. Bapak était dans la pièce et je me rappelle avoir pensé : « Quelle meilleure occasion que le latihan pour rencontrer Bapak ? »

Quand le latihan fut terminé, je présentai Mr. Zoun à Mr. Bennett et ils disparurent ensemble dans les étages supérieurs de la grande maison. Je rencontrai encore Mr. Zoun d'une manière inattendue à Paris deux ans plus tard, dans l'appartement d'amis où Jean et moi séjournions. Il était venu à Paris pour étudier un livre ésotérique ancien et rare à la Bibliothèque Nationale. Il attendait d'avoir amassé suffisamment d'argent pour aller à Reykjavik en Islande. Notre ami Richard qui nous hébergeait me dit : « Mr. Zoun apparaît dans différentes parties du monde. Il passe beaucoup de son temps à étudier les livres rares. Il n'est pas un gourou, n'a pas de disciples, mais beaucoup le considèrent comme un homme très sage qui est probablement sur terre pour une tâche spirituelle très spécifique. »

Alors que j'entrais un soir dans le salon de Richard, Mr. Zoun était assis dans un fauteuil près du feu de cheminée, sa sacoche familière bien usée pendant à l'accoudoir de son siège. Je m'assis sur l'autre fauteuil et regardai les flammes quelques instants, puis poussé par ma curiosité, je demandai : « Mr. Zoun, j'aimerais bien en savoir plus au sujet de la réalité des soucoupes volantes ; d'où viennent-elles ? Qui les habite ? »

Il me regarda, l'air amusé et ramassant sa sacoche, commença à fouiller dedans en grommelant, « soucoupes volantes…voyons… ah oui ! voilà, j'ai exactement ce qu'il vous faut. » Il se pencha vers moi pour me tendre un papier plié avec soin. Je l'ouvris avec avidité pour découvrir que c'était un extrait en noir et blanc, découpé dans un magazine de type bande-dessinée, montrant des petits martiens sortant d'une soucoupe volante ! Je m'entendis avaler ma salive bruyamment avec embarras et le remerciai intérieurement pour la leçon qu'il venait de me donner en me montrant la futilité de ma question. Il me regardait maintenant avec beaucoup d'amusement et ses petits yeux bleus brillaient. Je lui rendis le papier plié avec un léger sourire.

« Merci, Mr. Zoun. »

Je m'étais demandé ce qu'il pensait de Bapak et juste avant que je pose ma question, il y répondit en disant, « Oui, Muhammad Pak Subuh a trouvé le centre. »

Peu après cette rencontre, Mr. Zoun partit pour Reykjavik avec un aller simple. Et plus jamais je ne revis le vieux sage.

De retour à Saint Paul de Vence… Un jour je vins pour allumer le feu dans la grande cheminée de pierre du salon. En entrant dans la pièce sans avoir frappé, je vis Bapak assis dans un fauteuil près de la fenêtre, « Oh ! hello Bapak ! » mais je ne pus rien dire de plus, mon cœur battait trop fort, ma gorge était serrée et je me rappelle avoir pensé : « Pourquoi donc suis-je comme ça ? Pourquoi ne puis-je être avec lui comme je suis normalement et savourer sa présence ? »

Quelques minutes plus tard, trois dames entrèrent, une hindoue qui était malade et qui suivait le groupe de Bapak autour du monde avec une amie anglaise, et Rohanawati, la fille d'Ibu, la femme de Bapak. Elles riaient en entourant Bapak pour le questionner sur la chiromancie. L'Indienne demanda avec son accent charmant, plein de rondeur, « Bapak, est-ce que les lignes de la main disent vrai ? Et est-ce que c'est aussi le cas pour les pieds ? »

« Oh oui, répondit Bapak, regardez les paumes de Bapak ! »

Il ouvrit toute grande sa main gauche et avec son index droit montra les différents monts et rivières. Je ne pus m'empêcher de m'approcher du groupe, juste derrière Rohanawati, regardant par-dessus son épaule, une délicate odeur de santal en émanait. La paume de Bapak était grande, carrée, généreuse, avec des lignes peu nombreuses mais très bien dessinées ; ses doigts étaient longs, bien séparés et légèrement incurvés vers l'arrière, montrant une grande souplesse.

« Celle-ci est la ligne de tête, celle-là la ligne de cœur et pile au milieu, il y a le Soleil ! Cela montre que je suis venu de l'au-delà en passant à travers le Soleil », dit Bapak d'une voix douce où l'on sentait de l'amusement. Je fus stupéfait en voyant le petit cercle parfait entouré de ses rayons. Il ouvrit ensuite la main droite et poursuivit :

« Vous voyez là ? Cela veut dire que quand je partirai, je repasserai à travers le soleil juste comme je suis venu. » Sa voix était claire, sans hésitation. Pour moi il ne faisait aucun doute qu'il parlait par expérience. Oui, le centre de sa main droite était également marqué par un soleil rayonnant.

Bapak n'avait pas oublié la requête de l'indienne et retira ses mocassins et ses chaussettes. Avec beaucoup d'aisance et de souplesse il montra la plante de son pied gauche. Le reposant sur son genou droit, il expliqua que les lignes du pied vous disent la même chose que les lignes de la main. « Voyez ! Ceci est la ligne de vie et la ligne du cœur la croise. Ici se trouve la ligne de tête et les traits de caractère se trouvent tous ici. »

À ce moment-là, je me sentis gêné car j'étais censé allumer le feu du salon. Je les quittai discrètement et je revins à la cheminée où le bois était déjà préparé et je l'allumai.

Durant le séjour de Bapak sur la Côte d'Azur, le latihan s'était diffusé et nous comptions maintenant environ 120 membres. Il avait donné deux conférences à Nice et lors de l'une d'elle, il avait prédit que le groupe de cette cité ne durerait pas car ses membres étaient trop portés sur l'argumentation. Il expliqua que dans certaines villes, il était difficile pour Subud de croître et de s'étendre. Paris, Manille et quelques autres villes furent mentionnées. Je me rappelle qu'à l'époque je m'étais demandé pourquoi il avait dit ça car le groupe était alors une réalité... Je ne pouvais l'imaginer disparaître.

Jean et moi étions mariés depuis plus de quatre mois et nous nous demandions pourquoi elle n'avait toujours pas conçu car nous voulions tous deux une grande famille, même si Jean pensait à l'époque qu'elle ne serait pas une bonne mère. Je savais que ce manque de confiance était infondé. Quelque part, j'étais certain qu'une fois notre bébé dans ses bras, ce doute s'évanouirait et qu'elle serait profondément heureuse.

Un après-midi tardif de Janvier 1960, (quelque part) dans les appartements de la maison des Parsons, comme Jean se trouvait en présence de Bapak, elle lui demanda pourquoi elle n'avait toujours pas d'enfant. Il lui répondit avec un grand sourire, « ne vous tracassez pas, vous concevrez dès que Bapak et sa famille auront quitté Saint-Paul de Vence… »

De François à Léonard

Ce fut bientôt le temps du départ de nos hôtes et beaucoup d'entre nous les accompagnèrent à l'aéroport de Nice. Pour Jean et moi, leur visite avait été une puissante expérience, dans un sens nous étions tristes de les voir partir, pourtant nous pensions tous deux avec plaisir au futur qui nous attendait. En arrivant à l'aéroport, on nous annonça que l'avion aurait deux heures de retard. Les autorités offrirent aimablement un confortable salon VIP à Bapak et à son groupe ; de larges baies vitrées donnaient directement sur la piste.

Depuis mon plus jeune âge je me sentais mal à l'aise avec le prénom François et quand je vis Bapak debout en train de regarder la pluie tomber sur la mer grise et sombre, je ne pus m'empêcher d'aller vers lui et m'entendis dire : « Bapak je ne me sens pas bien avec mon prénom actuel François. Si c'est possible, puis-je vous demander un prénom plus approprié à ma vraie nature ? » Visiblement, ma requête le tira hors de ses songes, car il prit un moment avant de tourner la tête et me regarder à travers ses épaisses lunettes. Puis…

« L »

Il prononça lentement la lettre et retourna la tête vers la pluie qui tombait maintenant furieusement contre la vitre. J'étais à 2 mètres de lui; mon corps tremblait un peu et mon cœur battait fort. Je pensai alors : « Pourquoi lui avoir demandé un nouveau prénom ? Maintenant ça y est, il va probablement te choisir Louis ou Lucifer, pourquoi pas ? Oh, mon Dieu, comment ai-je pu ? »

J'étais confus, coincé entre mes sentiments et mes pensées. Bapak tourna de nouveau lentement la tête vers moi et dit avec une parfaite prononciation française qui me surprit,

« Léonard »

En un instant, ma confusion se dissipa ; je me sentis comme si tous mes vieux vêtements, embourbés de complications et alourdis par les souffrances endurées en 21 ans d'existence, étaient tombés à mes pieds. Un nouveau manteau haut en couleurs couvrait à présent mes épaules ; je le sentais frais et confortable. Je devins en paix avec moi-même et intensément heureux.

« Léonard, pouvez-vous me montrer où sont les toilettes des messieurs ? », demanda alors Bapak. Il était la première personne à utiliser mon nouveau prénom et en l'entendant je me sentis uni à moi-même.

« Oui, Bapak, suivez-moi s'il vous plaît, j'ai moi aussi besoin d'y aller » répondis-je avec joie, en remarquant que mes émotions étaient complètement tranquillisées. En descendant les grandes marches des sous-sols je demandai à nouveau : « Mes initiales étaient FX, X pour Xavier dois-je utiliser FXL, ou simplement LL ? » « Juste LL » répliqua-t-il.

« Quels changements apportera mon nouveau prénom par rapport à François, mon ancien ? » Lui demandai-je comme nous remontions les marches, Bapak m'expliqua dans un anglais simplifié : « François très lourd, oui ? Lourd pour vous de porter tout le passé de la France. Léonard vous apportera...>> il cherchait le mot juste. « Oui ! il vous apportera un esprit combatif, oui, comme celui d'un lion. »

Je présentai prudemment mon nouveau prénom à ma famille et à mes amis. Mais chaque fois qu'une nouvelle connaissance me le demandait, je lui laissais le choix : François ou Léonard ; invariablement, ils choisissaient Léonard.

« Pourquoi m'as-tu appelé François-Xavier ? » demandai-je à ma mère peu après. Elle répondit avec un soupçon d'excuse dans la voix : « C'est parce que, lorsque tu es né, tu me rappelais tellement mon frère Frances que j'aimais tendrement et qui est mort à 10 ans d'une méningite et Xavier est le prénom que Marcel Lassalle a choisi pour toi. »

Ce qui est intéressant, c'est que quelque temps après, ma mère écrivit à Bapak et il la nomma Olivia, ce qui lui allait beaucoup mieux que Honor, son prénom de naissance. Par cette expérience, je sus que

SOURCE DE VIE

Bapak connaissait le sens caché des noms ; chaque prénom reflète sous forme de son, une vibration individuelle, et quand il est donné à la personne appropriée, il vibre correctement en harmonie avec son Être tout entier. Beaucoup de parents, semble-t-il, donnent à leurs enfants des prénoms en rapport avec un membre de la famille ou avec une personne qu'ils aiment ou admirent ; en d'autres termes, c'est subjectif. Avec Bapak, c'était différent, il sentait la nature intérieure de la personne et entendait la vibration correspondante, celle qui s'harmonisait avec son Être intérieur et extérieur ; il l'exprimait ensuite sous la forme d'une lettre, puis d'un prénom.

Un mois après le départ de Bapak, Jean et moi quittâmes la maison de ma mère au Devens, pour emménager dans une petite baraque en pierre au milieu d'un bosquet d'orangers que nous louions à une dame âgée du nom de Mademoiselle Blanc. À notre grande joie la prédiction de Bapak se réalisa : Jean était enceinte.

Conscience avec les anges

Subud était devenu une organisation mondiale et Bapak, accompagné de membres de sa famille, visitait régulièrement les pays pour nous expliquer les effets du latihan que nous pratiquions. Il avait une tendresse particulière pour l'Angleterre car c'est là que Subud avait commencé à prendre racine en Occident. Nous étions maintenant bien organisés et nous pouvions répondre aux besoins des Indonésiens quand ils visitaient nos pays, leur trouver un lieu de séjour, préférablement dans la maison d'un membre, louer une grande salle de conférences pour entendre ses explications et aussi un centre de séminaires pour y tenir nos congrès internationaux qui avaient lieu tous les quatre ans.

Lors d'un congrès national du Royaume Uni au Centre de Conférences de Swanwick, dans les Midlands, j'avais reçu la responsabilité d'être le chauffeur de Bapak. Sa famille séjournait dans la maison d'un membre à Leicester et on m'avait demandé de le conduire au Centre par l'autoroute M1, pendant que la famille de Bapak et les autres Indonésiens suivraient dans une voiture différente. J'avais loué pour cette occasion une très confortable Rover noire, avec sièges en cuir et placage intérieur en bois de noyer. Bapak s'assit à l'arrière derrière moi et à 9 heures nous partions pour le trajet d'une heure en direction du nord. J'étais excité à la pensée de me trouver tout seul avec Bapak.

« Quelle occasion d'avoir un tel sage dans la voiture, pensai-je, je vais pouvoir lui poser toutes sortes de questions. »

Je vous rappelle que ce chapitre couvre la période de 1959 à 1988. À cette époque-là nous sommes à la fin des années 60 ou au début des années 70, Jean s'appelle maintenant Mélinda et nous vivons avec nos cinq enfants au 19 Frant Road, à Tunbridge Wells. Je gère déjà ma boutique d'antiquités.

La journée était splendide, le ciel haut et d'un bleu cristallin, l'autoroute pas trop encombrée et nous prîmes rapidement de la vitesse.

« Bon, dans les questions qui me préoccupent le plus, laquelle vais-je lui poser ? Est-ce que je fais bien de continuer à vendre des antiquités ou devrais-je me tourner complètement vers la décoration d'intérieur ? Ou peut-être bien me remettre à la peinture ? Ou peut être de changer ma vie entièrement ? »

Ces questions s'entassaient dans mon esprit. Je ne pouvais les poser toutes, alors laquelle choisir ? Je regardai dans le rétroviseur et vis que Bapak était quelque part ailleurs. Ses yeux étaient à moitié ouverts derrière ses épaisses lunettes, mais sa présence était bien lointaine, probablement à voyager dans son vaste espace intérieur. Il paraissait serein, éternel.

« Léonard ! Comment peux-tu être assez insensible et égoïste pour lui poser des questions personnelles ? me reprochai-je, quel droit as-tu de le troubler avec tes problèmes personnels alors qu'il fait probablement des choses beaucoup plus importantes dans une autre sphère ? » Je décidai alors de laisser tomber toutes mes questions, de ne plus penser et de me rapprocher de mon âme. Je commençai à fredonner paisiblement de l'intérieur et me sentis serein et paisible, me réjouissant simplement de conduire. Après un certain temps, j'eus l'étrange sensation que nous étions suivis par une sorte de présence divine. Intrigué par cette sensation, je regardai en l'air vers le ciel et fus stupéfait de le voir rempli de milliers d'anges vibrants de couleurs, tous proches les uns des autres. Ils semblaient planer au-dessus de la Rover, comme s'ils voyageaient avec nous. Doutant de ce que je vivais et pour voir si ce n'était pas un rêve, je décidai de suivre la file médiane de l'autoroute ; ils suivirent immédiatement. Je revins à la file de gauche et ils revinrent comme s'ils faisaient corps avec nous. Leur présence me procura une sensation très délicate et raffinée. Je compris que je venais de prendre conscience d'une autre dimension de Bapak et je me sentis plein de gratitude pour avoir vécu ce moment enrichissant. Je pensai plus tard, « Dieu merci je ne lui ai pas posé mes questions personnelles, sans quoi cette expérience illuminatrice n'aurait pu avoir lieu ! »

J'aimerais expliquer ici que ce que j'avais perçu n'était pas du tout comme un rêve ; la réalité immatérielle des anges était aussi authentique que la réalité matérielle de la conduite de la Rover. Je compris que la proximité de mon âme était la clef pour voyager dans différents niveaux de conscience ; en l'occurrence, j'étais au niveau angélique. Ce n'était pas comme si j'avais vu l'image d'anges dans le ciel, non, c'était davantage comme si mon Être entier avait été élevé à la dimension angélique. La vue de ces pures créatures ailées signifiait que je faisais partie de cette dimension. En fait, tant que dura cette réalité, une paix suprême et une conscience aiguisée résidèrent dans mes sensations profondes.

Rencontre avec les Prophètes

Quelques temps plus tard, Bapak donna une causerie dans le hall de conférences de l'université de Leicester. Je le conduisis et le déposai à l'entrée où les organisateurs l'accueillirent et l'accompagnèrent dans le bâtiment. Bapak était toujours parfaitement ponctuel, ce qui me laissait, en tant que chauffeur, très peu de temps pour garer la voiture et trouver un siège avant qu'il commence à parler. Toujours est-il que je ne pus trouver une place de parking, car tous les espaces disponibles étaient occupés. Me trouvant dans un état de nervosité, je décidai de ne pas m'y accrocher et de me connecter à mon âme. Je regardai alors avec des yeux différents. Je saisis le volant plus légèrement et me trouvai guidé vers l'arrière du bâtiment où il y avait juste un large emplacement qui m'attendait. Je distinguai ensuite une petite porte métallique brune que j'ouvris, et j'entrai dans un corridor étroit et mal éclairé qui me conduisit à l'arrière de l'estrade. Je descendis quelques marches et découvrit qu'il restait un siège non occupé au premier rang. Le hall était comble et, comme s'il avait attendu que je sois confortablement assis, Bapak commença sa causerie. « Comme c'est drôle, pensai-je, d'être assis pile en face de Bapak ! » Habituellement, je me serais assis quelque part à l'arrière, laissant les premiers rangs aux autres, étant trop timide pour me mettre en avant.

J'écoutais sa voix musicale depuis plusieurs minutes quand je remarquai une chose impensable, qu'un esprit ordinaire trouverait difficile à accepter. Là, dans le siège où Bapak était assis, se trouvait un autre homme ! Il était jeune, probablement la vingtaine, très attirant et rayonnant de santé. Ses longs cheveux noirs étaient généreusement bouclés. Son corps, élégant et svelte, était musclé. Bien que je reconnusse la voix de Bapak, elle sonnait plus jeune et plus monotone ; sa bouche et ses mouvements corporels coulaient harmonieusement avec le flot des mots.

Bon, je ne suis pas le genre d'homme qui a des rêves éveillés ou des visions. Je pense avoir dit précédemment que je suis quelqu'un de rationnel ; je ne crois que ce que je peux sentir, toucher ou voir. Aussi me demandai-je : « comment gérer en moi cette situation ? » Je me pinçai la peau de l'avant-bras jusqu'à ressentir la douleur. Non, je ne rêvais pas. Maintenant, le jeune homme riait, exhibant deux rangées de dents parfaitement blanches. Je me souvins soudain que j'avais dans la poche de ma veste des nouvelles lunettes pour voir de loin. Je les sortis, les mis sur mon nez et scrutai avec curiosité. Je pouvais voir le jeune homme encore plus clairement. « Que c'est étrange, pensai-je et je me demandai, mais alors, qui est ce jeune homme ? »

La réponse surgit du tréfonds de ma conscience : « Adam ».

« Adam ? Pourquoi pas? Peut-être verrai-je Ève la prochaine fois ! » me dis-je sarcastiquement. Il était difficile pour moi d'accepter cette réalité, mais que pouvais-je faire sinon rester assis et regarder ce qui allait suivre.

La suite me surprit encore plus. Adam se métamorphosa, en fait, ce n'était plus le même homme qui parlait assis dans le fauteuil. Cet orateur était plus grand, il avait de longs cheveux poivre et sel qui tombaient en désordre sur ses larges épaules ; d'épais sourcils en broussaille cachaient ses yeux brun sombre bienveillants mais cependant perçants ; deux pommettes saillantes encadraient son visage aux traits énergiques, son nez aquilin avait des narines bien marquées. Sa bouche était cachée par une longue barbe bouclée d'un gris sombre. De sa présence calme se manifestaient soudain des mouvements amples et généreux. Je remarquai l'épaisseur de ses os, spécialement ceux des larges mains et des avant-bras. Son corps tout entier exprimait l'autorité et la puissance. Je le trouvais très impressionnant.

« Je suppose que c'est Abraham », me dis-je avec un amusement cynique et j'entendis à nouveau une voix calme montant de mes profondeurs :

« Oui, tu as raison, c'est Abraham. »

L'image se brouilla. Je réalisai que je ne pouvais contenir mes émotions dans cette situation étrange et que j'avais les yeux pleins de larmes. Mais ne voulant rien perdre de cet incroyable événement, je retirai mes lunettes, m'essuyai avec un mouchoir et revins au spectacle, me demandant comment il évoluerait.

Après avoir écouté et regardé

Bapak à Leicester, saluant Mélinda la photographe

Abraham pendant un certain temps, je remarquai que Bapak était encore devenu un autre personnage. Cette fois, il était carrément plus âgé, plus petit, plus dodu, plus sophistiqué et raffiné ; il avait un croissant de cheveux blancs à l'arrière du crâne et une barbe soignée encadrait son visage rond et bienveillant. Ses yeux étaient gris-vert et scrutaient continuellement l'assistance pendant qu'il parlait lentement d'une voix chaude et claire. Il était debout, arpentant l'estrade ; il soulignait sa parole par des mouvements du corps et faisait rire l'assistance.

« Je suppose, à la réflexion, que ce doit être le prophète Moïse en personne. »

« Oui, c'est bien lui », confirma ma voix intérieure.

Cette réalité inattendue était fascinante. Non seulement le discours de Bapak était captivant et instructif, mais ce dont je fus témoin me donna un autre regard sur qui était vraiment Bapak, avec la perspective des prophètes depuis le berceau de notre histoire religieuse. L'étonnement et l'émerveillement amenèrent un autre flot de larmes à mes yeux quand je vis sur la tribune en face de moi un autre Être que je reconnus immédiatement.

Cet homme était différent des autres, car la féminité et la paix émanaient de lui. Les trois premiers personnages étaient incontestablement masculins dans leurs gestes, leurs mouvements corporels et dans la force masculine qui émanait d'eux. Je sus que cet homme était Jésus. J'observai son corps élancé et son dos droit se mouvoir sur l'estrade ; il y avait en lui une tranquille élégance, qui soulignait son aimable féminité. Je sentis qu'il représentait les natures masculine et féminine harmonieusement équilibrées. Son long nez aquilin, ses grands yeux et ses sourcils bien formés lui donnaient de l'élégance. Je remarquai qu'il ne semblait pas y avoir d'ego en lui ; une atmosphère d'amour se répandit dans le hall et dans mes sentiments les plus intimes. Je me sentis aimé par lui et instantanément je l'aimai en retour. Des flots de larmes inondèrent de nouveau mes yeux et je pensai : « Pourquoi suis-je aussi émotif ? Pourquoi ne puis-je rester serein ? » Je séchai mes yeux avec le mouchoir maintenant humide et me mouchai discrètement le nez.

Après cette démonstration, Jésus revint à son fauteuil et s'y assit majestueusement, son dos ne touchant pas le siège. Chaque avant-bras reposait sur les accoudoirs du fauteuil, ses longues mains fines pendaient complètement relaxées. Tout en lui semblait connecté ; parfois une de ses mains quittait le repos du fauteuil et se mouvait librement, pleine d'expression. C'était comme si toute l'audience du hall de conférences était bercée par son amour et sa gentillesse. Je me déplaçai pour une position assise plus ouverte, avec les jambes écartées, mes mains posées sur elles. Quand je relevai la tête pour me focaliser à nouveau sur la tribune, il avait encore changé complètement. Le jeune homme que je voyais maintenant était de taille moyenne et portait un taquina (chapeau en feutre noir porté par certains musulmans) sur ses courts cheveux noirs bien coupés. Son visage arrondi était centré sur une fine moustache ; ses yeux ronds étaient bruns surmontés par des sourcils qui lui donnaient l'air constamment surpris. Il agitait bras et mains rapidement pour affirmer ce qu'il communiquait. Il parlait vite, mais avec une grande clarté et il exprimait beaucoup d'humour.

Ce doit être le prophète Mahomet, déduisis-je, Bapak doit avoir en lui les cinq prophètes ; voilà pourquoi il en sait autant sur chacun d'eux. Il doit être en fait les cinq en un seul Être…cela explique pourquoi il peut agir comme s'il était l'un des cinq prophètes en personne, conclus-je finalement.

Le Prophète Mahomet expliquait maintenant que, bien que Jésus ait montré comment trouver la voie de l'harmonie par l'amour, l'humanité était encore une fois retombée en arrière et n'avait pas été capable de mettre en pratique ses paroles de sagesse.

Pendant que Mahomet parlait, Bapak tirait sur une cigarette Indonésienne appelée Kretek et soudain une minuscule explosion se produisit. Bapak, riant généreusement, regardait dans ma direction, visiblement très amusé par ma perplexité. Ces cigarettes indonésiennes étaient faites d'un mélange de tabac et de clou de girofle, roulées à la main en forme de cône avec un papier qui contenait une bonne quantité de salpêtre, qui déflagrait assez souvent quand les ingrédients étaient trop concentrés et produisaient une petite explosion.

Nous arrivâmes à la fin de la causerie de Bapak, mais avant de se lever de son fauteuil, il me donna un regard soutenu, porté par un aimable sourire, comme pour me dire : « Maintenant, tu sais un peu plus qui est Bapak »

Je trouvais difficile de retourner à la réalité immédiate, mais mes jambes me soulevèrent doucement et me ramenèrent par le corridor étroit et sombre au-delà de la petite porte métallique brune jusqu'à la voiture. En m'asseyant sur le siège du conducteur, je respirai profondément plusieurs fois pour retrouver la conscience nécessaire pour redevenir chauffeur. Une fois revenu à mon moi habituel, je conduisis la voiture autour du bâtiment vers le devant du hall de conférences où Bapak et son groupe étaient en train de sortir.

Bapak nous avait souvent expliqué que chaque mot de sagesse et de vérité qu'il nous disait ou chaque avis de bonne conduite qu'il nous donnait, avait déjà été énoncé ou écrit dans les livres des prophètes. Ce dont les gens avaient besoin maintenant était un contact direct avec la puissance de Dieu (ou pour ceux qui trouvent le mot « Dieu » difficile à accepter, la source de l'origine), de sorte que chaque individu puisse être guidé directement de l'intérieur et commence à expérimenter en lui ce que disaient les prophètes dans un lointain passé.

À cette époque, la seule personne avec qui je me sentais capable de partager cette expérience était ma femme Mélinda. C'était un peu trop incroyable, un peu trop colossal pour en parler ; je me serais senti gêné de dire que j'avais vu et entendu les prophètes. Même en 1983, quand Bapak me demanda de partager mes expériences de Subud avec mes frères et sœurs, je trouvai encore difficile de le faire et ce fut seulement quatre ans plus tard, en 1987, à la cérémonie commémorative du 100ème jour de sa mort, que j'eus assez de confiance pour parler de cette expérience devant un grand auditoire Subud.

Bapak, Jésus et Mahomet

À la fin août 1969, nous visitions Alexandra Palace, dans le nord de Londres. C'était un dimanche ensoleillé et nous avions emmené nos six enfants pour voir Bapak. Dahlan, notre plus jeune fils à l'époque, avait seulement deux semaines ; Bapak avait invité les familles à amener leurs enfants pour qu'il puisse faire leur connaissance.

Cinq lui furent présentés, Lucianne, Miriam, Richard, Marianna, Hermas et lorsque Mélinda vint lui montrer notre numéro six, Bapak rit et dit, l'air surpris : « Encore un ? Ah oui, Dahlan ! » se souvint-il, ayant récemment choisi ce prénom dans la liste que nous lui avions envoyée.

Alexandra Palace ressemblait à une gigantesque serre blanchie à la chaux, avec un dôme scintillant, armé de fer, qui avait été partiellement peint en blanc pour atténuer l'impact de la chaleur solaire. Le palais poussiéreux semblait énorme pour notre petit rassemblement de moins de 100 adultes ; des rangées de chaises inconfortables avaient été alignées en face de l'estrade de bois gris sur laquelle Bapak donnait sa causerie. Soudain, comme il le faisait souvent, après quelques mots de bienvenue, Bapak demanda qu'on retire plusieurs rangées de chaises devant l'estrade afin de créer un espace. Puis il demanda aux dames de venir en avant et de faire le latihan.

La plupart des hommes présents furent surpris, car normalement le latihan se faisait séparément. En effet, généralement, il était conseillé aux femmes et aux hommes de ne pas pratiquer ensemble. À travers mon expérience personnelle, je compris pourquoi des années plus tard. Un soir, lors d'un latihan, je sentis monter en moi une forte sensation animale, je pris conscience que je vivais la force qui habite un lion en rut. Mes rugissements exprimaient la force sexuelle de ce bel animal et étaient si forts que j'en avais la chair de poule ! Je me dis : « heureusement qu'il n'y a pas de femmes dans cette pièce ! Elles seraient terrifiées et probablement quitteraient la salle de latihan. » Les forces de vie ne s'expriment pas de la même façon dans la nature masculine que féminine. C'est bien pourquoi nous nous sentons plus libres dans notre lâcher-prise lorsque nous le faisons séparément.

Avec une certaine hésitation, les dames se levèrent et se tinrent devant Bapak. Il demanda aux hommes de rester assis tranquillement, puis s'adressa aux dames.

« Relaxez-vous, fermez les yeux, commencez ! »

Et les femmes commencèrent leur latihan. Je me sentis ému en les voyant de tous âges se déplacer si gracieusement et en entendant leurs voix s'entremêler harmonieusement. Tous les hommes semblaient aussi captivés que moi. Je cherchai Mélinda. Elle était là, à gauche près de l'estrade, le beau son de sa voix atteignit mes oreilles, ce qui déclencha en moi un sentiment d'amour profond qui vibra vers elle.

Je remarquai que certaines des dames, que je savais réservées et gauches dans leur corps, devenaient souples et libres dans leurs voix et leurs mouvements au fur et à mesure que leur latihan se déployait. Il est difficile de décrire avec justesse l'atmosphère créée par ces dames qui avaient lâché complètement leur ego et leur personnalité et qui étaient mues maintenant par la force-vie de leur origine. Quoique danses, mouvements, sons et chants fussent différents pour chacune d'elles, ils formaient un ensemble uni qui m'éleva vers un état de conscience plus subtil. Après 20 minutes, Bapak se pencha et dit dans le micro ; « Fini pour maintenant, terminé. »

Lentement, les dames sortirent de leur latihan, mais elles restèrent là debout, calmes et réceptives devant Bapak, qui donna des explications sur le latihan et parla ensuite de ce qu'il appelait « faire des tests ». Pendant cette session de « tests », Bapak posait, l'une après l'autre, des questions simples et chacune recevait pour elle même les réponses, via le latihan, exprimées dans le son, le mouvement et dans les sentiments. Ces questions étaient par exemple : « Comment marche une mexicaine ? » Ou « Comment rit une anglaise ? Ou une allemande ? » ; C'était, je le compris plus tard, un entraînement pour nous séparer de nos pensées et de notre cœur afin de développer une autre perception qui ne soit pas subjective mais objective et détachée de notre vouloir, une compréhension par notre âme. Précédemment, ces sessions de «tests » avaient été menées de manière plus intime avec très peu de membres. Maintenant, je comprends rétrospectivement que ces sessions probatoires avec Bapak nous aidaient en fait à « tester » comment notre propre latihan s'était développé en chacun de nous. Aussi, il pouvait observer par lui-même où nous en étions avec notre croissance intérieure. Ainsi le terme de «test » était tout à fait approprié, qui nous rendait apte à éprouver notre sincérité dans le lâcher-prise et à voir si nous recevions ou non les réponses aux questions posées par Bapak.

Il nous expliqua que nous devions écouter les questions, mais pas les enregistrer dans notre cerveau, et surtout ne pas y penser ; en d'autres termes, entendre les questions de l'intérieur, pas avec notre cœur ou notre mental. Notre perception intérieure plus subtile répondrait alors à ce qui était demandé. Pour les lecteurs qui n'ont pas expérimenté le latihan ou ces sessions de tests, il est peut-être difficile d'imaginer ce que nous vivions. Vu de l'extérieur, les questions posées pouvaient sembler plutôt simplistes du point de vue du cœur ou du mental. Exemple :

« Comment marche un mexicain? Un anglais ? Un français ? Un américain ? »

Si vous pensiez, par exemple, « Comment marche un mexicain? » et suiviez cette pensée, vous mimeriez une démarche mexicaine. Mais là, Bapak nous demandait de ne pas suivre nos pensées, mais de recevoir la réponse de l'intérieur. Quand elle venait de l'intérieur profond, notre Être tout entier devenait mexicain, avec tout ce que cela implique.

Après les dames, ce fut le tour des hommes de faire leur latihan et leurs tests et les dames devinrent à leur tour les témoins de notre réception. Puis, tard dans l'après-midi, comme chacun commençait à partir, Bapak demanda à certains des assistants masculins (personnes qui ont une expérience plus longue du latihan et qui l'assistent pour répondre aux demandes des gens désirant le latihan), de rester avec lui. Quand le hall se vida, nous nous trouvâmes 12 hommes seuls avec Bapak. Il nous invita à monter sur l'estrade avec lui, et nous arrangea en un grand cercle. Puis il nous parla des deux derniers prophètes, Jésus et Mahomet. Pendant qu'il parlait, je compris qu'il voulait nous faire sentir les différences entre les deux. Je n'essaierai pas de me rappeler mot à mot ce qu'a dit Bapak, mais plutôt de partager avec vous l'effet puissant de cette session sur mon Être tout entier. J'avais les yeux fermés, car je trouvais que la belle voix claire de Bapak pénétrait plus profondément dans mon Être de cette façon ; il avait parlé de Jésus et de Mahomet quand il dit soudain :

« Regardez Bapak maintenant, Bapak va vous montrer comment Jésus rendait ceux qui le suivaient conscients de la présence de Dieu.

J'ouvris lentement les yeux et vit la chose la plus étrange qui soit. Je vous ai déjà parlé de ma réticence à croire ce que je ne pouvais directement expérimenter, mais voici un compte rendu réel de ce que j'ai vu de mes propres yeux, entendu et senti dans mon Être, tard dans cet après-midi d'août 1969.

Ce que je vis et entendis n'était pas le Bapak que je connaissais si bien. Non, c'était quelqu'un de physiquement différent. Légèrement plus grand, plus svelte, en fait semblable au Jésus que j'avais vu à l'Université de Leicester. Ses mouvements étaient lents et gracieux, sa voix claire d'une octave plus haute. Il se mit à suivre le cercle en marchant avec noblesse et à s'arrêter près de chacun des nous, tenant ses mains tout près de notre poitrine, mais sans nous toucher physiquement.

J'étais le cinq ou sixième dans le cercle et comme Jésus s'approchait de moi, mon cœur se mit à battre de plus en plus fort. Il me semblait sur le point d'exploser et je m'en voulais de ne pas être capable de rester calme. Jésus était arrivé près de mon ami Laurent, sur ma gauche, et du coin de l'œil je pus voir que lui aussi était très ému et quelque peu nerveux. Mon corps tout entier tremblait ; mon tour était venu et rapidement je fermai les yeux pour essayer de trouver un peu de quiétude en moi. Jésus était maintenant devant moi. Il leva lentement sa main droite à la hauteur de mon cœur et dit d'une voix chaude et apaisante :

« Yah, yah, il y a beaucoup de feu dans ta poitrine, ça brûle, n'est-ce pas ? »

Je hochai timidement la tête pour approuver, incapable d'avaler ma salive.

« Les passions sont chaudes, les sentiments paisibles sont frais, peux-tu sentir maintenant la fraîcheur ? »

Je commençai à sentir l'énergie aimante et apaisante qui venait de sa main. Mon changement intérieur fut immédiat et impressionnant. Soudain, comme par miracle, je me sentis unifié, relaxé, en paix et content, rempli d'amour pour l'homme qui était capable, si simplement semblait-il, de changer mon état intérieur. Mon corps et mon Être tout entiers étaient pleinement conscients et éveillés. J'ouvris les yeux et le vis qui me regardait avec un gentil sourire que je lui rendis timidement, avec reconnaissance. Je pris conscience de tout l'amour qui émanait de lui alors qu'il se déplaçait lentement maintenant vers mon ami Lambert Gibbs à ma droite.

Une immense sensation de tendresse et de respect pour cet Être unique m'envahit. J'étais maintenant capable de suivre paisiblement l'attention qu'il prodiguait à chacun de mes six autres frères qui attendaient leur tour. Après avoir porté attention à chacun de nous, il dit quelques mots pour nous expliquer comment Jésus travaillait.

« Yah, yah, vous venez de ressentir comment Jésus, par ses mains, apaisait et passait le « contact » à ses disciples… Et maintenant, Mahomet » dit Bapak en riant et en se métamorphosant en le dernier prophète.

Je reconnus instamment l'homme que j'avais vu sur l'estrade de la salle de conférence de l'université de Leicester. Il se mouvait avec vivacité et parlait rapidement, faisant avec ses mains des gestes qui nous faisaient rire. Il était clair que les mots qu'exprimait Bapak étaient reçus directement et ne venaient pas de ses pensées. Au fur et à mesure qu'il nous parlait nous sentions l'effet calmant de ses paroles. Elles sortaient sous forme de poème et avaient un effet purifiant sur mon Être. Cette prose musicale qu'il chantait était comme des vaisseaux contenant de merveilleuses victuailles et des fleurs parfumées. Je pris conscience qu'elles me transportaient dans un autre niveau d'éveil où je me sentais en union avec mon âme et avec le Créateur.

Nous venions juste de vivre les différentes manières d'être des deux derniers prophètes. Jésus, avec ses paroles apaisantes qui portaient de précieux conseils, c'était plus par la proximité de sa présence sacrée qu'il guérissait et changeait les gens et qu'il éveillait la conscience à une nouvelle manière de vivre. Mahomet c'était plus en recevant son verbe que les auditeurs devenaient conscients de la présence de Dieu. Naturellement, tout ceci est ma compréhension de ce fort témoignage ; je ne veux en aucune façon affirmer par là que Jésus et Mahomet sont comme je les décris ; car je suis pleinement conscient que ce sont là ma propre réalité et ma propre vérité relatives.

Pendant ces moments privilégiés, toute mon attention était attirée non par leur apparence physique, mais plutôt par la réalité spirituelle de leur présence et son effet sur mon Être tout entier. Il émanait d'eux amour et compassion pour leurs frères humains ; ils enveloppaient et pénétraient toutes les parties de ma conscience et apaisaient mon Être en profondeur.

Quand Bapak eut fini ses démonstrations et ses explications, il nous demanda de ne point partager ce moment passé avec lui, jusqu'après sa mort. Comme nous revenions en voiture d'Alexandra Palace, Lambert et moi restions silencieux car nous avions besoin tous deux de savourer en silence cette incroyable expérience.

La Pêche

Une fois, à Leicester, vers 20 h 30, les dames qui faisaient la cuisine pour Bapak et sa famille, me demandèrent d'aller acheter une pêche blanche que réclamait Bapak. À cette heure, dans le Leicester des années 60, on aurait pu croire impossible de trouver un tel fruit, d'autant plus que ce n'était pas encore la saison ! Je partis en me demandant quelle direction prendre, car je ne connaissais pas bien la ville. Je décidai de rouler dans les rues au « feeling » dans le calme car mes pensées trop anxieuses ne pourraient me guider. Je me disais : « comme c'est curieux que Bapak demande une pêche avant la saison et à cette heure de la nuit » quand, subitement, sur ma droite, de l'autre côté de la rue, je vis une petite épicerie dont le propriétaire était en train de fermer les volets pour la nuit. Je garai rapidement la voiture et traversai en courant.

« Excusez-moi, Monsieur, c'est une chance de vous trouver ouvert à cette heure ! À tout hasard, auriez-vous une pêche blanche dans votre épicerie ? » L'homme aux cheveux noirs me sourit, laissant voir ses longues dents jaunes, j'en remarquai une en or. « Il doit être grec » pensai-je. « Oui, je crois que je peux vous en trouver une, entrez », dit-il en accrochant le dernier volet. Nous entrâmes dans la petite boutique et, à ma demi-surprise, là, dans un panier d'osier, il y avait une magnifique pêche blanche ! Elle était précieusement enveloppée et soigneusement rangée dans un sac en papier. Quelques minutes plus tard, la pêche fut promptement livrée aux dames de la cuisine qui exprimèrent leur joie en voyant le magnifique fruit.

Ce genre d'histoire inhabituelle n'était pas rare et apportait beaucoup de couleur tout en épiçant la vie de ceux qui travaillaient autour de Bapak. Quoiqu'il en soit, il n'est pas dans mes intentions de vous conter trop d'anecdotes sur la vie en présence de Bapak mais en voici encore une ou deux que j'ai directement vécues, et qui ont contribué à me faire comprendre que Bapak vivait et se mouvait dans une sphère qui n'était pas celle de la plupart d'entre nous, c'est-à-dire dans le cœur, le mental, le ventre ou le sexe.

Le Magasin de Chaussures

«Léonard, cela ne vous dérangerait pas de mener Bapak à une boutique de chaussures ? » Cette demande émanait d'une des personnes qui veillaient au bien-être de Bapak et de son entourage dans la maison d'un membre de Subud située aussi près de Leicester. Le propriétaire de la maison avait suggéré que je prenne l'autoroute jusqu'à Coventry où se trouvait un gigantesque centre commercial. Se garer serait facile et nous trouverions beaucoup, beaucoup de boutiques de chaussures. Mas Usman, le traducteur indonésien de l'époque, nous accompagnerait.

La rampe de sortie de l'autoroute nous conduisit directement au troisième niveau du centre commercial et nous trouvâmes immédiatement une place de parking. Je voulais aller en éclaireur pour chercher une boutique de chaussures et y conduire ensuite le petit groupe, afin qu'ils n'aient pas à marcher trop loin. Je suggérai donc mon plan à Mas Usman.

« Non ! », répondit-il catégoriquement, « on ne marche pas devant Bapak. Suivez-le, simplement. »

Stupéfait par cette réaction plutôt sèche, je conclus que ce devait être une coutume indonésienne, un signe de respect envers un aîné ? Nous étions arrivés à l'heure du déjeuner, beaucoup d'employés des magasins cherchaient un endroit pour déjeuner et la place centrale du troisième niveau était pleine de monde. Aussi je mettais mes pensées de côté et suivais calmement tout en regardant avec intérêt les mains de Bapak, qu'il tenait jointes dans son dos. Elles étaient soignées, puissantes, bien que délicates ; je les aurais qualifiées de mains d'artistes. La gauche tenait le poignet droit, et je me souvins de cette occasion à Saint Paul de Vence où il nous avait montré le soleil qui rayonnait du centre de sa paume. Il n'était pas nécessaire de protéger Bapak de la foule, car elle s'écartait d'elle-même de son chemin, laissant toujours quelques mètres d'espace libre devant lui ; c'était fascinant de voir que la foule ne s'approchait jamais de lui et qu'il passait complètement inaperçu. Bapak se dirigea vers la gauche du centre où il semblait y avoir moins d'activité. Nous marchâmes dans un passage couvert qui menait à un long balcon puis à un escalier débouchant sur un second niveau où il n'y avait personne. Nous suivîmes Bapak le long de ce balcon jusqu'à ce qu'il arrive devant la vitrine d'une boutique. Il s'y arrêta en souriant et montra du doigt une très belle paire de mocassins en cuir vert du Nil qui était exposée dans le coin de la vitrine. L'air amusé, il dit simplement, « Les chaussures de Bapak ici. »

Il n'y avait pas d'autre client dans la grande boutique et Bapak marcha droit vers un fauteuil pour s'asseoir. J'emmenai la vendeuse au dehors pour lui montrer la paire de chaussures désirée. Je lui dis la pointure que nous voulions et elle partit derrière un épais rideau cachant un couloir de rangement. Après un laps de temps, la jeune femme revint et s'exprima tristement : « Je suis vraiment désolée,

Monsieur, la dernière paire est celle de la vitrine mais elle n'est pas à la bonne pointure. » Mas Usman traduisit les nouvelles à Bapak qui parut surpris et dit : « Mais elles sont là. Demandez-lui de chercher encore. »

L'employée gênée s'adressa à la gérante de la boutique, assise sur un haut tabouret derrière la caisse. Puis, l'air agacé, elles disparurent toutes deux dans le labyrinthe d'étagères et de boîtes. Nous entendions des raclements de carton et le froissement des papiers d'emballage au milieu de grognements et de soupirs. Soudain, nous entendîmes une voix victorieuse, étouffée, qui venait des profondeurs de l'espace de rangement : « Elles sont là, je les ai trouvées ! » L'air tout à fait perplexe, la gérante revint dans la boutique et alla droit vers Bapak avec la boîte de chaussures vertes à la bonne pointure. Elle s'agenouilla prestement aux pieds de Bapak ; il regardait au loin, au-dessus d'elle sans focaliser. En un clin d'œil, elle enleva les vieilles chaussures de ses mains expertes et les remplaça par les neuves, qui lui allaient parfaitement.

Bapak se leva, fit un large sourire aux employées de la boutique, et commença à marcher vers la porte. Nous payâmes rapidement les chaussures et le suivîmes vers la voiture.

Conduite à l'aveuglette sous une pluie battante

Les organisateurs de Subud Angleterre m'avaient demandé de louer une grande voiture, mais pas trop coûteuse, pour conduire le groupe d'Indonésiens à l'aéroport. Les trois petites-filles de Bapak, Ismana, Asikin et moi-même nous entassâmes dans la grande Austin Maxi (une Mini surdimensionnée) et suivîmes la voiture de tête dans laquelle se trouvaient Bapak et Ibu (mot indonésien pour Mère). Le temps était incertain et en regardant vers le sud, on pouvait voir une accumulation de nuages noirs menaçants. La voiture que nous suivions était une Rolls-Royce ancienne dont les clignotants ressemblaient à deux petits seins. Bapak aimait que sa voiture aille vite et mon ami Lambert Coles qui conduisait, allait au moins à 150 km/h. Une fois sur l'autoroute, dix minutes plus tard, nous nous trouvions sous une pluie battante et il devenait très difficile de suivre la rapide Rolls-Royce. Mes passagères Indonésiennes racontaient des blagues et riaient. Il régnait dans la voiture une atmosphère heureuse et légère, toute ma concentration se portait sur la route quand soudain, oh ! horreur ! l'essuie-glace de droite se décroche et disparaît. « Heureusement qu'il me reste celui de gauche ! » me dis-je avec confiance. Quelques instants plus tard sans aucun avertissement, l'autre balai disparaissait à son tour !

« Oh là là ! » pensai-je tout haut en français. « Qu'est-ce qu'on va faire ? Je dois m'arrêter ! »

Mes amies Indonésiennes ne plaisantaient plus. Elles étaient maintenant très attentives à la situation. « Vous devez toujours suivre Bapak, Léonard », déclara Ismana avec autorité mais en douceur. Elle était assise à ma gauche et me regardait calmement de ses grands et beaux yeux bruns.

J'étais maintenant très tendu, agrippant le volant, le nez touchant presque la face intérieure du pare-brise qui s'était embué, tentant désespérément de suivre les deux minuscules points rouges scintillants de la voiture de Lambert. L'autoroute était inondée et la pluie s'intensifiait, tambourinant comme une marche funèbre sur la carrosserie de l'Austin.

« Désolé, mais c'est impossible, je dois m'arrêter, c'est trop dangereux », dis-je désespérément.

Avec une froide détermination, me regardant avec une paisible intensité, Ismana répliqua : « Relaxe-toi, ne te fais aucun souci, Léonard, suis seulement Bapak et chante maintenant avec nous. »

Sur ce, elle se mit à chanter d'une claire voix olympienne complètement dénuée de peur. Les trois petites-filles et Asikin firent chorus. Je ne pouvais pas chanter en chœur avec mes amis, mais je m'arrangeai pour relâcher mon étreinte sur le volant et m'adossai à mon siège, me déconnectant de ma peur. Puis je retrouvai le même espace que lorsque je conduisais Bapak, laissant la vibration angélique estomper mon anxiété. Le moment le plus aigu fut quand mon ami Lambert, ignorant le combat anges contre démons qui se déroulait en moi, dépassa soudainement un camion remorque, soulevant une vague d'eau sale qui masqua complètement la Rolls. Cette situation extraordinaire de conduite sans visibilité se poursuivit pendant 45 minutes quand il me sembla apercevoir le petit indicateur orange de la Rolls-Royce clignoter à gauche alors qu'elle ralentissait brutalement.

« Pourquoi ralentissez-vous ? » demanda Ismana.

« Parce que Lambert Coles vient juste de sortir de l'autoroute, Ismana », dis-je avec une légère irritation tout en perdant mon état angélique et en me concentrant maintenant avec ma volonté pour rester sur la bonne route. Au même instant, intérieurement, j'envoyai un appel de détresse à l'univers invisible : « S'il te plaît, Seigneur, fais que cette horrible voiture tombe en panne ! »

La Rolls-Royce avait maintenant complètement disparu. La bretelle de sortie nous mena à un petit rond-point juste comme notre moteur s'arrêtait. Tout devint complètement silencieux. Avec l'élan de la voiture, je parvins à négocier la courbe du rond-point et atterrir sur une banquette herbeuse sur le bas-côté de la route.

« Pourquoi avez-vous arrêté la voiture, Léonard ? » demanda une des petites filles.

« Je n'ai pas arrêté la voiture, c'est Allah qui l'a fait ! », répondis-je gaiement avec un grand sourire, me sentant tellement soulagé d'être sorti de cette situation stressante. La pluie avait cessé comme par magie, et un chaud rayon de soleil nous apporta sa chaleur positive. Je tournai vers lui mon visage souriant, les deux avant-bras sur le volant. En un clin d'œil mes cinq passagères sortirent de l'Austin et se mirent sur la route pendant que je notais au dos de mon paquet de cigarettes le numéro et la direction de la route sur laquelle nous étions.

Moins d'une minute après, un vieux camping-car Volkswagen rouillé et cabossé, surgit de nulle part avec son chauffeur qui s'avéra être un membre de Subud.

« Vous avez des problèmes ? » demanda-t-il en souriant.

« Pouvez-vous nous amener à l'aéroport d'Heathrow ? S'il vous plaît, c'est urgent », répondit Asikin.

Le conducteur accepta gentiment de les conduire à l'aéroport et ils repartirent dans un nuage de fumée noire ; tous me faisant de grands signes d'adieu et riant gaiement à travers la vitre tandis que le combi s'éloignait. Comme par enchantement, une cabine téléphonique se trouvait juste là où je m'étais garé. J'appelai la compagnie de location pour leur dire ce qui était arrivé et où se trouvait l'Austin Maxi. Je revins à l'endroit à côté de la route où le vieux Volkswagen avait surgi et me mis à chanter intérieurement, me sentant si libre et reconnaissant, si soulagé que rien de dramatique ne soit arrivé.

Un grand break Volvo qui passait, ralentit et je reconnus la dame au volant, car elle avait assisté à une conférence de Bapak à Londres.

« Léonard, qu'est-ce qui vous amène dans un endroit pareil ? Puis-je faire quelque chose pour vous ? » demanda-t-elle gentiment. Je lui parlai de ma surprenante aventure et elle me conduisit droit à l'aéroport d'Heathrow. Le grand espace dans l'aéroport semblait vide et en cherchant des membres Subud, j'aperçus Bapak assis tout seul sur un banc. Comme je m'approchais de lui, il me regarda avec surprise et demanda, « Où sont Ismana, Asikin et mes petites-filles qui étaient avec vous dans la voiture ? »

« Je ne sais pas, Bapak, elles sont parties dans une autre voiture parce que la mienne est tombée en panne. »

J'essayai d'expliquer, me sentant responsable de ne pas les avoir avec moi. Je lui dis que le camping-car Volkswagen d'un membre de Subud les amenait. L'anglais de Bapak n'était pas très bon et je sentis qu'il n'avait pas parfaitement compris mon explication.

« Comment se fait-il que vous soyez ici ? Avant les autres ? »

« Je ne sais pas pourquoi, Bapak. Quand ma voiture a cassé, elles ont trouvé une autre voiture et il n'y avait plus de place pour moi. Peut-être que leur chauffeur s'est perdu ? » répondis-je en écartant les mains et en haussant légèrement les épaules. Je me sentis extrêmement soulagé quand, 20 minutes plus tard, mes cinq passagères arrivèrent et expliquèrent à Bapak en indonésien, avec beaucoup de rires et de gestes, que le très gentil chauffeur du camping-car Volkswagen ne connaissait pas le chemin de l'aéroport !

Bapak change spontanément ses plans

À propos d'aéroport, il me revient un autre événement qui arriva à la fin des années 50. Bapak et un groupe de 15 personnes environ étaient enregistrés pour un vol vers l'Espagne. Ils attendaient dans le grand hall de l'aéroport l'appel de la porte de départ quand, sans raison apparente, Bapak s'adressa à la personne responsable des passeports et des billets pour lui dire ; « Bapak et son groupe ne prendront pas ce vol. Pouvez-vous, s'il vous plaît, changer les billets pour le prochain vol vers l'Espagne ? »

Avec beaucoup de difficultés et un supplément de prix, les billets furent changés ; le lendemain, les manchettes des journaux nous apprirent que l'avion qu'était censé prendre le groupe s'était écrasé dans les Pyrénées. Il n'y avait aucun survivant.

Je prends conscience de la réalité spirituelle du monde matériel

Je vais maintenant vous raconter l'évènement qui m'a amené à prendre conscience de la puissante emprise du monde matériel sur notre nature délicate, fragile et facilement influençable. Le mot « matériel » est quelque chose de très concret ; en d'autres termes, quand on pense matériel, cela va avec la création de la pensée en même temps qu'avec la matière. J'ai expérimenté une situation qui m'a fait comprendre que le monde matériel a aussi sa propre entité spirituelle, il a sa place à un niveau relatif au sein du monde spirituel.

La première fois que je le compris clairement, ce fut dans un salon VIP de l'aéroport de Heathrow dans les années 60. Bapak et sa famille avaient visité l'Angleterre et il était temps pour eux de continuer leur voyage. Le vol pour les USA avait été retardé de deux heures et le salon VIP qui nous était alloué était plutôt petit pour nous tous. Il arrivait souvent que des membres de Subud viennent dire au revoir à Bapak et/ou l'accueillir à son arrivée. Cette fois, nous devions bien être 35, voyageurs non compris. Il est dans ma nature d'être discret et de me tenir en retrait, laissant les autres s'approcher physiquement de Bapak. Lui et sa famille étaient assis dans les quelques grands fauteuils de cuir, en face de baies vitrées qui donnaient sur une cour intérieure, tandis que nous étions assis sur la moquette autour de lui ; ceux qui n'avaient pas la place de s'asseoir étaient debout, le dos contre les murs. Je me tenais dans l'encadrement de la seule porte de la pièce, sentant que je devais être là pour assurer que seuls des membres de Subud entrent.

Bapak nous avait longuement parlé et puis il nous démontra qu'il pouvait aussi s'exprimer par la mélodie, quand il se mit à chanter en Javanais. Sa voix douce, généreuse et captivante nous berçait. Assez souvent il prenait une pause, donnant l'espace à l'une de ses petites filles pour traduire sa prose en anglais. Tous les membres présents semblaient comme soulevés dans une harmonieuse sphère de nature angélique.

Soudain je vis de mes yeux intérieurs un grand nombre de ce que je décrirais comme des petits êtres grotesques, poilus, hérissés, avec de longues dents, de grandes oreilles pointues et des griffes à la place des ongles. Ils couraient dans tous les sens, voulant entrer et interférer avec l'unité sublime qui était présente dans le salon. La poignée de la porte, qui touchait ma hanche, remua lentement et la porte s'ouvrit légèrement. Il n'y avait pas beaucoup de place pour se mouvoir, mais je m'arrangeai pour me déplacer vers l'entrebâillement et écouter de mon oreille gauche.

« On vous a donné le mauvais salon VIP, vous devez tous sortir immédiatement, c'est urgent !» dit une voix féminine anxieuse et étouffée. »

« Désolé, mais ce n'est pas possible maintenant », murmurai-je en retour et je repoussai la porte pour la fermer. Bapak chantait toujours ; l'incident, apparemment, était passé inaperçu. Je fermai les yeux et revins à mon paisible état intérieur pour retrouver mon écoute. À nouveau, je fus interpellé dans mon espace intérieur par les nombreux petits êtres démoniaques qui étaient cette fois très en colère. Immédiatement, je bloquai à deux mains la poignée de la porte et je m'entendis leur ordonner de partir, comme animé par une forte autorité divine. Ce fut efficace. J'entendis derrière la porte de faibles bruits de pas s'éloignant dans le long corridor. Soulagé, je me relaxai à nouveau dans la voix mélodieuse de Bapak. Mais les diablotins matériels furieux, revinrent dans ma vision interne pour recréer du désordre. Puis quelqu'un frappa à la porte. Dans mon intérieur tranquille, je vis les petits êtres en colère et menaçants, courant en tous sens, cherchant à semer la confusion. Comme précédemment je bloquai la poignée de la porte. Puis, par mon lâcher-prise, j'atteignis le niveau de conscience où résidait une paisible mais puissante autorité. Et de là, j'ordonnai à chaque diablotin de partir et de ne plus interférer dans notre espace. Cette histoire, j'en conviens, doit paraître bien étrange au lecteur. Je peux seulement expliquer que cette expérience me montra que la force matérielle avait aussi sa réalité spirituelle.

Bapak était arrivé à la fin de son partage. Il me semblait que chacune des personnes présentes flottait dans des nuages célestes et voulait prolonger la sensation. Il regarda sa montre, se leva et dit :

« Il est temps maintenant de partir, merci et au revoir. »

Chacun se leva et fit de la place pour laisser Bapak quitter le salon VIP. J'ouvris rapidement la porte, et comme il passait devant moi, il me regarda discrètement dans les yeux, me gratifiant d'un sourire qui me fit sentir qu'il avait remarqué mon combat avec les petits êtres démoniaques.

En suivant le groupe dans les longs corridors de l'aéroport, je réfléchis à ce qui s'était passé. Cette expérience surprenante était-elle le fruit de mon imagination ? Pas vraiment, c'était tellement réel et inattendu ; les dérangeants et agressifs diablotins semblaient apparaître sur mon écran intérieur juste avant qu'ils ne se matérialisent en présence humaine derrière la porte. Je ne cherchai pas à conclure et laissai l'expérience en l'état. Mais après le départ de nos hôtes, j'allai au bureau d'information et demandai pourquoi on nous avait dérangés, alors que nous étions dans le salon des VIP. Un officiel de Heathrow vint répondre qu'il y avait eu un malentendu ; le salon VIP, qui se trouvait être le plus luxueux de l'aéroport, avait été réservé, en réalité, pour le roi d'Arabie Saoudite et sa suite. Les autorités de l'aéroport avaient été obligées de placer sa Majesté dans un autre, un salon VIP ordinaire.

Le Clown de Dieu

Début octobre 1983, lors d'une visite en Angleterre, Bapak devait donner une conférence aux assistants et au comité Subud d'Angleterre à l'hôtel Tara de Londres. Désireux d'assister à la réunion, Mélinda et moi trouvâmes une baby-sitter pour s'occuper de nos enfants pour la journée. À cette époque, je faisais partie de l'équipe des assistants nationaux pour le Royaume-Uni et nous avions préparé une brève liste de questions que nous comptions poser à Bapak. Il se trouva que celui qui devait être notre porte-parole ne pouvait venir ce jour là et il me demanda de le remplacer pour la journée. Je connaissais toutes les questions, car nous les avions préparé ensemble, mais je me sentais peu fervent et légèrement mal à l'aise à la pensée de monter sur l'estrade en présence de Bapak et d'un vaste auditoire.

Il y avait trois questions principales qu'on m'avait demandé de soumettre à Bapak, soit :

-Pratiquer les tests sur des membres non présents physiquement pendant la session. Est-ce que Bapak peut développer ?

-Comment améliorer notre « recevoir » et nous-mêmes ?

-Est-ce que Bapak peut développer le sujet du « test spontané » ? (Recevoir la question et non la préparer par la pensée.)

Comme d'habitude, Bapak ouvrit la réunion en nous souhaitant la bienvenue à tous, puis il annonça qu'il voulait parler ce matin aux membres du comité et aux assistants seulement. Il ajouta qu'il porterait attention aux autres membres de façon appropriée lors d'une autre réunion. On me fit signe de monter sur l'estrade pour présenter les questions des assistants nationaux. J'avais pratiqué le latihan pendant 25 ans et je n'étais plus nerveux en présence de Bapak. En fait, je me sentais profondément heureux d'avoir eu cette opportunité de remplacer mon ami.

Bapak répondit à la question sur le test. Il voyait toujours toute la situation, expliquant que les tests nous rendaient capables de devenir conscients de ce que sentait une autre personne ; mais cela pourrait avoir un effet négatif sur la personne en question si elle savait que l'on avait pratiqué le test sans qu'elle soit présente. Elle s'en sentirait alors critiquée et isolée et le résultat ne serait pas bon. Il expliqua aussi qu'en posant des questions à Bapak, on n'expérimente pas vraiment la réponse, on écoute seulement sa répartie et on ne met pas en pratique la réalité derrière la question. Il continua en décrivant les forces de vie matérielle, végétale, animale et humaine, soulignant fortement que la force de vie matérielle est celle qui a le plus d'influence sur la vie de l'homme. Il nous donna l'exemple d'Adam, qui n'avait qu'à souhaiter pour obtenir tout ce dont il avait besoin au paradis, mais quand Dieu lui ordonna d'aller vivre sur Terre, il Le questionna :

« Mais comment vais-je me nourrir là-bas ? »

« Tu devras utiliser ton mental pour transformer les minéraux et les plantes que j'ai mis là pour toi et te nourrir toi-même par ton propre travail et par tes efforts. »

Bapak montra comment l'homme, en utilisant son mental, avait été capable de faire une voiture à partir d'un morceau de minerai de fer. Il avait même été capable de l'améliorer pour le finir en Rolls-Royce !

« Parler du spirituel sans l'expérience derrière, c'est du vent, cela ne veut rien dire. »

Il avait décidé que pour nous faire comprendre plus clairement l'influence des forces matérielles, nous devions faire des tests. Il demanda que deux hommes montent sur l'estrade et se tiennent debout bien relaxés en face de lui. Je montai avec un ami nommé Mansur. Nous nous tînmes là debout tranquillement et attendîmes. D'abord, Bapak dit à Mansur, « Reçois ce qu'est le caractère de Léonard. »

Mansur exprima dans sa réception, les yeux clos, des mouvements et des sons qui avaient à faire avec mon caractère. Puis Bapak demanda ce que signifiait la réception. Mansur expliqua qu'il sentait un artiste qui aime créer des choses, quelqu'un qui a de bons sentiments envers les autres et qui aime réunir les gens. Puis Bapak lui demanda, « D'après votre cœur et votre sentiment, est-ce que cela correspond au Léonard que vous connaissez ? » et Bapak ajouta, « Oui, le travail de Léonard montre déjà les qualités que vous avez reçues. »

Puis il nous demanda de nous relaxer de nouveau. « La force de vie matérielle... où se trouve-t-elle dans votre Être ? » Pendant un certain temps, Bapak nous laissa suivre notre réception individuelle. Mes mains s'élevèrent lentement et enveloppèrent ma tête et dans mon esprit je sentis une grande clarté. Pendant la réception, je me remémorai une expérience que j'avais faite en Indonésie, environ dix ans auparavant (voir cette histoire au chapitre 5) où des flammes bleues nettoyaient l'intérieur de mon crâne. Bapak me demanda comment je l'avais ressenti et je répondis que je sentais vigoureusement les forces matérielles dans ma tête.

« Oui, ce n'est pas une mauvaise chose. Cela veut dire que vous êtes plein d'idées au sujet de ce monde. Léonard a de bonnes et claires idées en rapport avec le business, est-ce bien ça ? »

« Oui, Bapak, c'est ça », répondis-je.

Il s'adressa ensuite à Mansur et dit : « Avec vous c'est différent. Les forces matérielles résident dans votre cœur, de sorte que les idées sont encore dans vos sentiments et ne sortent pas, ne peuvent pas aboutir. Est-ce vrai ? »

« Oui », confirma Mansur.

Bapak souligna l'importance de faire ce genre de test et continua, se tournant vers moi :

« Maintenant, Léonard, recevez votre nature. »

En lâchant prise et en me relaxant, je devins ma propre nature. Me sentant parfaitement centré et bien dans ma peau, proche de la légèreté et du rire, je souriais probablement. Je me déplaçais avec légèreté, sentant que j'avais des pinceaux dans les mains et que je parlais à des clients.

Ayant observé mes mouvements et mes expressions pendant le test,

Bapak décrivit ma nature:

« Dans votre façon de fonctionner, vous êtes comme un clown. Quand vous agissez de cette façon, vous réussissez. Mais si vous devenez sérieux, ça ne marche pas.»

Il se tourna ensuite vers l'auditoire et dit : « Ce genre de chose, vous pouvez le découvrir par vous-même, comment vous fonctionnez en réalité et quels sont vos secrets cachés.» Il se tourna de nouveau vers moi : « Recevez par vos mouvements, Léonard si votre travail est en accord avec la volonté de Dieu.»

Je me sentis proche de mon origine et vivant pleinement ce que j'étais.

« C'est bon ! Voilà pourquoi votre femme a guéri d'une très vilaine maladie appelée leucémie. Vous êtes sa médecine. Vous êtes un clown de Dieu. Bapak prie pour que votre femme guérisse complètement. Vous êtes son médecin sorcier.»

Tous dans l'auditoire éclatèrent de rire.

«Donc, si ordinaire que vous vous sentiez, vous êtes tout de même un bon guérisseur… vous êtes un clown intelligent ! » et pour conclure, il dit, « ca suffit maintenant. C'est une démonstration de la réalité. Pourquoi avez-vous apporté toutes ces questions ? Qui vous a choisi pour le faire? »

« Les autres aides nationaux me l'ont demandé, car Muchtar, notre représentant, ne pouvait être avec nous aujourd'hui » expliquai-je.

Bapak alors se souvint : « J'ai vu Léonard à Coombe Springs il y a plus de vingt ans et j'ai pensé à l'époque qu'il était un personnage amusant et qu'il retomberait toujours sur ses pieds.»

Ça avait été une puissante expérience. Bapak, par le canal du test ouvert, m'avait fait expérimenter comment mon intérieur correspondait à mon comportement extérieur, me rendant plus confiant en moi-même. Ce même jour, j'avais expliqué à Bapak que lorsque nos enfants étaient malades ou souffrants d'une douleur ou d'une autre, je m'asseyais tranquillement à côté d'eux, mettant la main où se trouvait la douleur, jusqu'à ce qu'elle se dissipe.

Chapitre 3

Sur le prénom, la conception, le sexe, la vie et la mort

Nous devenons parents

Notre premier enfant s'annonça par une série de timides et délicates contractions. Jean ressentit les premières dans la matinée. Dans l'après-midi, elles devinrent plus fréquentes. Il était temps d'aller à la clinique Montsouris, près de l'Université de Paris dans le 11ème, où Jean avait consulté le gynécologue.

Une religieuse, froide et distante, enregistra notre arrivée dans un large cahier à la reliure de cuir puis nous mena vers l'ascenseur. On nous assigna une petite chambre au 3e étage. Jean s'était bien préparée pour la naissance en rassemblant, avec amour, toute une layette joliment installée dans notre panier de courses en paille.

Après avoir rangé les quelques affaires de Jean dans la chambre, je décidai de faire un saut dehors avant la fermeture des boutiques pour lui acheter des fruits et de l'eau minérale. J'avais aussi retenu à proximité une chambre d'hôtel bon marché, au cas où la naissance arriverait tard dans la nuit.

Il devait être environ 21 heures lorsque je revins à la clinique. Je sonnai et attendis, ce qui me sembla durer une éternité. Finalement, j'entendis des petits pas rapides s'approcher derrière la porte. Lentement, la porte s'entrouvrit de quelques centimètres seulement et un long nez blanc apparut, suivi par un œil bleu pâle qui me regarda avec suspicion, « Nous sommes fermés, revenez demain ! ».

« Mais ma femme va accoucher » dis-je avec consternation, « même, c'est peut-être en train de se passer ! ». Je poussai la porte avec insistance, puis la bloquai avec mon pied pour empêcher qu'elle se referme.

« Allez-vous en, ou j'appelle la police ! », dit la nonne d'un air menaçant.

Utilisant une force que j'estimais légitime, j'entrai dans le hall et poursuivis mon chemin.

La sœur devint rouge de colère, tremblant de tout son corps et resta muette pendant que je me précipitai vers l'ascenseur et avant qu'elle n'ait pu me rejoindre, j'appuyai sur le bouton et les portes se fermèrent automatiquement devant la sœur exaspérée.

Jean n'était plus dans la chambre où je l'avais laissée. Parcourant rapidement le long corridor, je trouvai la salle d'opération. Je frappai timidement trois fois, j'ouvris et parcourus du regard la salle d'accouchement.

« Hello ! vous êtes le père ? Entrez ! Les contractions sont maintenant plus fréquentes. Le gynécologue a été prévenu. Cela ne devrait pas être long » me dit une jeune infirmière joyeuse et rassurante.

Jean, le corps couvert d'un drap blanc, était allongée sur la table de travail qui, de par les appareils qui la constituaient, ressemblait plus à une table de torture qu'à ce que j'avais imaginé être un lit d'accouchement. Ses genoux étaient relevés. Elle semblait légèrement anxieuse et me dit en anglais : «Je suis tellement soulagée que tu sois enfin là, où étais-tu ? Regarde, ils m'ont ligoté les chevilles, je me sens prisonnière, je n'aime pas ça du tout ! »

Je lui tins la main et restai debout près d'elle, souriant paisiblement. « As-tu fait la respiration accélérée ? » demandai-je, inquiet. Elle répondit en grimaçant pour partager sa souffrance. « Oui, j'essaye, mais c'est terriblement difficile quand les contractions arrivent, ça fait si mal ! »

Les contractions venaient maintenant à des intervalles plus rapprochés et à chaque fois, pour l'aider, je démarrais l'exercice respiratoire avec elle, ma bouche près de son oreille gauche pour l'encourager à garder le rythme le temps des contractions.

Il devait être environ 11 heures du soir quand la porte de la salle de travail s'ouvrit toute grande. Un être étrange apparut, tout vêtu de toile cirée blanche, de longues bottes collantes montaient jusqu'à ses genoux. Il portait un short court et serré qui mettait bien en évidence qu'il était du genre masculin. Il n'avait pas de chemise mais un grand tablier qui couvrait juste le devant de son torse et descendait jusqu'à ses genoux Ses bras et son dos étaient complètement nus. C'était notre gynécologue. Il me faisait penser à l'acteur Errol Flynn avec sa très fine moustache noire et ses yeux d'un bleu vide qui nous regardaient d'un air absent. Il entra dans la salle.

En apercevant cet étrange accoutrement, Jean me lança un regard interrogateur et un sourire légèrement amusé avant qu'il ne soit effacé par une nouvelle vague de contractions douloureuses.

Le docteur me regarda l'air rieur et dit d'un ton légèrement taquin pour m'avertir : « vous savez, Monsieur Lassalle, il est fréquent que les jeunes pères comme vous tombent dans les pommes pendant la naissance de leur premier enfant. Je vous conseille de quitter la salle maintenant car le bébé va arriver. Nous n'avons pas envie de vous voir inconscient sur le carreau ! Pas vrai ? » ajouta-t-il en clignant de l'œil vers l'infirmière.

Probablement à cause des respirations accélérées que je faisais avec Jean à chaque poussée, je me sentis soudainement faible et dus lui paraître tout blanc. Pourtant je n'allais certainement pas quitter la pièce dans un moment aussi important de notre vie.

« Merci de m'avertir docteur. Je sens que je ne serai pas un problème pendant l'accouchement », lui répondis-je avec un grand sourire.

Jean entama une dernière longue et énorme poussée... puis l'infirmière et le docteur s'exclamèrent ensemble un oh ! oh ! admiratif lorsqu'une petite tête violacée, fripée, mouillée, renfrognée, apparut à la porte de ce monde. Le nouveau né avait l'air résolument sérieux avec ses cheveux noirs bouclés et collés à son front soucieux. Soudain je sentis une douleur aiguë dans le creux de ma main droite, les ongles de Jean étaient entrés dans ma peau pendant qu'elle finissait sa poussée finale de délivrance. Maintenant, le docteur soutenait délicatement la tête de l'enfant d'une main, tout en guidant précautionneusement de l'autre, le petit Être vers sa nouvelle vie. Le reste du corps humide et gluant suivit sans résistance et fut bientôt tenu par les pieds, tête en bas, tandis que le cordon ombilical restait attaché au placenta, qui était encore dans la matrice.

« C'est une fille ! » s'exclamèrent-ils à l'unisson. Jean leva la tête en reposant le haut de son corps sur son coude. Elle paraissait émerveillée et complètement charmée par la nouvelle arrivée. Puis elle me regarda avec un sourire radieux, chaque partie de son visage était couverte de petites perles de sueur. Elle exprimait une joie intense. Pleine d'amour et de douceur maternelle, elle se tourna vers son bébé qui était encore suspendu tête en bas, dans la poigne ferme du docteur qui de son avant bras donna trois secousses énergiques, qui eurent pour effet de faire hurler de colère notre enfant. Le son strident me glaça l'échine, créant instantanément en moi un besoin puissant et profondément instinctif de la prendre dans mes bras pour lui assurer que tout était comme il fallait, mais je résistai à l'impulsion.

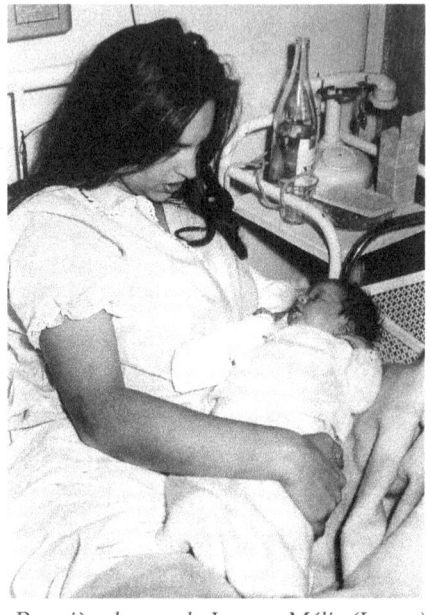
Première heure de Joanna Mélia (Laura)

Je remarquai le visage soucieux de Jean : nous étions devenus tous deux, à ce moment précis, chacun de notre côté, conscients d'une nouvelle réalité : celle d'être parent.

Le docteur rit et haussa la voix pour surmonter la protestation de l'enfant : « eh bien, eh bien, voilà une fillette qui paraît en pleine santé, avec un caractère fort mais bien vivant ! »

Les avant-bras repliés et ses petits poings serrés sur sa poitrine elle exprimait beaucoup de colère, comme si elle désapprouvait profondément un traitement aussi peu respectueux à un moment aussi important que son arrivée dans ce nouveau monde.

Maintenant apaisée, étendue sur le ventre de sa mère, son cordon ombilical fut pincé, coupé et séparé de sa source originelle de nourriture et de sécurité, son petit corps se relaxait doucement, respirant maintenant régulièrement et ses lèvres violettes bien formées se joignirent pour laisser passer une petite bulle de salive.

Le docteur tira doucement l'autre bout du cordon torsadé tout en appuyant fermement vers le bas le ventre de Jean pour en extraire le sac magique qui avait pendant neuf mois abrité et nourri notre fille.

Nous formions maintenant un trio, j'étais conscient de notre nouvelle situation : nous étions une famille. Jean tenait délicatement son bébé et l'admirait avec beaucoup de tendresse. Puis elle me regarda et me demanda avec une légère anxiété : « Comment allons- nous l'appeler ? » Nous n'avions aucune d'idée sur le prénom de notre nouvel enfant. Nous avions décidé qu'en la voyant après la naissance, il serait plus facile de lui en trouver un mais maintenant nous étions pris de court… Quelques prénoms nous venaient à l'esprit mais ils nous semblaient un peu artificiels et nous décidâmes de dormir là-dessus.

Elle nous fit signe qu'elle avait faim en ouvrant et fermant sa petite bouche mouillée tout en tournant sa tête d'un côté, puis de l'autre comme si elle cherchait un téton. Je m'observais devenir spectateur du processus de la maternité : Jean, tout en tenant notre fille devenue impatiente gigotant sur son bras gauche, libéra de sa main droite son sein gonflé de lait, puis avec grâce tint son téton couleur chocolat entre son index et son médius le guidant doucement vers la bouche affamée. Ce premier contact fut explosif et passionné, les petites lèvres tenaient maintenant fermement le robinet de vie et suçaient avidement à grands gloussements ce que je devinais être une délicieuse boisson.

Quelque chose avait changé dans ma conscience. Je ne pus le définir à ce moment- là. Mais maintenant, en écrivant, je comprends que ma conscience après l'évènement de la première naissance, s'était élargie pour y inclure la présence de « la famille ».

Le nouveau-né s'était niché bien au chaud dans mes sentiments intérieurs, m'apportant davantage de force. En fait c'était comme si une partie de son énergie m'était léguée en échange de l'amour et de la protection que je lui apporterais.

J'étais admiratif devant cette scène maternelle : l'enfant s'était reconnecté complètement à sa mère, toutes deux maintenant unies étaient bercées par une vague profonde et harmonieuse. Je me sentis soudainement hors du tableau n'étant qu'un simple observateur et sachant que jamais je n'expérimenterai la réalité d'être femme. « Et c'est comme ça que le monde fut créé, pensai-je, la partie féminine complètement différente de la partie masculine, chacune avec un rôle particulier, chacun vivant le champ de conscience qui lui a été confié. » Je dois dire qu'à ce moment précis, je me sentais plutôt seul, là, debout, observant le merveilleux tableau de la scène maternelle sans directement y participer.

Bébé s'était endormi, ses lèvres maintenant avaient relâché le téton et sa tête, tombant en arrière, exprimait le bien être. Jean soudainement parut très fatiguée et ce fut l'heure de les quitter. Je pris notre enfant endormie dans les bras, me rapprochai de son menu visage et respirai son odeur tout en frottant délicatement mon nez sur le sien. Puis je la déposai doucement dans le cabas transformé en un confortable berceau.

J'embrassai Jean sur le front et regardai dans le fond de ses yeux verts en disant : « Bravo ma chérie pour avoir fait une si magnifique petite fille ! » Elle me fit un sourire plein d'amour et ajouta, « pendant que j'y pense, tu vois le sac en papier marron là-bas, dans le coin ? C'est le placenta. Il parait que c'est à l'homme de s'en débarrasser d'une manière ou d'une autre ! » Je ramassai le lourd et précieux sac et me dirigeai vers la porte en faisant au revoir de la main et je sortis.

Il était plus d'1h du matin. Dans la rue je respirai profondément l'air frais de la nuit tout en me dirigeant à grand pas vers mon hôtel.

Quelques minutes après je passai devant une rangée de poubelles. « Ah, le sac ! » me dis-je. Je m'arrêtai, soulevai le couvercle de l'une d'elles et hésitai à y mettre le sac, pensant « Comment pourrais-je jeter cette étonnante poche naturelle qui a contribué à faire un si beau bébé ? Dois-je la garder pour l'enterrer quelque part sous un arbre, comme on faisait dans les campagnes ? Ça, ce serait l'idéal ! Oui mais quand, ou et comment ? Je ne peux la garder avec moi toute la nuit dans ma chambre ? Et demain... »

J'entendis des pas et des rires non loin, un couple marchait vers moi. Sans plus y penser, je lâchai rapidement le sac humide du placenta dans la poubelle et refermai tranquillement le couvercle métallique. Je poursuivis ma route avec un lourd sentiment de culpabilité pour mon manque de considération et de respect envers cette poche merveilleuse qui avait si bien protégé mon enfant.

Ma chambre était plutôt lugubre : le lit dur et étroit, le plafond était une véranda laissant passer la faible lueur grise orangée des lumières nocturnes de Paris. Je ne pus m'endormir, mon esprit était rempli de prénoms et d'images. Je ne pouvais séparer les prénoms entendus des visages des gens que j'avais vus ou connus. Après un long moment d'agitation, je décidai de me lever et de voir si le latihan pouvait m'aider. Je me tins debout sur le petit tapis poussiéreux à côté du lit et laissai le latihan venir.

Après un certain temps, peut-être quinze ou vingt minutes, je sentis que j'avais atteint un état intérieur apaisé et je demandai : « Quel est le prénom correct pour notre nouveau-né ? ».

Dans mon esprit, je vis l'Océan Pacifique, une île avec des cocotiers et aussi un morceau de tissu de coton imprimé à fleurs rouges et blanches que je reconnus. Il avait été rapporté de Tahiti par de proches amis de ma mère sur l'Île du Levant, quelques années auparavant. Le tissu flottait dans la brise de mer et je m'aperçus qu'il était drapé autour d'une très jolie fille aux cheveux noirs qui me fit un large sourire.

« Joanna » résonna fortement en mon intérieur. « C'est ça ! ça doit être son prénom. Joanna, oui ça sonne bien ! » pensai-je. Je n'avais pas réalisé, à cette époque, que j'étais encore beaucoup dans le monde subjectif passionné de la réaction. C'est seulement beaucoup plus tard dans ma vie que je compris que le nom était venu, non pas d'une source objective de ma conscience profonde, mais d'une réaction à l'imagerie, probablement une association avec une Joanna que j'avais vue et aimée une fois dans un film.

Le matin suivant, heureux et léger, je retournai à la clinique, avec le prénom Joanna dans la tête.

« Vite, quel prénom tu as trouvé pour notre fille ? » demanda Jean, avant même que je referme la porte de sa chambre. N'étant pas sûr de moi, j'aurais préféré qu'elle me dise en premier quel nom elle avait trouvé…

« Oui, mais dis-moi d'abord… Quel est le tien ? » « Mélia ? » dit-elle lentement.

Je n'étais pas sûr pour « Mélia », cela sonnait un peu court et c'était après tout inhabituel. Je me demandais bien où Jean l'avait déniché.

« Joanna » Je prononçai mon choix clairement. « Qu'en penses-tu ? » demandai-je, avide de connaître sa réaction.

Nous nous penchâmes tous deux au-dessus du cabas-berceau qui était placé dans le petit lit blanc métallique de la clinique ; notre fille dormait paisiblement.

« Mélia ? » murmurai-je. L'enfant continua son sommeil sans broncher. « Joanna ? » appela Jean de sa douce voix. L'enfant ne réagit pas non plus. Nous éclatâmes de rire.

Une fois décidé d'appeler notre fille Joanna-Mélia, je quittai prestement la clinique pour aller à la mairie locale enregistrer sa naissance. Je ne sais si c'est encore le cas aujourd'hui, mais à l'époque, en France, si on n'enregistrait pas le nom de l'enfant dans les trois jours, les employés de l'enregistrement étaient autorisés à enregistrer le bébé sous le prénom de leur choix.

Dès mon retour, malgré les protestations des sœurs qui géraient la clinique, j'organisai le transport par ambulance de Jean et Joanna-Mélia vers notre appartement au 7e étage du 7, rue Cardinet. Jean n'aimait pas cette clinique et nous soupirâmes de bonheur une fois rentrés chez nous.

Ayant eu l'expérience de la métamorphose très positive produite en moi lorsque Bapak me nomma Léonard, plus le sentiment d'unité que j'éprouvais chaque fois qu'on m'appelait par ce prénom, je compris bientôt que ni Joanna ni Mélia ne reflétait correctement la nature de notre enfant.

Nous fûmes d'accord pour demander à Bapak un prénom pour notre fille. Celui qui nous revint fut « Laura » et nous l'avons accepté avec bonheur, en comprenant combien il est important d'avoir un nom qui corresponde à sa nature. Nous réalisâmes que nous n'avions pas encore la capacité de choisir un prénom objectivement pour notre enfant.

Habituellement, Bapak envoyait aux parents deux initiales, l'une pour un garçon, l'autre pour une fille, en leur demandant de lui donner, pour chacune des initiales, cinq prénoms qu'ils aimaient. Il choisissait ensuite pour chaque sexe le son qui résonnait au plus proche de sa perception de la vibration correcte.

Il est intéressant de noter qu'avant la naissance de chacun de nos six autres enfants, quelque chose d'inattendu survint pour nous faire préférer un prénom sur la liste des cinq. C'était comme si la nature intérieure des enfants essayait déjà de nous donner des indications sur leur prénom. Cela serait trop long de vous raconter l'histoire de chaque naissance, qui était en soi une expérience unique, mais j'en citerai plus tard une ou deux, juste pour vous donner d'autres exemples d'évènements inattendus en relation avec le choix de prénom.

Découvertes troublantes sur mon père Henry Valensi

Myrette Dewèvre, la dame qui nous louait l'appartement, nous annonça au nouvel an de 1961 qu'elle souhaitait le rénover, car elle en avait besoin pour y vivre. C'était inattendu et nous ne savions pas où aller.

Ma mère, nouvellement grand-mère, était montée de Cannes à Paris pour voir sa petite fille et nous donner maintes recommandations utiles sur la manière de gérer un bébé nouveau-né. C'était une aide merveilleuse que de l'avoir avec nous, elle était joyeuse de partager son expérience maternelle et elle adorait les bébés.

Il était aussi important pour Jean de présenter Joanna-Mélia à ses parents. Nous décidâmes donc d'aller en Angleterre pour Noël, ne sachant pas très bien où nous logerions en revenant à Paris. Nous nettoyâmes l'appartement, rangeâmes nos affaires dans un coin et prîmes le train pour Londres. Les parents de Jean, les Orton, étaient ravis de nous recevoir dans leur maison du Kent et de faire connaissance avec leur petite-fille.

Nous rendîmes visite également à nos amis proches, Jennifer et Peter Gibbs dans leur houblonnière qui n'était qu'à seulement quelques kilomètres. La pratique du latihan faisait partie de nos vies et naturellement, lorsque nous étions avec des amis, nous le pratiquions ensemble. Lors d'une telle occasion, dans la grande pièce ronde de la houblonnière, je demandai à Peter : « J'ai une question qui me travaille depuis quelques temps. Tu as entendu parler de mon vrai père, Henry Valensi, que j'ai rencontré seulement deux fois. Je n'arrête pas de le ressentir intérieurement et de me demander pourquoi je n'ai pas réussi à le joindre. J'ai téléphoné souvent à son atelier depuis notre arrivée à Paris, sans aucun résultat. Je ne comprends pas pourquoi c'est si difficile. Peux-tu m'aider par le latihan, à éclairer la vérité sur ce qui se passe? ».

Peter acquiesça et nous nous tînmes face à face, tous deux relaxés, les yeux clos, chacun dans notre état intérieur en complète réceptivité. Après un moment de silence, j'entendis mon ami dire lentement d'une voix basse, « Léonard, reçois à travers ton lâcher prise, l'endroit où se trouve ton père biologique en ce moment. »

En utilisant le mot « lâcher prise » nous voulions dire un état de non-résistance et de totale acceptation. Rapidement, ma présence prit place dans ma conscience profonde et je me sentis propulsé dans un univers différent que je ne reconnaissais pas comme étant le mien. Comme si mes jambes n'étaient pas incluses dans l'expérience, je sentis le besoin de m'étendre sur le dos et de suivre ce qui adviendrait…

Ma conscience voyageait maintenant à travers des espaces nébuleux où il n'y avait pas de couleur, mais différentes tonalités de gris. Sans que je m'y attende, la forte présence de mon père m'envahit. Il semblait perturbé par mon arrivée. Je ne me sentis pas le bienvenu. Bien que je sois son fils, j'étais plutôt un autre Être qui avait violé son espace sans avoir été annoncé préalablement. Me sentant mal l'aise, mais ne voulant pas m'en aller, je restai dans cet espace déplaisant. Ce n'était plus comme un rêve, la situation était devenue réelle et ma conscience affûtée restait attentive. D'une manière inattendue, un gros matou furieux, sifflant et crachant, me regardant de son regard vert menaçant, fit irruption dans mon champ de conscience, exigeant que je m'en aille ou autrement... Je devins le chaton, aplati au sol avec mes petites oreilles arrondies pliées en arrière, refusant obstinément de partir même au risque d'être blessé.

La force animale qui soufflait et sifflait était puissante et j'observai une accélération de mon rythme cardiaque, ma gorge était serrée, je me sentais rejeté, indésirable par le père que je voulais tant aimer.

« Léonard, Léonard, ça va ? » J'entendis la voix lointaine de Peter qui m'appelait. « Oui, j'en ai probablement assez pensai-je, mais comment faire pour revenir dans mon propre espace ? » Cela prit du temps avant que je trouve la clef du comment me reconnecter à mon ego. Une fois encore j'abandonnai mon angoisse et doucement retrouvai mon univers de paix et de quiétude intérieure.

Finalement, j'ouvris les yeux. Mon cher ami était debout près de moi, me regardant vers le bas avec ses gentils yeux bleus et son sourire chaleureux. « Content que tu sois revenu. » dit-il. Je me relevai d'un saut et lui parlai de mon expérience. « C'était comme si mon père ne voulait pas me voir, tout comme les matous qui rejettent leurs propres chatons. L'expérience était forte. J'ai senti l'action d'une puissance féline résonnant avec une force similaire en moi en refusant d'obéir et d'accepter son comportement agressif. Assez bizarrement, j'ai su que sa présence n'était pas de ce monde. »

Quelques jours plus tard, à la maison familiale de Jean, nous prenions ensemble notre petit déjeuner avec mes beaux-parents. Bien que ce fut l'hiver, le soleil passait généreusement à travers les carreaux de verre en losange sertis de plomb et il donnait à la matinée une sensation de printemps.

Le facteur était passé et Winifred, ma belle-mère, me tendit une lettre qui venait de ma mère dans le Midi de la France. Je leur demandai s'ils me pardonnaient de la lire à table. « Oui, bien sûr, je vous en prie, faites ! » répondit aussitôt Frank, le père de Jean.

Je lus : « Mon François chéri, j'ai à t'annoncer une triste nouvelle. Ton père, Henry Valensi, est mort d'une crise cardiaque alors qu'il était assis dans la roseraie d'une amie à Paris. Il avait 75 ans ». Je ne cherchai pas à retenir le flot de larmes qui coula instantanément sur mes joues.

Quoique j'y aie été préparé, d'une certaine manière, quelques jours auparavant par le test avec Peter, lorsque je sentis que mon père avait probablement quitté ce monde, la triste confirmation fut extrêmement pénible. La tête basse, mes larmes salées tombant maintenant sur la nappe blanche, je me sentais confus, triste et en colère à la fois. En colère contre lui, pour n'avoir jamais répondu à mes appels ou cherché à me rencontrer quand nous vivions à Paris. Maintenant il était parti ! Sans nous dire adieu ! Comment avait-il pu faire ça ?

Henry Valensi

J'entendis ma belle-mère demander : « Qu'est-ce qui arrive à François ? Pourquoi pleure-t-il ? ». Elle refusait de m'appeler par mon nouveau nom et elle n'avait probablement jamais vu un homme pleurer auparavant. « Son père est mort » répondit rapidement Jean qui venait de lire la lettre.

« Mais je croyais que son père était mort à la guerre, en 1942 ? ».

Je réalisai que l'on n'avait jamais parlé à mes beaux-parents de mon enfance compliquée. Je n'étais pas en état d'expliquer les détails de ma jeunesse à cet instant et en m'excusant, je me levai et quittai la table pour sortir dans l'air frais et parfumé par l'hamamélis du jardin.

Nous allons maintenant nous projeter vingt-cinq ans plus tard, juste pour vous donner une illustration de la manière dont j'ai compris que dans mon univers spirituel, ce que j'appelais « temps » n'était qu'une mesure de mon esprit et qu'en vérité, il n'y a pas de temps dans la conscience spirituelle, mais seulement l'Être. Nous vivons alors avec nos sept enfants dans ce que nous appelons la houblonnière, près de Wadhurst dans le Kent. J'ai ouvert un magasin d'antiquités du XVIIe siècle et d'architecture d'intérieur, dans le vieux quartier de Tunbridge Wells appelé 'The Pantiles'. La pratique du latihan fait partie intégrante de notre vie et je suis régulièrement mon entraînement spirituel. Il signifie beaucoup pour moi car il apporte une dimension stimulante dans ma vie quotidienne et dans mon travail.

Il y avait toutefois une réalité dans mon moi intérieur qui me gênait beaucoup. Je ne pouvais me départir du sentiment profond, qu'Henry Valensi m'avait largement laissé tomber en étant si distant et si peu intéressé par son unique fils. Bien que je sache qu'il n'était pas bon pour moi de porter une rancœur à son égard, je n'arrivai pas à me séparer de ce sentiment négatif ; je l'avais donc enfoui profondément en moi, pour oublier sa présence et ne plus en souffrir.

Un soir, durant la pratique du latihan dans la salle du groupe Subud de Tunbridge Wells, je sentis fortement la présence de mon père. Ouvrant mes yeux pour vérifier, surpris, je vis très clairement Henry Valensi marcher directement vers moi les bras tendus, me regardant dans les yeux, il pleurait. Comme il s'approchait, j'entendis sa voix résonner dans ma poitrine, elle me disait : « En vérité, je t'ai toujours profondément aimé. Mais j'avais peur de ce que les gens penseraient. Je suis là pour te demander pardon. Je n'étais pas conscient du mal que je te faisais fait en ignorant la réalité de ta présence ».

Une vague d'émotions emplit mon cœur, je me mis à pleurer aussi et nos larmes se mélangèrent sur nos joues lorsque nous nous embrassâmes affectueusement dans les bras l'un de l'autre. Je posai ma main droite sur sa nuque et je remarquai qu'elle donnait l'impression d'être la mienne, la forme de la courbe du cou était identique. Nous restâmes ainsi pendant quelque temps et, comme je le serrais contre ma poitrine, je remarquai qu'il devenait lentement part de mon Être, pendant qu'un son très raffiné et aigu ondulait rapidement en s'élevant du bas vers le haut à travers tout mon Être. Je compris à cet instant, que cette réconciliation avait libéré son âme qui se trouvait maintenant libre de poursuivre son voyage spirituel. J'attendis tranquillement que tous mes frères finissent leur latihan puis je quittai la pièce discrètement.

Je ne voulais pas perdre la tranquillité profonde dans laquelle je me trouvais et ce gratifiant sentiment d'union que je venais de vivre. Sur la route du retour, vers notre maison de Wadhurst, je notai combien je me sentais différent. Le changement était subtil mais extraordinaire. Mon cœur était maintenant plein d'amour pour mon père. Je sus que toute amertume avait complètement disparu, que nous étions devenus si proches qu'il faisait maintenant partie de moi et que lui aussi avait été délivré de la tension créée par sa résistance.

Il était tard et Mélinda dormait déjà lorsque je me mis au lit. Elle avait laissé la lampe de chevet allumée. Comme de coutume, je me dévêtis complètement et me glissai prestement dans le lit. Avant d'éteindre la lumière, je me tournai vers ma femme pour l'embrasser. En faisant ce geste, je sentis quelque chose rouler sous l'aisselle droite et la poitrine. Immédiatement j'écartai le bras et aperçus une petite boule brune posée sur le drap blanc, de la taille d'une olive de Nice. Je dois d'abord vous expliquer que, depuis les trois ou quatre dernières années, une sorte d'excroissance molle avait grossi à partir d'un grain de beauté brun près de mon mamelon droit. Par vanité, mon ego, irrité par cette vilaine chose, avait tenté de la faire tomber en la nouant très serrée autour de sa base avec un fil de coton. Cela avait marché temporairement, mais le processus avait été si douloureux que j'avais décidé de ne plus recommencer au cas où cela revienne. Malheureusement ce fut le cas et cela avait grossi en une boule peu esthétique.

Je ramassai la chose brune, la faisant rouler lentement entre le pouce et l'index, puis me tournai vers Mélinda en lui annonçant triomphalement : « Regarde, chérie ! Extraordinaire ! Ma colère envers mon père s'est dissipée, je viens juste de me réconcilier avec lui pendant le latihan ! ».

Je lançai l'indésirable boule à travers la pièce directement dans la corbeille et lui racontai en détails mon expérience libératrice.

Le matin suivant, dans la salle de bains, ma barbe couverte de mousse à raser, je fredonnai tout en tirant le rasoir sur ma joue. Comme cela arrivait souvent, ma fille cadette Marianna avait surgi dans la salle de bains pour s'asseoir sur le trône. De là, elle aimait parler et observer son père en train de se raser.

« Papa ? C'est marrant, qu'as-tu fait de la petite olive brune sur ta poitrine ? L'as-tu retirée ? Où est-elle ? » Demanda-t-elle avec curiosité. « Je l'ai jetée dans la corbeille de notre chambre. Elle est tombée toute seule dans le lit pendant que je faisais la bise-bonne-nuit à ta mère !». J'expliquai ensuite avec bonheur, l'expérience inhabituelle avec mon père biologique lors du latihan de la soirée précédente.

D'autres histoires au sujet des prénoms

De retour en 1964, Jean, récemment renommée Mélinda par Bapak, était enceinte de notre troisième enfant. Nous écrivîmes en Indonésie quelques semaines avant la naissance et la lettre R revint pour un garçon, et D pour une fille. Nous choisîmes cinq noms pour chaque initiale et la lettre fut écrite, prête à être postée. Nous avions décidé que ce serait Mélinda qui la posterait. Mais elle n'y arrivait pas et à chaque fois que je revenais du travail, je demandais « Chérie, as-tu pensé à poster la lettre pour l'Indonésie ? ». La réponse venait « Oh, mon amour ! Je m'excuse, j'ai encore oublié ».

Environ deux semaines plus tard, pendant le dîner, Mélinda déclara : « Je suis vraiment désolée mais je ne peux pas poster la lettre à Bapak en l'état. Je sens que nous devrions ajouter sur la liste du R un « Richard ». » Nous suivîmes donc l'idée de Mélinda et à notre grande satisfaction, le nom de Richard revint de Bapak avec sa signification, « le gouverneur ou celui qui commande ».

Me vient une anecdote, en 1968, pendant une froide nuit de l'hiver précoce, vers 4 heures du matin, je m'éveillai en sentant une puissante attirance physique pour Mélinda. Nous nous unîmes et nos corps trouvèrent un rythme harmonieux qui éleva notre conscience dans un espace où ni nos cœurs ni notre mental n'étaient présents. L'énergie était intense et merveilleusement sereine. Au moment crucial du courant qui porte et répand la semence de vie, le prénom « Dahlan » sortit des profondeurs de ma poitrine et roula sur ma langue avec clarté, m'apportant au même instant une sensation de plénitude.

Ne nous sentant pas très sûrs de donner à notre enfant un nom musulman, nous écrivîmes à Bapak. Sa réponse fut D pour un garçon de sorte que nous inscrivîmes bien sûr ce nom sur la liste. Quelques semaines plus tard, lorsque la lettre d'Indonésie arriva, nous vîmes que Bapak avait choisi le prénom Dahlan. C'était bon de recevoir sa confirmation, comme cette expérience de la conception avait été unique, nous sentîmes que le choix de Bapak la confirmait pour nous.

La circoncision

À l'automne 1966, nous déménageâmes de Londres à Bridport, un petit village proche de la mer dans l'Ouest de l'Angleterre. C'était une époque où il était difficile de trouver une maison à louer. Les agences immobilières nous répétaient sans cesse : « Désolés, pas d'enfants, pas d'animaux, pas de personnes de couleur ! » Des amis proches nous prêtèrent une pièce dans leur grande maison à Hampstead Heath au nord de Londres.

Comme cela doit être pour la plupart des hommes, du moins je l'espère, il m'arrivait d'avoir des idées coquines sur des femmes que je voyais dans la rue ou dans le métro. Je m'aperçus que souvent au même moment, je sentais une sensation de brûlure piquante sous mon prépuce. C'était le genre de problème que l'on n'a pas spécialement envie de divulguer, aussi je n'en parlais pas, mais cela devint un réel problème car c'était inconfortable et douloureux. De plus, avec cette condition, faire l'amour n'était plus un plaisir.

Mélinda et moi décidâmes que j'irais voir un médecin pour demander conseil. Il prescrivit une crème spéciale, mais après dix jours d'applications régulières, l'état ne s'était pas amélioré.

À cette époque, mon ami Varindra Vitachi revenait juste de Jakarta où il avait rendu visite à Pak Subuh. Varindra était le président de l'Association Mondiale Subud ; il voyageait souvent en Indonésie. Après un latihan à Highgate, nous allâmes dans un café pour boire une tasse ensemble et je mentionnai mon problème. Il écouta attentivement et dit : « C'est intéressant que tu mentionnes cela, Léonard. Je reviens justement de Jakarta où j'ai subi une petite intervention chirurgicale. Je suis maintenant circoncis ».

Je pensai pendant qu'il me parlait : « Bon, il est juste devenu musulman et tous les musulmans sont circoncis ; ça a un sens pour les croyants qui suivent une religion. Mais je ne me sens pas spécialement le besoin de rejoindre l'Islam, ni l'envie d'interférer avec ce que la nature m'a donné ».

Varindra devait avoir lu mes pensées, car il continua en expliquant : « Laisse-moi te dire Léonard, Bapak m'a expliqué, avant ma circoncision, que la vraie raison de cette petite opération était de permettre l'évaporation d'un fluide fortement acide et abrasif sécrété autour du gland lorsque des pensées sexuelles passionnées s'entremêlent à nos sentiments sexuels. En fait, c'est une manière pour le corps d'évacuer cet acide, en retirant le prépuce, cela lui permet de s'évaporer plus rapidement au lieu de s'accumuler là et de créer des irritations. »

Comme c'était bizarre que mon ami décrive exactement ce qui m'arrivait ! Cela me prit plusieurs jours de débat intérieur avec mes nombreux « moi » et d'échanges avec Mélinda pour décider si je me faisais ou non circoncire. Il y avait en moi beaucoup de résistance à interférer avec ce que la nature m'avait donné.

Quelques jours plus tard, après que nous ayons décidé de faire l'opération, un ami nommé Hanafi m'appela pour me dire qu'il avait décidé d'être circoncis et pour me demander si j'avais une idée de l'endroit où il pourrait se faire opérer.

Dans l'intervalle, j'avais trouvé une petite clinique à Notting Hill Gate tenue par un chirurgien juif spécialisé dans la circoncision.

Nous décidâmes de la faire en même temps et réservâmes une chambre double pour la semaine suivante. La voix féminine de la clinique nous demanda de venir avec seulement une brosse à dents, un pyjama et un chéquier. L'opération aurait lieu le matin et on ne nous garderait qu'une seule nuit en clinique.

Nous arrivâmes le lundi matin et à notre grand amusement, découvrîmes que la clinique était tenue seulement par des nonnes. L'infirmière en Chef nous conduisit à notre chambre au premier étage, nous demanda de mettre nos pyjamas et d'attendre dans nos lits la visite du chirurgien à 10 heures. Une infirmière africaine entra dans la chambre avec un plateau de seringues « Je suis venue vous faire les piqûres d'anesthésie. Mais dites-moi, je suis curieuse de savoir pourquoi des beaux gars comme vous veulent se faire une chose pareille ? N'êtes-vous pas satisfaits de ce que Dieu vous a donné ? »

Nous éclatâmes d'un tel fou rire que nous ne pûmes lui répondre et comme il n'y avait pas de temps à perdre, la nonne vint à moi en premier. Je lui présentai mon avant-bras et avec une grande précision elle piqua et injecta le puissant liquide dans ma plus grosse veine. La drogue fit son effet immédiatement mais je me souviens d'avoir, à travers le flou de mes yeux, eu juste le temps d'entrevoir une grande silhouette en blouse blanche, que je devinai être le chirurgien.

Hanafi et moi quittâmes la clinique de Notting Hill le jour suivant à l'heure du déjeuner, nos précieux organes respectifs emmaillotés de bandes avec une forte recommandation de l'infirmière en chef de ne pas les utiliser pendant au moins 10 à 12 semaines pour leur laisser le temps de cicatriser.

Ce n'est pas le genre d'histoire que j'ai raconté à beaucoup de monde, mais à mon âge je n'ai plus rien à cacher et cela m'amène à une autre expérience inhabituelle que je partage avec vous.

Mélinda et moi étions dans une phase financière difficile. Nous vivions à six dans une chambre, partageant la cuisine et les toilettes avec un bureau qui, à l'époque, se trouvait être le bureau Subud de Grande- Bretagne. J'avais beau travailler dur, je n'arrivais pas à gagner assez d'argent pour tous nos besoins. Peter Gibbs, appelé plus tard Lambert, nous offrit sa fermette dans le nord du Pays de Galles. « C'est un bel endroit, vous verrez, pas loin d'une plage appelée « Les Sables Sifflants », elle n'est pas utilisée en ce moment. Je sais que c'est un peu loin, mais au moins c'est un toit ! » Nous saisîmes son offre avec joie et déménageâmes immédiatement dans notre 2 CV pour le Pays de Galles, nous étions fin décembre 1966.

Six semaines après notre arrivée à la fermette, j'eus la sensation inhabituelle qu'une présence flottait autour de moi. La chambre principale de la fermette était à l'aplomb du toit et son seul accès était un escalier en bois qui montait en une spirale étroite et grinçante. Une nuit froide, sombre et ventée, nous mîmes les enfants au lit tôt et après avoir terminé les besognes domestiques, ce fut notre tour de nous préparer pour la nuit. Je n'avais pas encore partagé avec Mélinda, la présence douce qui m'accompagnait, mais comme nous montions l'escalier à colimaçon, elle se fit sentir plus fortement qu' avant, aussi je dis à ma femme doucement « Tu sais quoi chérie…»

Comme si, elle aussi, était dans l'attente de quelque « annon-ciation » elle répondit immédiatement « Non, quoi ? ». Nous nous arrêtâmes tous deux au milieu des marches, puis elle enchaîna aussitôt après, « ça peut te paraître étrange mais je sens la présence d'un enfant qui veut s'incarner ; ça fait déjà depuis quelque temps, là tout de suite, sa présence est palpable…»

Je partageai alors mon expérience à voix basse. Mélinda aussitôt répondit : « C'est drôle, moi aussi et c'est la présence d'un garçon, mais je ne t'en ai pas parlé parce que ton « truc » est toujours en convalescence ! »

Nous reprîmes sans parler les marches vers la mansarde, l'atmosphère amplifiée par les craquements des vieilles planches du parquet de chêne, maintenant tous deux conscients de l'enfant garçon en attente d'être conçu.

L'union de nos consciences se déroula dans un calme profond et intense. En fait, à chaque conception, notre expérience avait été différente. Avec cet enfant, nous fûmes tous deux saisis dans une qualité de douceur fine, comme si l'âme qui s'incarnait nous avait enveloppés dans une couverture d'amour.

Quelques mois plus tard, nous reçûmes de Bapak, les initiales L pour une fille, H pour un garçon et nous eûmes du mal à trouver cinq noms qui nous plaisent commençant par H.

GG, ma très chère grand-mère, m'avait donné, voici quelques années, une magnifique Bible française, éditée par l'École Biblique de Jérusalem. À la

Laura, Miriam, Marianna, Hermas, Dahlan, Laurence, Richard & Fly au 19 Frant road

recherche d'un prénom masculin commençant par H, je l'ouvris au hasard et le premier prénom qui tomba sous mes yeux fut « Hermas », je ressentis en même temps un frisson le long de ma colonne vertébrale. « Ca y est ! J'ai trouvé », criai-je à Mélinda, qui préparait le déjeuner dans la cuisine avec les enfants et je me précipitai vers elle avec la Bible ouverte à la page où le prénom était apparu. Nous le regardâmes ensemble pour apprendre que Saint-Hermas avait vécu au Moyen-Âge dans le Midi de la France. Nous ressentions tous deux positivement le prénom de notre enfant à venir, et il fut ajouté sur la liste. Quelques semaines plus tard, une lettre du secrétariat de Bapak arriva et nous lûmes « Si c'est un garçon, le nom sera Hermas ».

Le 4 décembre 1967, Hermas, un garçon tendre, délicat et plein de vie, naquit dans notre maison de Tunbridge Wells.

Mélinda aux prises avec la maladie

Au milieu des années 70, la santé de Mélinda se mit à se détériorer rapidement. Au début, nous remarquâmes qu'elle était très fatiguée et se sentait constamment faible. Puis, sa santé générale se dégrada et elle devint extrêmement anémique. En faisant analyser son sang à la clinique du Dr. Sharma à Londres, nous découvrîmes qu'elle était dans un stade avancé de leucémie. Les globules blancs avaient complètement dépassé les rouges. Ses cellules sanguines avaient été analysées par une professionnelle finlandaise qui était experte en pathologie du cancer du sang. Sur la base de sa longue expérience d'analyses sanguines, elle déclara : « Cette personne a sûrement été exposée à du rayonnement atomique. »

À cette époque, le Royaume Uni n'était pas très regardant sur la provenance du sang dans les hôpitaux. Nous avions eu des complications à la naissance de notre « numéro 7 » au printemps 1971, et Mélinda avait subi une transfusion sanguine complète. Nous présumons donc que sa leucémie a été causée par du sang contaminé par la radioactivité.

À cette époque, la leucémie n'était pas curable. Un traitement utilisant les rayons au cobalt venait d'être développé aux USA, mais il était loin d'être efficace. Il aurait fallu envoyer Mélinda à New York où la dernière technologie de recherche sur le cancer était disponible ; en admettant que nous ayons pu couvrir les frais des spécialistes. Un de nos amis, le Dr. Mitchell, nous expliqua qu'elle avait une très mince chance de survivre, nous décidâmes donc de faire entièrement confiance au Dr. Sharma, qui venait juste d'ouvrir une clinique privée de médecine naturelle, près de Liphook, dans le Sussex. Sans rien nous promettre, il nous dit qu'il était prêt à tenter de sauver Mélinda, mais qu'il devrait la garder à la clinique pour au moins 8 semaines.

Elle était devenue si pâle, sa voix n'était qu'un murmure et sa présence semblait distante, comme si quelque chose dans sa tête était déjà parti vers un lieu inconnu. Elle semblait se détacher de la vie quotidienne, des enfants et de moi. On ne sentait plus sa présence derrière son regard.

Nous décidâmes d'accepter l'offre du Dr. Sharma et après avoir préparé une petite valise, les enfants et moi la conduisirent à Liphook. Je savais à l'intérieur de moi-même combien il était important dans ces moments difficiles de ne pas dramatiser ni d'introduire de peur dans la situation, mais d'accepter pleinement ce qui nous arrivait et même la possibilité de perdre mon épouse adorée, notre merveilleuse Mum.

Comme nous la laissions à la clinique flambant neuve du Dr Sharma, je remarquai que lorsqu'elle embrassait les enfants, son affection habituelle n'était pas présente, quoiqu'elle se plie au rituel familial des baisers et des étreintes. Je la serrai amoureusement à mon tour, puis posai un baiser évasif sur ses lèvres qui ne reflétaient plus la vie, son front était sans expression et froid.

Au moment de la quitter, dans le grand hall de la clinique les enfants, pleins de vitalité, comme s'ils ne voulaient pas être piégés par la tristesse, couraient déjà vers la voiture. Je me retournai pour lui donner un dernier sourire et elle me fit un signe timide de la main.

Je dois admettre que je refoulais les sentiments négatifs et tristes et me réajustais constamment auprès de mon âme pour trouver une énergie positive. Une fois dans la voiture, je fus bientôt pris et emporté par la vitalité de nos enfants qui vivaient le contexte présent beaucoup mieux que moi. Nous chantâmes pendant la plus grande partie du retour. À d'autres moments, il y eut des silences où chacun de nous visitait son propre monde, où les pensées et les rêveries nous éloignaient des réalités terrestres.

Notre jeune fille au pair norvégienne était sortie pour la soirée. Je saisis l'occasion du dîner pour parler à nos 7 enfants de la situation dans laquelle nous étions et partager ce que je savais sur l'état de santé de leur maman. Je leur expliquai calmement la leucémie, le combat entre globules blancs et globules rouges que la médecine moderne n'a pas trouvé encore le moyen de soigner. Aussi, pour vraiment aider maman, nous ne devions pas nous faire de souci pour elle, mais faire confiance à la nature pour qu'elle suive son cours de la meilleure façon.

Les enfants écoutaient attentivement et lorsque j'eus fini, ils dirent ensemble spontanément : « Ne te fais pas de souci, papa ! Nous irons bien et nous nous occuperons de toi si maman doit nous quitter ».

Cette réaction positive venant de mes enfants me donna une force considérable et une onde d'amour et de gratitude m'envahit. Oui, tout irait pour le mieux et aussi pour Mélinda, quelle que soit le tracé que la vie aura choisi pour nous.

Olivia, ma mère et notre jeune fille au pair, nous aidèrent à tenir le train-train quotidien de la maison. Nous trouvâmes vite un rythme tout à fait gérable. Je décidai de ne plus emmener les enfants voir leur mère à la clinique, car elle était devenue tellement absente des réalités terrestres qu'elle n'aurait pu leur donner l'attention aimante à laquelle ils étaient accoutumés lorsqu'elle était en bonne santé.

Je m'organisai pour lui rendre visite deux fois par semaine, mais pas les week-ends que je passais avec les enfants. Mélinda avait été soumise à un régime draconien, constitué principalement de jus de citron et de légumes crus, incluant beaucoup de betteraves. Elle recevait un traitement homéopathique, des massages, des bains chauds et froids et faisait de courtes marches dans les beaux jardins de la propriété. Chaque fois que je venais, je la trouvais un peu plus loin dans son monde invisible à mes yeux. Elle parlait surtout des activités de la clinique, ne me demandant rien sur les enfants ou comment nous nous débrouillions sans elle.

Les huit semaines passèrent rapidement pour moi, tiraillé entre la famille et la maison, le magasin avec ses clients exigeants et les trajets pour aller voir ma femme. Aussi, un lundi matin ensoleillé au début du printemps, après un agréable parcours seul au volant à travers la campagne, je me sentais léger et heureux d'aller une fois encore voir ma Mélinda. J'entrai dans sa chambre et la vis assise sur le lit peignant ses beaux longs cheveux noirs. Aussitôt que je vis son sourire, je compris qu'il était arrivé quelque chose de miraculeux. Elle semblait radieuse et je me précipitai pour l'embrasser. En la prenant dans mes bras, je sentis que la vibration de vie coulait de nouveau dans son corps. Elle avait perdu beaucoup de poids et paraissait très maigre, mais ses yeux vert pâle étincelaient d'excitation de la reconquête de ses énergies terrestres. Elle se mit à me raconter ce qui s'était passé.

Deux jours plus tôt, après sa séance quotidienne de massage, elle se reposait sur la table de soins selon son habitude. Allongée là paisiblement, les yeux clos, elle entendit des bruits de craquement dans la pièce. Elle ouvrit lentement les yeux pour découvrir que son corps tout entier était entouré de flammes jaunes qui devenaient oranges et rouges, elles dansaient tout autour d'elle. Puis, regardant vers le haut elle vit un ciel bleu foncé et profond. Une voix très ancienne résonna dans la pièce « Puisse la maladie qui se trouve dans le sang de Mélinda être guérie ».

Elle s'était crue en train de mourir et s'était abandonnée complètement à la situation… Elle se mit à chanter très fort et après un certain temps, dut s'endormir. Elle se réveilla un peu plus tard, ne sachant de quel côté de la vie ou de l'après vie elle se trouvait. Drapée dans sa robe de chambre, elle retourna à sa chambre et grimpant dans son lit, pensa : « Si je dois mourir, je serais mieux dans le mien».

Le matin suivant, en ouvrant les yeux, elle remarqua que toutes choses avaient retrouvé leur couleur, alors que pendant les 8 semaines de clinique, tout était d'une grisaille monochrome. Elle se précipita vers la fenêtre, l'ouvrit complètement et respira l'air matinal du printemps. Elle était stupéfaite par les magnifiques couleurs qu'elle voyait partout sur les plantes et les arbres et aussi par le sifflement poétique d'un merle lui annonçant le renouveau annuel de la nature.

Mélinda alors s'habilla vivement et descendit rapidement les escaliers où elle croisa le masseur de la veille. « Mais, qui avons-nous donc ici ? » s'exclama- t-il ! Elle répondit par un joyeux sourire puis continua sa descente. Il était 9 heures du matin et elle frappa discrètement à la porte du bureau du docteur. Elle n'attendit pas la réponse mais entra directement. Le Dr. Sharma était à son bureau. Il leva les yeux vers elle et dit positivement « Bon ! Maintenant qu'il a été décidé que vous allez vivre, je peux enfin m'occuper de votre corps ».

Le jour suivant, je la ramenai joyeusement à la maison pour le plus grand plaisir des enfants et de ma mère. Elle était guérie, la leucémie était partie et le sang était redevenu normal ! Pour les deux années suivantes, le Dr. Sharma lui donna un régime strict, avec du poisson blanc une fois par semaine et principalement des légumes crus.

Mélinda avait beaucoup changé intérieurement et ne se chargeait plus des tragédies de ce monde. Avant, elle se chargeait des problèmes des autres en s'en souciant comme si c'étaient les siens. Après cette expérience, elle devint plus centrée et plus proche de ses propres sentiments intérieurs. Cette expérience fut valable pour nous tous. Elle nous montra combien il est important de ne pas cultiver nos émotions négatives, mais de garder notre conscience pleinement dans le présent.

Le son de la Terre

Il nous arrivait de nous réveiller juste avant l'aube, à l'heure où notre entourage était dans un profond sommeil. Un matin tôt, il se passa que notre accouplement nous emmena dans un état de conscience où il n'y avait ni mental, ni sentiment de l'ego, juste notre Être unifié dans une plénitude profonde ; ma conscience attentive entendit comme un bourdonnement de ruche active ou mieux encore d'un gros essaim d'abeilles en état d'hyper activité.

C'était si réel que j'ouvris les yeux afin de vérifier qu'une reine n'avait pas amené toute sa cour par la fenêtre entrouverte de notre chambre. De mes yeux, je ne vis pas d'essaim dans notre chambre, non, mais ce que j'expérimentais était bien différent : ma conscience s'était élargie dans l'espace d'où j'observai notre éblouissante planète bleue sur fond noir, vibrante de vie d'où s'échappait ce bruit ou plutôt cette résonnance riche d'activités. C'était comme si elle dansait dans l'univers au rythme de son travail. C'est à ce moment que je pris conscience que l'espace de l'univers résonne de multiples sons, comme si chaque astre avait sa propre expression musicale.

Peu après cette expérience, j'écoutai à Londres une conférence de Bapak. Il parlait de l'Univers et disait que chaque chose reflétait un son, et que le son de la Terre ressemblait à un essaim d'abeilles. En l'entendant, des larmes inondèrent mes yeux. Il nous disait souvent « Je ne vous dis pas de manger du sucre, mais quand je vois que vous avez eu l'expérience de son goût, alors je dis « celui-ci s'appelle sucré ! » ».

Edgar et le mystère de la mauvaise odeur

L'histoire que je vais vous raconter est étrange, car elle jette un pont entre le monde physique réel et ce que beaucoup de gens appelleraient un monde imaginaire. Je l'appelle le monde de l'au-delà, que l'on peut voir seulement avec les yeux spirituels, c'est à dire les yeux intérieurs.

Notre ami proche, Lambert Gibbs, me rendit visite un jour au magasin pour partager avec moi quelque chose qui le dérangeait énormément. Lambert et sa famille avaient vendu récemment leur belle maison qu'il avait bâtie au milieu de la forêt près de Forest Row, non loin de Crowborough dans l'East Sussex. Ils avaient acheté ensuite une impressionnante propriété bâtie par l'architecte anglais de l'époque Régence, Decimus Burton, sur le domaine du Calverley Park Crescent, en plein centre de Tunbridge Wells.

Dans le courant des années 50, la grande propriété de pierre avait été transformée en trois appartements. Le but de Lambert était de la restaurer dans sa taille originelle et de moderniser les toilettes, salles de bains et cuisines avec la technologie dernier cri. Il avait décidé d'emménager avec sa famille dans l'appartement du rez-de-chaussée pendant que se faisaient les transformations. La forte pente du terrain permettait à l'appartement le plus bas de recevoir beaucoup de lumière, faisant un espace à vivre fort agréable. Lambert était un excellent conteur et décrivit avec humour, la situation étrange dans laquelle sa femme Maria et lui se trouvaient. Depuis qu'ils avaient emménagé dans l'appartement, ils ne pouvaient s'empêcher de remarquer une écœurante odeur en descendant l'escalier de bois qui menait à l'appartement et jouxtait le mur extérieur de leur chambre à coucher. De plus, continua-t-il, depuis qu'ils s'étaient installés dans la chambre et quoi qu'ils tirent les épais rideaux sur l'unique fenêtre, sa femme ne se déshabillait plus avec la lumière allumée, alors qu'elle le faisait précédemment.

Lambert la questionna à ce sujet et elle répondit qu'elle ne savait pas pourquoi, mais quelle se sentait très mal à l'aise. Il ajouta que, pour les mêmes raisons, ils n'avaient plus eu de relations sexuelles depuis leur installation dans cette chambre. Il demanda ensuite si je voulais bien me joindre à lui, pour faire un latihan de « nettoyage » dans la chambre et j'acceptai. Nous décidâmes que je viendrais ce même soir à 18 heures après avoir fermé le magasin.

J'entrai dans l'appartement en lançant un « hello » sonore et commençai lentement à descendre l'escalier de bois grinçant. A mi-chemin je sentis, venant du bas, une puanteur tout à fait insupportable. Était-ce un rat mort ou le cadavre d'un chat ? Pour donner une telle odeur, ce devait être de bonne taille et en état de décomposition avancée, pensai-je.

« Le sens-tu Léonard ? » demanda Lambert, qui montait vers moi, j'acquiesçai de la tête. Je posai la question d'un rat en décomposition, mais Lambert me dit qu'il avait cherché partout sous les escaliers et n'avait trouvé aucun animal mort. J'entrai le premier dans leur chambre et je détectai aussitôt la même odeur immonde. Immédiatement à ma gauche, il y avait leur grand lit, puis un espace avec une table et une chaise, derrière lesquels il y avait une fenêtre avec l'épais rideau de velours dont il m'avait parlé. Le mur en face du lit était entièrement couvert par une garde-robe avec de belles portes d'époque. Sur ma droite, il y avait une petite porte qui menait à la salle de bains.

Nous enlevâmes nos chaussures, comme de coutume avant de pratiquer le latihan et nous nous tînmes debout tranquillement en attente réceptive. J'étais debout au pied de leur lit, tandis que Lambert était dans le coin près de la salle de bains.

Notre latihan fut intense dès le début. Lambert chantait librement à pleine voix dans laquelle je décelai un filon d'agressivité. Je produisais des sons étranges et chantais quelques sombres mélodies qui me venaient spontanément. Puis, je me déplaçai vers la gauche de la pièce près des portes de la penderie, après quelque temps je devins conscient qu'il y avait une présence dans le placard. J'ouvris mon œil intérieur et à mon grand étonnement je vis un vieil homme estropié assis dans un fauteuil à roulettes de l'époque victorienne.

Sa fine chevelure blanche en désordre avait probablement été blonde. La peau mal rasée de son visage était tendue sur sa structure osseuse, dévoilant des pommettes saillantes. Ses yeux bleus étaient enfoncés loin derrière son arcade sourcilière et sa bouche édentée me faisait un timide sourire. Il portait des vêtements très sales qui s'accrochaient à son corps squelettique. Ses mains noueuses agrippaient les bras de son fauteuil roulant. Il leva les yeux vers moi et nos regards se rencontrèrent. J'entendis intérieurement sa voix chevrotante dire : « J'ai attendu votre venue ! J'ai besoin de pratiquer cette chose spirituelle que vous êtes en train de faire. »

« Quel est votre prénom ? » lui demandai-je. « Edgar ! » répondit-il avec un large sourire.

Pendant que cette courte et silencieuse conversation se déroulait, la présence de mon ami était complètement prise par son bruyant latihan. Je m'approchai près de lui et lui dit tranquillement, « Lambert, désolé de te déranger comme ça, mais serait-il possible de faire une ouverture maintenant ? ». « Quoi ? Une ouverture ? Mais pour qui ? » demanda Lambert étonné en me regardant. « Edgar. Il est dans le placard au pied de ton lit ! » Dis-je aussi sérieusement que je le pus, retenant mon amusement devant cette situation si étrange. Je souris et expliquai ce dont je venais d'être témoin et Lambert fut d'accord pour que nous répondions à la requête d'Edgar.

Nous nous tînmes devant le placard, je fermai les yeux et dit les quelques mots d'introduction au latihan que nous utilisons lorsque qu'une personne commence son premier entraînement spirituel. Puis nous enchainâmes notre latihan en présence d'Edgar.

À ma grande satisfaction, je vis que le vieil homme victorien du placard recevait maintenant son propre latihan. Cette situation, qui était véritablement incongrue, déclencha en moi un énorme fou rire. Ce rire n'était pas du tout moqueur, il venait plutôt d'un état de joie extrême, il devint contagieux car j'entendis la voix sonore de Lambert éclater dans un rire incontrôlable. Nos latihan étaient devenus un mélange de rire et de chant d'une légèreté exubérante. Je regardai Edgar et vis qu'il riait lui aussi et tandis que ces ondes hilares allaient et venaient, il s'élevait avec son fauteuil un peu plus haut, ce qui rendait la scène encore plus comique.

Après quelque temps, peut être 20 minutes, nos latihan cessèrent. Edgar s'était élevé et avait disparu dans la légèreté et le bonheur. Nous nous regardâmes et remarquâmes que l'odeur déplaisante avait complètement disparu. Nous échangeâmes nos pensées sur ce qui venait de se produire et nous arrivâmes à la conclusion que l'odeur avait été le moyen pour Edgar d'attirer notre attention sur sa présence.

La mauvaise odeur autour de l'escalier avait aussi disparu et plus tard, Lambert me dit que Maria se déshabillait à nouveau avec la lumière allumée et qu'ils étaient maintenant capables d'unions intimes comme cela avait toujours été le cas auparavant.

Le départ de GG

« GG », l'arrière-grand-mère de nos enfants, vint nous rendre visite. Elle résida dans une maison de retraite privée à Tunbridge Wells. Elle voulait être près de ses arrières petits-enfants et avait aussi demandé à Mélinda si elle pouvait partager avec elle l'expérience du latihan. Ma mère était venue de la Côte d'Azur spécialement pour être avec notre famille et pour être avec sa « Mum » qu'elle voyait si rarement.

Je ressentis une profonde gratitude que ma mère, ma grand-mère et ma femme fassent le latihan ensemble, car cela tissait entre nous une conscience commune de la proximité de nos âmes. Je sentis aussi de la gratitude que mon frère, ma sœur, deux oncles et un cousin aient pu recevoir l'expérience du latihan.

GG, Laura et Mélinda (Jean) 1962

Après deux semaines de réunion familiale plaisante, ma mère retourna à Cannes pour s'occuper de sa petite affaire d'abat-jour.

Un samedi de la fin juin, nous donnions une soirée avec quelques amis dans notre maison de Frant Road. Aux alentours de minuit, ma conscience fut attirée par la présence de ma grand-mère. C'était si clair et si fort que j'allai dire à Mélinda : « Cela peut te sembler étrange mais à cette heure de la nuit je sens le besoin d'aller voir GG sans attendre ». Elle me sourit tendrement comme pour confirmer mon ressenti et je quittai nos invités pour entrer dans l'obscurité silencieuse d'une nuit sans lune.

Mû par un sentiment d'urgence, je marchai rapidement vers London Road où la maison de retraite se trouvait. Le bâtiment blanc néoclassique ne montrait pas de lumière, à l'exception d'un très faible faisceau provenant de l'entrebâillement des rideaux de la cuisine du sous-sol.

Cinq marches de pierre menaient au porche à colonnes de la porte d'entrée principale. Je la trouvai fermée et décidai de ne pas sonner, vu l'heure, mais d'escalader vers la chambre de ma grand-mère et de passer par la fenêtre à guillotine que je vis entrouverte. Une fois arrivé, je poussai doucement la fenêtre vers le bas suffisamment pour pouvoir l'enjamber et atterrir silencieusement dans la chambre de ma grand-mère.

Il y avait assez de lumière en provenance des lampadaires de la rue pour que je puisse voir dans la chambre. Le lit était contre le mur à ma droite, GG tournait le dos à la fenêtre. Je le contournai, m'approchai près d'elle et murmurai d'une voix douce, « GG c'est moi, Léonard. J'ai senti que tu n'étais pas bien, c'est pour ça que je suis là ».

Je m'agenouillai sur le parquet près de son oreiller, posai un baiser sur son front parfumé et trouvai sa main que je tins au chaud entre les miennes. « C'est bien que tu sois avec moi. Comment as-tu su ? Reste simplement là, à côté de moi ».

Je me blottis encore plus près d'elle. « Oui, comme çà, dit-elle, je ne suis pas anxieuse de mourir. En fait, j'ai attendu ce moment depuis qu'Edward m'a quitté, voici près de quinze ans maintenant… Mais je ne veux pas devenir un légume et avoir besoin des autres pour s'occuper de moi », murmura-t-elle d'un trait. « Veux-tu que j'aille chercher un docteur, GG ? Ou un prêtre ? » Suggérai-je, pensant qu'elle pourrait en avoir besoin. « Non ! Ni l'un ni l'autre, simplement toi, reste auprès de moi » ordonna-t-elle dans un souffle. Je me rendis compte alors qu'elle était intérieurement agitée, bien que son corps reposât sans mouvement, son esprit était actif, ses sentiments troublés.

J'avais été proche de mourants par deux occasions auparavant et j'avais découvert que la meilleure façon d'être dans ces moments extrêmes, était de rester proche du latihan. Sa main toujours entre les miennes, j'entrai dans un état réceptif, profondément paisible et laissai venir le latihan.

Dans mon champ de conscience, je sentis l'univers qui nous entourait et entendis des sons mélodieux qui semblaient venir de son immensité. Ces vibrations musicales activaient mes cordes vocales et nous écoutâmes ensemble la musique apaisante et rassurante qu'offrait ma gorge. Le chant continuant, la respiration de ma grand-mère devint plus calme et plus régulière. Nous étions maintenant dans un espace de paix complète où l'anxiété n'avait pas de place.

Cela devait faire une heure ou plus lorsqu'elle dit soudain « Je veux faire pipi, peux-tu m'aider ? Je dois me retourner, le pot de chambre est sous le lit de l'autre côté. Merci ».

Ce fut pénible et douloureux pour elle de se remuer car ses intestins n'avaient pas fonctionné correctement depuis plusieurs jours et son abdomen était énormément gonflé. Puis je la soulevai avec un grand effort au-dessus du pot de chambre. Nous y arrivâmes et après un laps de temps, elle fit un petit grognement affirmatif que j'interprétai comme « J'ai fini ».

Je la remis ensuite précautionneusement dans son lit, cette fois sur le côté droit face à la fenêtre. Je déplaçai l'étroit fauteuil d'acajou qui était près de la table de chevet et m'y assis. Elle étendit sa petite main fragile et tremblante vers la mienne que je lui offrais et y posa sa paume froide et sèche. Je me reconnectai à mon paisible état intérieur d'où s'écoulaient des sons harmonieux et mélodieux. GG semblait écouter les yeux clos, ses fines lèvres ridées esquissant un léger sourire.

Nous restâmes ainsi quelque temps jusqu'à ce que, tout à coup, elle ouvre les yeux en papillotant et balbutie d'une voix devenue très faible, « Léonard ? » « Oui, GG, je suis là près de toi » dis-je. « Peux-tu me mettre un peu de poudre sur les joues et du rouge sur mes lèvres ? Arranger mes cheveux ? Fais-moi belle et n'oublie pas une goutte de mon parfum. Tout est là, sur la table de chevet ».

Je fis comme elle le désirait et sur ses lèvres déshydratées j'appliquai délicatement le rouge à lèvres rose pâle, brossai ses longs cheveux gris et les mis en ordre autant que je pus, poudrai soigneusement ce beau visage qui s'éteignait doucement. « Voilà, Madame, tu es très, très belle à présent. » Elle aimait que je lui parle en français.

Elle montrait maintenant des signes d'effort et de contraction cherchant une position plus confortable.

Puis sa main droite prit la mienne à nouveau et elle me regarda d'un air absent. Après quelque temps, elle la serra très légèrement en trois successions rapides comme pour me dire : « Je m'en vais maintenant. »

Je regardai à nouveau dans ses petits yeux mouillés, qui soudainement furent éclairés par une lumière qui semblait venir de l'intérieur. Toute mon attention était maintenant dirigée vers ses iris d'un pâle bleu rosé. Là, je fus témoin de la projection du film de sa vie qui se déroulait rapidement en sens inverse. Toutes les sensations de son expérience terrestre jusqu'à sa naissance. J'observai, à l'intensité de leurs expressions, une succession rapide des émotions distinctes qu'elle avait expérimentées au fil de sa longue vie : étonnement, peur, tendresse, colère, désapprobation, joie, amour, extase, doute, tranquillité, tristesse, espoir, approbation, douleur, acceptation.

Ensuite descendit, comme un parfum délicat, une paisible tranquillité qui envahit gracieusement la chambre. Ma main détecta imperceptiblement deux légères pressions comme si elle me disait maintenant « Au revoir ».

Je ressentis alors une très fine vibration musicale, qui commença à la plante des pieds et s'éleva dans mon corps. Comme elle atteignait ma poitrine, ma gorge puis ma tête, j'exprimai à haute voix et à ma grande surprise, l'équivalent en arabe de « Dieu est grand ! ».

Cette vibration musicale éthérée s'éleva, entraînant ma conscience subtile avec elle, laissant mon corps et mon ego derrière. J'entrai dans un espace immatériel, vaste et paisible. Je compris à cet instant que son âme avait quitté son corps et était désormais libre de suivre son chemin vers une autre réalité.

J'ouvris mes yeux qui étaient restés fermés pendant ces quelques dernières minutes, pour voir le corps de ma grand-mère qui se refroidissait et se raidissait par secousses spasmodiques. La main délicate que j'avais tenue devenait déjà froide et je remarquai de grandes plaques violettes qui se développaient sous sa peau mince comme une feuille de papier à cigarette. Ses yeux étaient maintenant fixes, son regard vide d'expression.

Je me levai lentement, croisai ses mains que je connaissais si bien, au creux de sa poitrine et refermai ses paupières parcheminées avec la paume de ma main, tout comme si je fermais les volets de ses fenêtres, pour lui garder le secret de l'espace qui appartenait à elle seule.

Mes narines détectèrent une senteur céleste dans la pièce et je sentis dans mon Être une paix sereine tandis que j'arrangeais l'apparence de GG, sachant combien c'était important pour elle de toujours donner une bonne impression.

Je dis à l'infirmière de nuit, qui était extrêmement surprise par ma présence dans la pension, que ma grand-mère était morte paisiblement et que je repasserai le lendemain matin. Je sortis et marchai énergiquement dans l'air froid du matin.

Toutes les lumières étaient éteintes à la maison, la soirée était finie et tous les membres de la famille dormaient d'un profond sommeil.

Je ne me sentais pas prêt à me coucher tout de suite, alors je rentrai dans notre salon pour faire un latihan. C'était une grande pièce, éclairée faiblement par les lumières jaunâtres de la rue qui filtraient à travers les baies vitrées où se trouvait un confortable sofa très usagé, parsemé de coussins imprimés de motifs à fleurs. Face aux grandes fenêtres, je me tins debout au milieu de la pièce, abandonnai cœur, mental, pensées et sensations et plaçai ma conscience dans mon espace intérieur où n'existait ni plus ni moins, où il y avait juste la tranquillité.

Après un bref laps de temps, je sentis fortement une imposante présence à ma gauche. Je me tournai vers le sofa et à mon complet étonnement, je vis mon grand- père Edward, qui était mort quinze ans auparavant, assis là, me regardant d'un air furieux. Quoique j'aie craint mon grand-père lorsque j'étais enfant, je l'aimais beaucoup et j'étais content de le voir dans notre maison. Mais je pus voir qu'il n'était pas content de se trouver dans mon salon. La scène était si burlesque que j'éclatai de rire et plus je riais, plus je trouvais cela drôle, alors je me mis à marcher autour du sofa ! Bientôt grand-père se mit à rire aussi. Son énorme moustache et ses épais sourcils montaient et descendaient par saccades, mus par les ondes de son rire devenu détendu.

Nous étions tous deux maintenant en plein fou rire, le tout était si étrange bien qu'amusant. J'étais face à lui, riant toujours et remarquai qu'en position assise, il se soulevait lentement du sofa en direction du ciel de la nuit.

Mon grand-père rit jusqu'à ce qu'il sortit de ma vue intérieure et disparut dans son propre espace. Je sentis qu'il avait dû venir pour trouver la connexion spirituelle qui le libérerait afin qu'il puisse continuer son périple. Je me sentis fabuleusement léger et heureux et me préparai pour aller dormir.

Comme je me glissai sous le léger duvet, Mélinda, sortant de son sommeil, grommela en prononçant « Elle est morte, n'est- ce pas ? ». « Oui depuis une heure et demie ».

Et avant que j'aie pu partager avec elle ce que je venais de vivre, de gros sanglots secouèrent tout son Être. Je l'enlaçai et la tint serrée contre moi pendant qu'elle laissait s'écouler son chagrin. En mon for intérieur, je n'étais pas triste et quoique Mélinda fût encore en pleurs, je me sentais détaché et paisible.

Quelque temps plus tard, je fus tout étonné de sentir une érection se développer lentement, vigoureusement, irrévocablement. Et je pensai aussitôt en moi-même : « Allons Léonard ! Tu es vraiment un drôle de bonhomme, ce n'est pas le moment pour ça. Ta grand-mère vient juste de mourir et te voilà avec une érection impatiente ! ».

Je ne savais quoi faire de cette situation et comme j'amenais ma conscience à son besoin vital, je devins calme intérieurement et demandai à mon âme « Dois-je suivre cette impulsion ? » La réponse fut immédiate « Oui, c'est important, suis la ».

Serrés l'un contre l'autre, nos joues unies dans l'humidité salée de ses larmes qui coulaient encore, je murmurai à son oreille, « Chérie ? Tu vas penser que je suis complètement fou, mais je sens que nous devons nous unir ».

« Quoi… maintenant ? » S'exclama- t-elle presque avec indignation, un soupçon de désespoir dans la voix. Puis elle s'abandonna au processus naturel, il n'y eut pas de résistance, pas de question, nous suivîmes juste l'accomplissement de ce voyage inhabituel.

Bientôt nous fûmes transportés par un rythme serein de vie qui nous unit en une seule sensation. Loin de l'imagination, des passions terrestres et des désirs, ma conscience s'épanouit dans une expansion tridimensionnelle. Mon Être intérieur avait grandi maintenant au- delà de la maison, vers le céleste et vers le plus intime. Je sentais la Terre sous moi et dirigeai mon attention vers la voie lactée.

Comme le paroxysme du moment physique arrivait dans une puissante explosion d'énergie, je devins conscient de ce que les esprits de mon grand-père et de ma grand-mère étaient projetés à travers la voie lactée, dont la forme circulaire illuminée d'étoiles ressemblait à un vagin.

Mélinda dormait à présent profondément, je me tournai et me laissai flotter dans les courants de ma rêverie. Réfléchissant quelques temps plus tard sur cette expérience, la pensée vint à mon esprit : « Nous arrivons en ce monde par la porte du vagin physique, et nous quittons cet univers par le passage du vagin spirituel, notre voie lactée ». Bien entendu, quand je partage ces expériences spirituelles, je suis obligé d'employer un langage ordinaire et des analogies qui donnent seulement une petite idée de la réalité spirituelle du vécu que j'essaie d'exprimer.

Quelques jours plus tard, la réception funéraire de GG. eut lieu dans notre maison. Toute la famille était là et un sentiment de légèreté et de joie se diffusa tout au long de la journée. Suivant son vœu, GG fut incinérée au crématorium de Tunbridge Wells, à quelques minutes de chez nous. Ses cendres furent dispersées plus tard sur les landes du Derbyshire pour rejoindre celles de son mari Edward, tel avait été son souhait.

Connexion à la source de l'Existence

Je vous emmène maintenant sur la côte pacifique de la Californie, quelques 45 ans plus tard. Mélinda et moi étions venus là pour l'ouverture de deux expositions de mes peintures, une à l'Université du Centre CIIS à San-Francisco, l'autre dans la grande maison particulière d'une amie collectionneuse d'art.

Un jour, nous allâmes à la maison d'Emmanuel Williams, un ami anglais qui vivait dans la charmante petite ville de Pacifica. Emmanuel et moi avions décidé de faire un latihan ensemble, lorsque le téléphone sonna. Mon ami saisit l'appareil et me le tendit. « C'est pour toi, Léonard… d'Angleterre ».

C'était Sébastian, le compagnon de notre fille cadette Marianna, qui avait récemment donné naissance à leur troisième enfant. Ils l'avaient nommé Lucas.

« Léonard, notre bébé n'est pas bien. Marianna sent que la raison en est que le nom de Lucas n'est pas approprié pour l'enfant. Peux-tu, si possible, faire un test pour trouver le nom correct ? ».

J'acceptai et demandai à Emmanuel s'il voulait se joindre à moi pour le test, mais suggérai d'abord que nous fassions un bref latihan. Il accepta. Nous nous tînmes debout, nous nous relaxâmes complètement et laissâmes commencer la pratique spirituelle.

Lorsque j'atteignis l'espace en moi où il n'y avait que présence, je pris conscience que je venais d'être transporté dans l'espace de l'Univers où mon attention fut attirée par des sons qui venaient de très loin, portés par une brise légère et délicatement parfumée. Ils semblaient venir d'une lointaine galaxie. Je tournai mon visage dans le courant, respirai pleinement son parfum, tout en écoutant les mélodieuses notes aigües de trompettes et de cloches qui créaient un harmonieux mélange, puis j'ouvris mes yeux intérieurs. Mon attention fut aussitôt captivée par une présence qui venait des profondeurs de l'Univers où je pus distinguer une nébuleuse qui tournoyait lentement alors que je m'en approchai. Je fus séduit par l'inhabituel assortiment de couleurs des formes nuageuses de jaune pâle et d'orange doux, qui se détachaient sur un fond gris violacé. Je pris conscience du contenu et des qualités d'une âme d'où se dégageait un amour d'une extrême douceur, combinée avec une maturité ancienne.

« Melvin ! ». J'entendis le nom résonner distinctement dans ma poitrine tandis qu'il enrobait la présence de l'âme de notre petit fils. Emmanuel et moi conclûmes notre latihan à ce moment-là.

Je lui racontai ce que je venais de vivre et que j'avais entendu clairement le nom de Melvin. Aussi, je lui suggérai que nous testions ensemble si ma réception du nom était correcte. Nous sentîmes tous deux qu'elle l'était.

Sébastien et Marianna acceptèrent le nouveau nom. Ils appelèrent leur fils « Melvin » et il cessa bientôt de pleurer, retrouva l'appétit, dormit mieux et retrouva la santé !

Pour conclure cette histoire de notre petit-fils, je vais partager cette émouvante anecdote. Chaque année, c'est une tradition dans la famille, de s'envoyer des cartes de Noël faites « maison », et cette année 2011, notre fille Marianna nous a envoyé deux cartes imprimées, joliment conçues par ses fils Ciaran et Melvin.

La carte de Ciaran représentait la Sainte Famille découpée en noir, posée sur un fond de ciel d'un bleu profond. Je la regardai pendant un certain temps, admirant la composition. Puis j'en vins à regarder la carte de Melvin, un frisson descendit le long de mon échine et mon attention fut projetée huit ans en arrière lorsque j'avais eu cette forte expérience au sujet du nom de Melvin : juste en dehors du centre de sa carte de Noël, une forme de cloche jaune clair flottait sur un ciel étoilé d'un bleu profond. Des bandes de couleurs vives – vert pâle, bleu profond, vermillon, bleu clair, et rouge brillant – émettaient une vibration comme une aura. Une fine ligne de diamants étincelants entourait la cloche, la séparant d'un nuage diffus en évolution, d'un joli gris chaud violacé, puis noir, puis un orange qui finalisait le nuage sur le ciel bleu étoilé.

Les couleurs brillantes qui entouraient la cloche jaune étaient, pour moi, l'expression de l'action de Melvin sur la Terre. Les couleurs inhabituelles du nuage diffus étaient les mêmes que celles que j'avais vues à Pacifica. Je réentendis les sons, le tintement aigu des cloches mélangé avec des trompettes distantes, symbolisées par les formes colorées, faisant écho à la cloche jaune, comme des ronds sur un lac.

Je fus soudain mû profondément par un immense sentiment de gratitude envers le Créateur, d'avoir pu et vu une fraction de la perspective spirituelle reliée à mon petit-fils.

Chapitre 4

Les effets du latihan sur notre vie familiale

Un accident de scooter ouvre sur un changement de vie

Je vais maintenant vous ramener au printemps 1960, lorsque Jean et moi savourions notre vie de jeunes mariés à Vallauris.

Poussé par l'inspiration créative, je peignais le plus possible. Je travaillais aussi dans une poterie locale, décorant des pots pour gagner un peu d'argent afin de payer notre nourriture quotidienne et le loyer de notre charmante petite maison en pierre. Elle était bâtie dans un bosquet d'orangers en terrasse et de ses deux fenêtres on pouvait voir en février les collines de mimosas sur un fond de mer bleue.

Jean était enceinte et cela changeait complètement la dynamique de nos relations. Mon amour pour elle s'accroissait. Je devins conscient en permanence d'une nouvelle dimension spirituelle dans l'écrin de notre univers. La présence de l'embryon en formation, son « essence », nous faisaient sentir que nous étions devenus une cellule familiale et nous étions tous deux remplis de joie dans l'attente de la naissance. Je remarquai chez Jean une métamorphose ; elle était maintenant attirée irrésistiblement par la présence d'un bébé dans une poussette ou d'une boutique proposant des vêtements d'enfants ou par d'autres femmes enceintes.

Il y avait un léger sourire de satisfaction sur son visage lorsqu'elle était en contact proche avec des enfants. Le processus naturel de la maternité avait pris place en elle et je ne pouvais m'empêcher d'être en admiration devant ce phénomène magique, incroyable.

D'une certaine manière, la vie sur la Côte d'Azur était devenue presque trop facile. La grossesse de Jean, ma peinture, les sessions de latihan à Nice et le très peu d'argent qu'il nous fallait pour survivre, me faisaient sentir que quelque chose en nous se mettait en sommeil. La volonté de faire une place pour un succès créatif dans le monde était affaiblie par cette vie apparemment paradisiaque. Je sentais qu'il me fallait plus de stimulants pour le cœur et le cerveau et nous tombâmes d'accord que, si l'occasion se présentait, nous déménagerions sur Paris.

Maintenant, je comprends rétrospectivement que ce désir de déménager, bien que complètement irrationnel sur le plan matériel, puisque nous avions juste assez pour vivre et certainement pas de quoi payer le voyage en train ou le déménagement, venait d'un endroit plus profond que nos simples désirs.

Assez curieusement, peu après avoir ressenti le désir de déménager vers le nord, il arriva quelque chose de complètement inattendu.

Jean (Mélinda) et Léonard à Cannes Avril 1960

Jean était maintenant enceinte de 3 mois et n'avait plus envie de faire les longs trajets en scooter vers Nice 2 fois par semaine. Moi aussi, je trouvais difficile de me séparer de notre nouveau nid romantique, aussi brièvement que ce soit. Mais un jour de latihan, tard dans l'après-midi, je me remuai, poussé par l'obligation d'être présent à l'entraînement spirituel à Nice. Je sautai sur mon scooter et démarrai rapidement le long trajet pour la salle Marie-Christine.

Quelques minutes plus tard, je regardai ma montre pour m'apercevoir que je ne l'avais pas prise. Contrarié envers moi-même, je fis demi-tour vers la maison. « Déjà de retour ? » dit Jean, surprise de mon retour. « Oui, j'ai oublié ma montre » répondis-je dans un souffle en me précipitant pour empoigner la montre et repartir sur la Lambretta.

C'était maintenant le crépuscule. Je descendais la colline aussi vite que le pouvait mon scooter et ma tête fourmillait de pensées de peur d'être en retard au latihan. La route maintenant était flanquée de hauts murs de pierre où il n'y avait pas de trottoir et je m'engageai dans un tournant sans visibilité, quand soudain une voiture, tous feux éteints, sortit de l'intérieur de la courbe bloquant mon chemin !

N'ayant pas le temps de freiner, j'essayai de me glisser dans l'espace entre l'arrière de la voiture et le haut mur de pierre; ma poignée de guidon droite frappa le feu arrière de la voiture avec violence, brisant mon petit doigt en m'envoyant planer au dessus du coffre et j'atterris sur la route quelques 30 mètres plus bas. La Lambretta suivit en glissant sur le flanc et s'arrêta quelques mètres derrière moi. J'étais choqué et je tremblais de tous mes membres. Je me relevai avec peine pour évaluer les dégâts. Le propriétaire suisse responsable de l'accident, après avoir réglé les détails de l'assurance, courut gentiment au café de Golf-Juan le plus proche pour appeler une ambulance. Je fus conduit à l'hôpital d'Antibes où les docteurs insistèrent pour que je reste la nuit au cas où j'aurais une contusion cérébrale. De l'hôpital, je m'arrangeai pour demander à quelqu'un qui retournait à Vallauris de prévenir Jean et ma mère de l'accident et leur dire que je serai de retour le lendemain. Les docteurs firent les examens nécessaires, placèrent mon petit doigt dans une attelle et immobilisèrent mon avant bras dans une gouttière.

Je me souviens d'avoir senti combien la vie était étrange... d'abord, oublier ma montre, puis retourner la chercher, puis l'accident et maintenant un lit d'hôpital avec des contusions et un doigt cassé ! À l'époque, je ne comprenais pas la signification, ni les raisons qui sont derrière tout cela... Était-ce juste un accident ? Oui, mais pourquoi ? J'arrivai à la maison le lendemain midi, boitant et endolori de partout, surtout dans mon petit doigt bandé trop serré à mon goût.

La compagnie suisse d'assurances, qui couvrait la voiture responsable de l'accident, m'écrivit quelques semaines plus tard. Ils expliquaient que le petit doigt est l'une des parties les plus douloureuses du corps et qu'étant droitier, cela m'empêcherait de travailler. Nous reçûmes une compensation maximum que j'acceptai très vite et avec l'argent nous pûmes préparer notre déménagement à Paris.

Paris

En septembre 1960, nous partîmes pour la grande ville. Le voyage se passa bien et nous emménageâmes dans l'appartement même que je louais quelques années plus tôt comme étudiant à l'école d'Art Paul Colin (voir mon livre précédent « Noix et Fromages de Chèvre » pour plus de détails sur mes années d'étudiant).

Le petit appartement était au septième étage du 6, rue Cardinet, une longue ascension qui n'était pas si facile pour Jean, maintenant enceinte de 7 mois. Il y avait beaucoup à faire, car nous devions créer une source de revenus pour vivre. La vie à Paris était certainement plus gourmande en argent que la vie simple que nous menions sur la Côte d'Azur.

Rapidement, nous avions repris la petite entreprise de création/vente de foulards et de chemises en batik sur soie que nous avions à Vallauris. Nous en fîmes une pile attrayante que je déposai dans les boutiques chics de la cité. Nous eûmes quelques retours positifs et démarrâmes un petit commerce.

Malheureusement, le temps était venu de retourner chez les militaires. C'était maintenant à Vincennes et je me sentais plein d'appréhension à l'idée de jeûner à nouveau pour éviter d'aller combattre en Algérie. La pensée de quitter ma femme enceinte me donna l'impulsion et la détermination de faire de mon mieux afin de me rendre aussi peu soldat que possible. Je décidai de commencer le jeûne 10 jours avant de recevoir officiellement la convocation militaire.

Jeûner dans la grande ville n'était pas aussi simple que sur la chaude Côte d'Azur. D'une certaine façon, Paris semblait exiger plus de détermination, de volonté et d'argent pour simplement y survivre tout en jeûnant.

En vendant nos foulards de soie, je m'étais lié d'amitié avec le propriétaire d'une boutique de mode sur les Champs Élysées. Il s'appelait M. Ray et il me donna le feu vert pour repenser et recréer toute sa vitrine qui donnait sur la fameuse grande avenue. C'était un

CHAPITRE 4

énorme projet pour un homme en train de jeûner et qui n'avait jamais fait auparavant ce genre de travail. Mais poussé par un instinct de survie, un vent d'inspiration souffla dans ma créativité. Je le cristallisai en quelques dessins et présentai mon travail à M. Ray. À la vue de ma proposition, il explosa d'enthousiasme. « C'est superbe ! Commencez dès que vous pouvez, je suis d'accord, ma boutique a besoin d'une complète rénovation ».

Il me suggéra aimablement de transformer la cave de sa boutique en un petit atelier. Je choisis d'utiliser des planches brutes de 4 cm d'épaisseur en loupe de sycomore. Gardant les irrégularités apparentes de l'écorce sur les bords des planches, je rabotai les surfaces brutes à la main, puis les passai au papier de verre pour leur donner un grain fin et soyeux. Ensuite je les cirais et les polissais. C'était un travail terriblement fatigant avec les outils primitifs que je possédais et deux fois je m'évanouis dans la cave surchauffée.

Paradoxalement, M. Ray exprimait son appréciation pour mon travail en m'offrant chaque jour une grande boite de chocolats fondants extra-fins faits par quelque maison parisienne renommée. J'apportai le précieux cadeau tentateur à Jean dans la soirée, et nous en riions ensemble tandis qu'elle mangeait les chocolats. « Vous savez, Monsieur. Lasalle, vous m'intriguez réellement ! » me dit une fois M. Ray d'une voix soupçonneuse. « Je ne vous ai jamais vu manger aucun des chocolats que je vous ai offerts. De plus, chaque fois que je vous ai invité à déjeuner, vous avez trouvé une bonne excuse pour ne pas venir. Vous êtes vraiment un jeune homme extraordinairement inhabituel !» S'exclama-t-il, exprimant sa perplexité en haussant ses sourcils. Je ne lui aurais certainement pas dit les raisons de mon étrange comportement, car personne, excepté Jean et ma mère, ne savait que je jeûnais. Ainsi, M. Ray essayait d'organiser une réunion pour me présenter à un de ses amis proches, un général français célèbre qui était très intéressé par les arts, spécialement la peinture. « Je vais organiser un dîner avec lui pour que nous puissions parler du merveilleux sujet de l'Art ; vous savez, il est un promoteur attentif des arts et adore aider les jeunes artistes. »

157

m'informa M. Ray. Aussi attrayante que fut cette proposition, je n'étais pas en condition d'esprit et de corps pour siéger à un banquet à côté d'un général de l'Armée Française, même s'il était un promoteur des arts. Il me fallut un mois pour terminer la vitrine qui fut un succès. En 1960, les vitrines des magasins de mode à Paris affichaient un certain classicisme. Aussi, le contraste entre la loupe de sycomore polie et soyeuse, à l'écorce brute sur lesquels les beaux vêtements étaient présentés fit sensation. Les ventes de vêtements de M. Ray décollèrent et il en fut très satisfait.

Enfin libéré des militaires

Pendant cette période de jeûne, je dus finalement arrêter d'aller au latihan car j'étais devenu hypersensible et trop réceptif en présence d'autres personnes, surtout si elles étaient un tant soit peu agitées intérieurement. Je remarquai divers états de conscience en mon Être qui étaient très différents par rapport aux rythmes des 3 repas journaliers. Comme le jeûne se poursuivait de jours en semaines, je devins conscient des pouvoirs cachés du monde végétal que j'absorbai normalement tous les jours, en mangeant mécaniquement, fumant et buvant à chaque désir. Mais ô combien sont-ils nécessaires pour nous apporter l'énergie dont nous avons besoin quotidiennement ! Et pourtant ô combien sont-ils nocifs lorsque nous les prenons en quantité déraisonnable. Ces forces semblent en désirer toujours plus, comme si nos passions devenaient étroitement impliquées avec elles et leur ouvraient la voie pour qu'elles deviennent maîtresses des décisions prises au plus profond de notre Être.

Je me souviens d'un matin tôt, allongé dans mon lit, la fenêtre semi-ouverte de notre chambre du septième étage laissait entrer une merveilleuse odeur de baguette croustillante bien française qui, par mes narines devenues ultra sensibles, envahit le paisible état intérieur dans lequel je me trouvais, tout comme une armée de combat en marche envahirait une contrée pacifique pour la contrôler. Je me précipitai du lit vers la fenêtre, mit mes deux mains sur la rampe en

CHAPITRE 4

bois de la balustrade et respirai profondément. C'était magnifique, cette odeur appétissante se transformait en un vaste champ de blé ondulant doucement dans une brise légère sous un ciel d'un bleu profond. Maintenant, l'armée de mes passions en marche occupait ma volonté et mes désirs. Les odeurs de café au lait, de beurre et de confiture s'y ajoutèrent. L'impulsion de descendre les 7 étages devint puissante et je me vis volant au bas de l'escalier, entrant dans la boulangerie et même j'entendis tinter la sonnette de la porte d'entrée ! Ma respiration était maintenant plus rapide et un tremblement imperceptible s'empara de mon corps tandis que je sentais comme une sensation de légère brûlure dans ma poitrine. Horrifié, je me retournai vers Jean qui était encore profondément endormie et soudain, je me rappelai brusquement la raison de mon jeûne : le bébé à venir, la guerre d'Algérie, sortir de l'obligation militaire. Abandonnant le petit déjeuner de ma salle à manger intérieure, que l'envahissante force végétale avait saisi, j'inspirai profondément pour me détacher complètement de mon ego affamé et retournai lentement dans mon état intérieur de calme éveillé.

Le jour précédant la visite du recrutement avec les médecins militaires, qui devaient décider si j'avais ou non la santé suffisante pour devenir soldat, je décidai de perdre quelques grammes supplémentaires pour être du bon côté de la balance, en prenant un bain de vapeur dans le sauna de la rue de Courcelles. Celui-ci était tenu par 2 charmants jeunes garçons, vêtus de peignoirs blancs à fleurs. Je leur expliquai que je voulais perdre un peu de poids. L'air surpris, après m'avoir pesé rapidement sur une bascule à l'ancienne, le plus menu des deux me dit d'une voix grêle, « Suivez-moi, je vous prie. »

Le sauna était revêtu de pitch pin et avait une agréable odeur d'herbes aromatiques. Elle était surchauffée et humide, je choisis de m'asseoir sur le plus haut banc pour obtenir le maximum d'effets. Je ne sais combien de temps je restai là, peut-être une demi-heure, lorsque soudain je devins conscient que mon cœur faisait des choses inhabituelles et qu'il battait trop lentement et irrégulièrement. Puis j'entendis une voix venant de loin dans mon univers intérieur,

SOURCE DE VIE

« Il est temps, de revenir dans le monde de la dualité, de revenir dans ton corps et de revenir à l'appartement où Jean et le bébé t'attendent ».

J'ouvris lentement les yeux et mon regard tomba sur la petite lucarne centrée de la porte, le jeune garçon menu agitait la main pour me faire signe de sortir. Il me fallut quelques instants pour réinvestir mon corps fragile et, me drapant dans la serviette désormais humide de sueur, je me traînai vers la porte. L'air froid du vestiaire m'aida à réintégrer mes responsabilités mondaines. Avant de régler la séance, je retournai à la balance : Cette séance venait de m'alléger de 600 grammes de plus !

Le matin suivant, je m'éveillai de bonne heure, devant être à 9 heures à la caserne de Vincennes. Une fois arrivés, nous suivîmes le processus que je connaissais bien maintenant. Debout, en caleçon devant les médecins qui examinaient nos papiers médicaux militaires, j'eus une forte sensation que cette fois ils me laisseraient tranquille pour de bon. J'entendis le médecin militaire dire à l'oreille du général assis à ses côtés : « Ce rescapé de Buchenwald ne sera jamais plus gros. Il a même perdu du poids depuis l'an dernier ! On dirait un fantôme ».

Un rayon de soleil envahit ma poitrine et je sentis que la perte de ces 600 grammes avait donné la poussée finale. Peu après, lorsqu'on me rendit mon livret militaire, je fus soulagé de lire en travers de la première page, deux grandes lettres rouges : RD, signifiant Réformé Définitif.

Quoique l'automne fût bien avancé, en marchant dans la rue pour chercher un endroit où rompre mon long jeûne, je me sentis comme si le printemps m'avait envahi. J'arrivai à un bar et m'assis à la terrasse où je commandai un grand café au lait et un sandwich au gruyère. Le serveur arriva avec ma commande qu'il déposa devant moi avec déférence en disant « Voilà, monsieur, bon appétit » sans être conscient, bien sûr, des pouvoirs dormants mais explosifs qu'il me livrait dans cette simple tasse de café et ce sandwich.

Après une longue attente, je décidai d'humecter mes lèvres sur le bord de la tasse du café au lait mousseux... Les barrières s'ouvraient maintenant d'elles mêmes et je vis en moi une foule de petits démons ricanant, se parlant l'un à l'autre avec excitation, tout en s'installant avec toutes leurs affaires pour m'habiter à nouveau. Ils semblaient assez heureux de rentrer à la maison après 3 semaines d'hibernation forcée !

Pendant ce jeûne, mon état de conscience était devenu vaste et profond. Maintenant que je mastiquais le sandwich avec grandes difficultés, savourant cependant avec intensité le mélange des différents goûts, j'étais ramené dans un état de conscience plus étroit, plus local, plus dans mon corps, assis sur la chaise métallique à côté de la table à 3 pieds. C'était comme si j'étais descendu d'une échelle invisible joignant un monde supérieur, fin, éthéré, à un autre quelque peu plus grossier, où les forces de vie étaient hautement actives, interagissant à grande vitesse dans leurs réalités relatives. Mes mâchoires, mes muscles et mes dents commençaient à souffrir de la mastication. Les énergies animale et végétale que j'avalais commençaient à se réactiver d'elles-mêmes dans mon corps et je sentais mes forces physiques renaître lentement. Je remarquai aussi combien différente était ma vision maintenant que j'avais pris quelque nourriture. Lorsque je m'assis initialement à la table du café, j'avais été discrètement conscient qu'une jeune femme lisait à quelques tables de là. Maintenant, dans ma terrestrialité retrouvée, j'avais tourné irrésistiblement ma tête dans sa direction et mes yeux terrestres avaient enregistré la fine beauté de ses traits. Elle dut se sentir gênée par l'énergie de mon regard intense, car elle leva la tête légèrement et me regarda sans sourire, comme pour me dire « Cessez de me regarder comme ça ». Je réalisai que j'avais transgressé son espace et je détournai rapidement la tête. « Eh ! qu'est ce que tu fais à cette table, à siroter ton café et à regarder les filles, ça ne va plus ? » pensai-je au moment où Jean apparut dans mes sentiments. Je vis qu'elle m'attendait impatiemment, brûlante de savoir les résultats de ma visite chez les militaires. Je chevauchai ma Lambretta et partis comme un oiseau volant à travers les rues de Paris, me sentant énormément heureux d'avoir réglé ma situation militaire, sachant que je n'irai pas combattre et resterai constamment auprès de ma femme et de mon enfant.

À la recherche d'un revenu et d'un endroit où vivre

Après notre visite de Noël et Nouvel An 1960 chez nos beaux-parents au Royaume Uni, nous sommes revenus à Paris. Nous n'avions plus notre appartement de la rue Cardinet et nos proches amis, Richard et Arifah Togonal nous offrirent gentiment une petite pièce sombre dans un coin de leur appartement, au rez-de-chaussée d'un immeuble dans le 9ème.

À cette époque, je n'avais pas de travail et me trouvais désespérément à court d'argent. Aussi décidai-je d'aller voir Toby et ma sœur Sylvette qui venaient juste d'emménager dans une mansarde lumineuse de la rue Notre Dame de Lorette. Je marchai pendant une heure et demie le long des boulevards et je montai les cinq volées de marches vers l'appartement pour découvrir qu'ils n'étaient pas là. J'attendis une heure, mais sans résultat. Aussi, attristé, je décidai de rentrer, chez les Togonal.

En passant place Clichy je vis à quelque mètres sur le trottoir, une belle pièce de 5 francs. J'allais la ramasser, lorsqu'un jeune homme, qui venait en sens opposé avec sa copine, se pencha rapidement devant moi, saisit la pièce, la lança en l'air et questionna sa compagne tout en la rattrapant : « Dis moi… pile ou face ? ». « Merde ! Comment ai-je pu perdre une telle occasion de rapporter une baguette de pain à ma famille ? » m'étonnai-je en moi-même, entendant les rires du jeune couple qui s'éloignait.

Un peu plus tard, en quittant le boulevard en direction de notre rue, je vis un clochard d'une soixantaine d'années, assis dos au mur sur une pile de journaux devant une casquette usée dans laquelle nageaient quelques centimes. Il me regarda de ses yeux bleus enfoncés mais vifs de présence. Son visage aimable était buriné et une barbe grise l'entourait. Je me dirigeai vers lui et alors que j'allais lui montrer que je n'avais pas d'argent en sortant de mon pantalon mes deux poches vides, il tendit son bras et ouvrit sa main dans laquelle brillait une pièce de 5 francs. « Tiens, prends-la ! » dit-il d'une voix rauque en esquissant un léger sourire. Surpris, je m'exclamai tout en acceptant la pièce : « Merci, mais comment avez-vous su que je suis absolument fauché ? » « C'est facile, répondit-il, rayonnant d'un sourire pratiquement édenté, en regardant votre visage, c'est bien évident. » Il n'était pas facile de vivre sans argent à Paris avec une jeune famille. Je fis différents « petits boulots » y compris la vente de journaux à domicile. Mais nous ne pouvions rester plus longtemps chez les Togonal, où nous vivions depuis déjà 3 semaines.

Un ménage ami, M. et Mme Jacques Fournot, que nous avions rencontré un soir au latihan de la salle Mozart, m'avait gentiment proposé : « Si tu veux Léonard, nous avons une propriété à Champigny sur Marne, où mes parents vivent. Il y a là une vieille écurie surplombée de deux chambres de bonnes qui sont vides. Vous pourriez y vivre gratuitement tout en gardant un œil sur mes parents qui sont très âgés. Mais je vous préviens, il n'y a pas d'eau, pas de cuisine et les toilettes sont primitives et au bas des escaliers, dans le jardin ! » Nous acceptâmes l'offre et emménageâmes aussitôt dans les chambres de bonnes. Nous nous sentîmes très à l'aise avec les parents de Jacques. Son père était un ancien marin, sa mère une ménagère méticuleuse et une très bonne cuisinière. Un haut mur de silex entourait la propriété qui comprenait un grand jardin potager parfaitement tenu par Maurice qui, à 80 ans, restait un jardinier enthousiaste. Jean emmenait Joanna, depuis rebaptisée Laura, pour des promenades le long de la Marne ou pour faire les courses au vaste marché de Champigny. J'installai rapidement l'eau dans une petite pièce adjacente que nous nommâmes « Cuisine » et fixai un évier avec un écoulement. L'installation du gaz butane nous permit de cuisiner et d'avoir de l'eau chaude. Les deux chambres de l'écurie devinrent vite notre nid. Je sentis que ma famille était à l'abri et pus aller à Paris sur ma Lambretta en toute confiance, à la recherche de travail.

SOURCE DE VIE

J'accepte un défi

Il ne se passa pas longtemps avant qu'une de nos proches amies d'Angleterre, Dorothy, vienne nous voir dans notre nouvelle installation. C'était un vendredi, je me souviens qu'elle m'avait dit, alors que nous discutions de la difficulté de gagner sa vie, « mais, Léonard, tu parles anglais et français couramment, n'est-ce pas ? » J'acquiesçai en silence. « Eh bien, pourquoi ne ferais tu pas de la traduction simultanée pour les congrès internationaux ? C'est très bien payé, tu sais ? ». Elle continua en parlant positivement : « Figure-toi justement que Philip, un de mes amis qui est traducteur simultané, m'a dit hier soir qu'il avait un gros problème. Pour des raisons familiales, il est obligé de retourner d'urgence en Angleterre demain et ne peut honorer un important travail la semaine prochaine. Il m'a donné le numéro de téléphone de son agence au cas où je connaîtrais quelqu'un qui pourrait le tirer d'affaire. » Sentant mon hésitation, elle continua « Tu peux te sentir nerveux à l'idée de faire de la traduction simultanée, mais pourquoi ne pas essayer ? » Elle chercha dans son sac à main et en sortit un paquet de cigarettes Benson & Hedges sur lequel était gribouillé un numéro de téléphone. Me sentant mal à l'aise à l'idée d'accepter un tel travail, je me plaignis : « Mais je n'ai jamais fait ce genre de travail ! Je n'ai aucune idée de ce que l'on doit faire ! »

« Pas d'importance ! répondit-elle, tu peux faire un essai. Tiens, voilà le numéro de son agence, va les voir demain matin ».

À 10 heures du matin, le jour suivant, je garai ma Lambretta et entrai dans le bureau de l'agence. La secrétaire me souhaita la bienvenue puis m'expliqua rapidement en quoi le travail consistait : faire de la traduction simultanée français/anglais et anglais/français pendant une semaine au Palais des Congrès de Paris. Les sujets seraient de nature scientifique. Je lui mentis en disant que j'avais déjà fait ce genre de travail à Londres. Elle sembla satisfaite et elle me lut en français des textes qui seraient traités au congrès, pendant que, simultanément, je le traduisais en anglais dans un micro qui

CHAPITRE 4

enregistrait sur une bande magnétique. Je dois dire que jamais auparavant dans ma vie je ne m'étais vendu sur un mensonge ; j'arrivais tant bien que mal à cacher mon grand embarras. Je fus surpris de voir son apparente satisfaction d'avoir enfin trouvé un traducteur de remplacement pour le lundi suivant, elle dit : « C'est superbe, vous commencerez à 8 h 30 lundi. Surtout ne soyez pas en retard, car le patron veut vous voir avant que le congrès commence».

Je quittai l'agence de traduction avec une épaisse pochette de textes scientifiques qui devaient être discutés cette semaine et une poitrine lourde de sentiments mélangés : heureux à la perspective d'avoir un job payé 60 livres sterling par jour ce qui, à l'époque, était un très bon revenu. Cependant, je me sentais nerveux à la pensée de devoir traduire des sujets auxquels je ne connaissais rien. Comment allais-je me tirer de cette étrange situation ? Je me souviens d'avoir pensé, en rentrant à la maison sur ma Lambretta, « Léonard, dans quoi t'es-tu fourré ? Tu es cinglé, et tout ça sur des mensonges en plus... Tu es complètement fou ! »

Je passai le samedi après-midi et le dimanche entier à étudier le nouveau langage scientifique, prenant des notes, cherchant les mots inconnus dans un dictionnaire et essayant de les mémoriser. Jean prit conscience que mon stress augmentait, elle ne m'avait jamais vu dans un tel état, elle me fit du bien en m'assurant que tout se passerait pour le mieux.

Je m'éveillai de bonne heure en ce lundi crucial et arrivai bien à l'heure au Palais des Congrès. Les traducteurs anglais, allemand et italien avaient chacun leur cabine surplombant un immense hall de conférence. Chaque participant scientifique portait des écouteurs et pouvait manipuler un cadran sur un petit boîtier noir pour trouver la longueur d'onde correspondant à leur langue favorite. Le patron de l'agence était un Français, il me présenta rapidement à un grand Américain dégingandé et agité appelé Andy. « Vous allez travailler tous deux en équipe, une demi-heure chacun à tour de rôle. Voici votre cabine. » Puis il s'éclipsa.

Regardant ma montre, je vis qu'il nous restait 5 minutes avant de commencer et, n'ayant aucune idée de la manière de démarrer, j'offris une gauloise à Andy et suggérai avec hésitation, « Voulez-vous démarrer le premier, Andy ? ». Je pensais que, comme il était un professionnel, il pourrait m'en apprendre beaucoup si je pouvais seulement l'observer pendant la première demi-heure. « C'est drôle, j'allais justement vous suggérer la même chose, Léonard. Pourquoi ne commenceriez-vous pas le premier ? » Répondit Andy dans un fort accent californien. Je n'avais pas prévu qu'une situation aussi étrange se produirait juste avant le début de la conférence ! « En fait, Andy, je meurs d'envie d'aller aux toilettes et ils vont commencer… s'il vous plaît, allez-y, je ne serai pas long ! » Je me sentis justifié dans la mesure où ma nervosité à la perspective de commencer le premier induisait en moi un besoin urgent de faire pipi.

En sortant des toilettes, je remarquai que les lumières du hall du Palais des Congrès avaient été mises en veilleuse, l'estrade éclairée et un savant français parlait debout devant un micro. Intrigué de savoir comment se débrouillait Andy, je me glissai silencieusement dans la cabine et m'assis. Était-ce ma soudaine présence qui le troublait ? Ou bien était-ce sa manière habituelle de travailler ? En mettant les écouteurs, je réalisai que sa traduction n'était pas vraiment cohérente. Il semblait avoir perdu le fil, les mots qu'il envoyait dans le micro ne s'enchaînaient pas convenablement. Puis soudain, à ma stupéfaction, il se mit à faire des bruits semblables à un craquement de radio, puis à émettre un sifflement aigu continu et à nouveau des craquements… Je regardai en bas vers l'assistance pour voir que tous les savants anglophones cherchaient désespérément sur leur récepteur une meilleure longueur d'onde ! C'était comique et je ne pus davantage contenir mon rire. Je me couvrais la bouche avec la main pour étouffer mes gloussements, mais la tension était tellement intense que mon corps entier se trémoussait, la situation était ridiculement drôle. Andy me regarda d'un air absolument furieux comme si j'étais seul la cause de ce désordre. N'étant plus capable d'arrêter mon rire, qui était devenu extrêmement douloureux, je me levai et quittai la cabine. Une fois dehors, pour retrouver mon calme, je respirai profondément plusieurs fois. Lorsque je me sentis complètement apaisé, une voix que je reconnus depuis les rares occasions où elle s'était manifestée, toujours dans des circonstances extrêmes, dit clairement : « Rejoins ta présence intérieure, là où il n'y a que tranquillité et suis ce qui vient. » Immédiatement, en entendant cette voix rassurante, je me sentis comme si j'avais été habillé d'un vêtement de paix. Mon Être s'apaisa, toutes mes peurs s'évanouirent et je fus prêt à prendre à mon tour la traduction simultanée. J'entrai dans la cabine et m'assis à côté d'Andy, qui me jeta un regard glacial tout en me tendant le micro. Il était visiblement encore furieux contre moi pour avoir ri lorsqu'il faisait ses sons bizarres. Maintenant, il me regardait avec arrogance et mettant une cigarette Camel dans sa bouche, il sortit sans l'allumer.

Toujours connecté à mon calme intérieur, je me préparais à entendre la voix du prochain orateur. Cette fois, ce fut un savant anglais qui parlait des dernières découvertes sur la manière de stocker de la mémoire dans des tubes à cathode froide ; la naissance bourgeonnante de ce qui allait devenir l'indispensable ordinateur. Comme il parlait avec beaucoup de conviction et de pertinence sur un sujet qu'il avait travaillé toute l'année passée, je me sentis moi-même très intéressé par ce qu'il disait et réalisai que, pendant qu'il parlait, les mots coulaient de ma bouche en français. Je n'avais pas le temps de vérifier si ce que je disais avait un sens ou non, je laissais juste une sorte d'automatisme prendre place car je savais que si mon ego interférait avec mon esprit, je partirais dans un chaos complet et perdrais le fil, tout comme mon malheureux collègue traducteur Andy. À 11 heures, ce fut le temps d'une pause café et je descendis aux toilettes messieurs du sous-sol. Comme je laissais la nature me soulager, tête et cou tournés vers le plafond, me sentant en unité avec le créateur, je vis à ma droite un homme grand et ventru, en costume rayé bleu foncé et gris ; il était anglais, à l'évidence. Je l'interpellai : « Excusez-moi Monsieur, que pensez-vous de la traduction ? » « Complètement merdique, je dois dire, mais ne vous en faites pas car tous les exposés seront traduits et imprimés dès la fin du congrès.

Dites-moi, pourquoi posez-vous la question ? ». Je remarquai son accent de l'Université d'Oxford. « Parce que je suis l'un de vos traducteurs ! » répondis-je en riant. « Oh, je suis vraiment navré, je n'avais pas l'intention de vous offenser, ni rien de la sorte. En fait, ce n'était pas si mauvais que ça après tout » répondit-il aimablement. Cet aimable anglais, de bonne éducation, m'avait réconforté.

Ce travail était très fatigant car il me demandait une attention et une concentration constante pour ne pas laisser place au doute de l'ego. Chaque fois qu'au cours d'une traduction je sentais la tension croître en moi, j'utilisais immédiatement ma faculté de lâcher prise afin de laisser se dissoudre complètement mes sentiments négatifs et me reconnecter à un état de paix intérieure.

À la mi-semaine, le patron de notre agence de traduction nous rendit une visite. En me rencontrant dans le corridor, il me serra la main longuement, presque chaleureusement en me gratifiant d'un large sourire. « Bonjour, M. Lassalle, je dois vous dire combien je suis heureux que vous travailliez avec nous ». Il regarda ensuite autour de lui pour être sûr que personne ne pouvait entendre ce qu'il allait dire et baissa la voix : « Vous êtes le seul parmi nos traducteurs qui parle dans le micro constamment avec régularité et calme. » Je répondis en me sentant légèrement gêné. « Merci beaucoup. Oui, je sais que je travaille différemment, ce qui est important pour moi c'est que l'auditeur comprenne autant que possible ce qui est exprimé par l'orateur ». Ces mots rendirent mon patron encore plus heureux et il ajouta avec enthousiasme « Si vous en êtes d'accord, nous avons décidé de vous garder dans notre équipe. Nous avons un autre congrès la semaine prochaine, cette fois ci sur le marketing ». Il m'expliqua ensuite où aurait lieu la prochaine conférence. Comme nous nous séparions et marchions chacun dans notre direction, je me retournai et demandai « Au fait, parlez-vous anglais ? »« Non pas un mot, c'est la raison pour laquelle vous êtes ici ! » Et il s'éloigna en riant trouvant ma question amusante.

Pour illustrer à quel point l'entraînement spirituel m'aidait dans la vie quotidienne, je vais partager avec vous une autre histoire brève à propos de mes expériences de traduction. J'étais dans la salle de conférences d'un célèbre grand hôtel près de l'Opéra. La réunion devait durer une semaine entre scientifiques et ingénieurs français et anglais, le sujet portait sur les derniers développements en matière de hauts-fourneaux et de fours pour fondre le minerai de fer. Le dernier jour, je fus confronté à une situation complètement inattendue quand mon patron vint me dire : « Léonard, ils aiment votre voix et demandent s'il vous serait possible d'être celui qui lit le document final. »

Dans mon livre « Noix et Fromage de Chèvre », je raconte comment j'ai appris à lire et combien ce fut difficile pour moi à cause principalement d'un problème aigu de dyslexie. À cette époque, les enseignants ne connaissaient pas ce handicap et mon institutrice m'avait largement torturé et humilié devant toute la classe en me tordant l'oreille droite jusqu'à la déchirer assez pour que mon sang apparaisse ! Lire à haute voix était donc devenu pour moi un vrai cauchemar.

Cela me prit quelque temps pour répondre à l'organisateur du congrès, car ma gorge et ma bouche étaient soudainement devenues si sèches que mes lèvres et ma langue ne pouvaient plus se mettre en mouvement. Rapidement elles se débloquèrent. « Mais, M. Lemaire, ce n'est pas du tout mon rôle, je suis sûr que parmi toutes ces personnes il y a un meilleur lecteur que moi. » « Ne soyez pas si humble, M. Lassalle, nous savons tous que vous êtes parfaitement capable de faire ce petit travail, veuillez me suivre maintenant » me dit-il en me prenant par l'épaule avec une affection intéressée. J'étais pris au piège, c'était le dernier jour du congrès et j'acceptai à contrecœur pour ne pas gâcher l'atmosphère cordiale qui régnait dans la grande salle de conférence. Je me disais avec amusement, « ça pourrait bien être ton dernier boulot ! »

Comme un acteur pris de trac devant son auditoire, je montais doucement une à une les marches qui menaient sur l'estrade. Un petit anglais rondouillard, avec de larges lunettes en écaille de tortue, me tendit l'épais document final à lire. Le lutrin se tenait sur une plateforme basse et moquettée, centrée sur l'estrade. La seule lumière dans la grande salle venait d'un spot qui illuminait trop brillamment le lutrin. L'auditoire était maintenant silencieux et attendait…

Ma nervosité se renforça quand j'aperçus en posant le document des équations et des chiffres que j'avais toujours du mal à définir correctement à cause de ma dyslexie. Le document sur le lutrin devant moi, mes mains posées de part et d'autre. Mon cœur battait lourdement et je me sentis un moment comme si j'étais revenu à l'école à l'âge de 7 ans, la main ferme et agacée de Nelly, mon institutrice, empoignant mon oreille d'une manière menaçante.

« Ce n'est pas comme ça qu'il faut être », me dis-je cherchant désespérément l'espace intérieur libre de mes peurs et de mes anxiétés. C'est difficile d'estimer le temps de la pendule qui tourne dans de tels moments de confusion, mais cela devait se compter en minutes, car certaines personnes dans l'assistance commençaient à remuer sur leur chaise, montrant des signes d'impatience. Je fermai les yeux, sachant que cela m'aiderait à m'isoler suffisamment pour me reconnecter à mon calme intérieur. Respirant profondément je laissai le gamin effrayé retourner dans les caves de mes peurs. Enfin, ma conscience trouva la présence d'un espace neutre et un sentiment angélique de paix se répandit m'enveloppant avec amour.

En débutant ma lecture je fus conscient des vibrations calmes et régulières de ma voix. En fait, c'était agréable de m'entendre moi-même, je remarquai combien étaient clairs et bien prononcés les mots qui semblaient couler de ma bouche. Cela prit 45 minutes pour lire le texte de bout en bout. À la fin j'entendis les applaudissements de l'auditoire et je remarquai que la sensation de sérénité, que j'avais ressentie en commençant ma lecture, était toujours présente.

Les lumières du hall de conférences furent rallumées et mon patron, accompagné de l'organisateur du congrès, vint me remercier pour ce qu'ils dirent avoir été une excellente lecture. Un sentiment de gratitude envahit mon intérieur profond. L'entraînement spirituel que j'avais suivi me montrait comment l'inclure dans ma vie de tous les jours.

CHAPITRE 4

Malgré mon lâcher-prise constant pour rester libre d'anxiété durant ces journées de travail, je dois avouer que mes nuits étaient fortement agitées. Des cauchemars s'enchevêtraient en me réveillant, le corps couvert de sueur et le matin je me sentais comme si j'émergeais d'un champ de bataille. Le travail de traduction occupait 95 % de mes jours et de mes nuits. J'avais acheté un dictionnaire technique et à chaque moment libre, je l'étudiais pour préparer la prochaine séance de traduction simultanée. Jean devenait préoccupée, elle n'avait jamais vu son homme vivre de façon si intense et quoique l'argent afflue régulièrement, plus que jamais auparavant, la famille souffrait. Quelques mois plus tard, mon patron me suggéra « M. Lassalle, nous avons besoin de vous à Bruxelles, car il y a là-bas beaucoup de travail pour vous et si c'était absolument nécessaire, vous pourriez y emmener votre famille ».

En revenant à la maison, je racontai à Jean ce que M. Lemaire m'avait proposé. Mais il était clair qu'aucun de nous deux ne voulait aller en Belgique. Nous savions tous deux que le travail de traduction était trop stressant pour la famille et de plus je n'exerçais plus mes talents artistiques et cela me manquait.

Dès que je donnai ma démission, mon Être entier se sentit instantanément plus léger et plus clair, mes nuits redevinrent reposantes et les rayons du soleil revinrent au cœur de notre famille.

Découverte insoupçonnée d'un talent

Je vais vous raconter maintenant les circonstances qui m'ont aidé à devenir brocanteur, puis antiquaire et plus tard architecte d'intérieur et peintre mural.

Toby Jellinek, mon beau-frère, me présenta à un maître imprimeur appelé Maurice Darantière. Il vivait rue des Tournelles, derrière la Place des Vosges, dans un magnifique bâtiment appelé Hôtel Mansart, construit par le célèbre architecte de Louis XIV. Toby, qui était très inventif et habile de ses mains, réparait toutes sortes d'objets anciens, statues et même des meubles pour son ami qui avait collectionné des antiquités pendant la majeure partie des 70 années de sa vie et avait garni tous les appartements de l'Hôtel avec des œuvres d'art datant de la haute antiquité jusqu'au début du 19ème siècle. C'était un imprimeur qui travaillait d'une manière traditionnelle de haute qualité, spécialisé dans l'édition de luxe de livres d'art et de poésie. Il faisait aussi de l'impression pour les grands créateurs de mode, restaurants, acteurs célèbres, etc… Il avait maintenant besoin de quelqu'un pour le représenter et pour devenir son intermédiaire avec le monde du luxe parisien. Le vieil homme me donna sa confiance pour être son négociateur commercial et j'acceptai car je n'avais aucun revenu depuis mon aventure de traducteur simultané. Je devins donc son représentant auprès de la haute société parisienne pendant quelques mois. Puis un jour, il m'appela dans son bureau et dit rapidement d'une voix tremblante, qui me révélait qu'il était sous forte pression, « Léonard, j'ai besoin de votre aide, c'est urgent. Si je vous donnais en dépôt, quelques antiquités avec le prix que j'en veux, pourriez-vous aller les vendre pour moi ? Par exemple, au Marché aux Puces de Clignancourt ? »

« Oui » répondis-je instantanément, toujours prêt à aider, mais sans réaliser qu'à cet instant, je démarrais une nouvelle carrière qui deviendrait ma profession principale pour les 30 prochaines années. Je relevai le défi et me préparai à devenir officiellement un marchand ambulant.

Première journée au Marché aux Puces, 1962

Toby m'offrit un ancien tapis persan pour présenter les objets précieux qu'il m'avait confiés. Mon frère Philippe (il changera son prénom pour Rainier l'année suivante) m'avait aussi donné quelques pièces intéressantes à vendre sur la même base que M. Darantière. Je me procurai, non sans peine, les papiers administratifs compliqués que tout Français doit avoir pour être autorisé à vendre à même le trottoir. Une fois en règle avec la loi, mon frère me prêta gentiment

CHAPITRE 4

sa Fiat 500 et pendant plusieurs mois, j'allais et venais du Marché aux Puces à l'Hôtel Mansart pour régler mes ventes, refaire un petit stock de marchandise tout en me familiarisant avec les antiquités, certaines de grande valeur, qui remplissaient la propriété-musée du vieil imprimeur. Il mettait un point d'honneur à décrire avec éloquence l'histoire de chaque pièce et comment il les avait obtenues, oubliant complètement le temps qui passait mais m'apprenant beaucoup sur la provenance des objets. Je m'accoutumais à reconnaître les qualités artistiques des œuvres et objets d'art. Mon éducation artistique, m'avait probablement bien entraîné l'œil pour discerner les originaux des faux.

Il faisait froid et humide quand je m'installai de très bonne heure la première fois un samedi matin de la fin novembre. J'avais trouvé une petite place sur le trottoir de la rue Paul Bert à Clignancourt, qui faisait partie du vaste marché d'occasion et d'antiquités. Sur les dalles humides et luisantes, je déposai une mince feuille de plastique afin de protéger le beau tapis persan, prenant soin de placer un objet lourd sur chaque angle pour éviter qu'une rafale de vent n'emporte tout. Ensuite, avec beaucoup de soin, j'exposai les précieux articles comme si je composais un tableau, m'assurant que le regard puisse circuler librement et qu'aucun objet n'en cache un autre. Une fois satisfait de ma présentation, je m'assis derrière sur une caisse en bois dont je me servais pour emballer les marchandises et allumai une cigarette, satisfait de mes efforts. Cinq minutes après avoir déballé ma marchandise, un officier municipal, jovial et souriant, vint collecter les 5 francs de loyer des quelques mètres carrés de mon emplacement, puis me demanda ma licence de brocanteur ambulant. Tout était en ordre et il me dit qu'à l'avenir je devrais déménager 3 espaces plus bas dans la rue Paul Bert où un emplacement venait de se libérer. Je lui payai le modeste loyer, en échange de quoi il me tendit un reçu de couleurs vives, qui me fit penser à un billet de loterie. Il était maintenant 6 h 45, le grand marché entrait en activité. Des antiquaires, les yeux rivés sur les trottoirs, qui étaient devenus des espaces temporaires d'exposition, analysaient rapidement les marchandises à la recherche d'objets rares qui finiraient dans leurs magasins.

Le grand Marché aux Puces de Paris se composait alors de 5 marchés, chacun avec des stalles fermées qui ressemblaient plutôt à des petites boutiques. Au total, sur toute la surface du marché de Clignancourt, il y avait apparemment plus de 2500 marchands, y compris les plus pauvres comme moi qui vendaient dans la rue à même le trottoir.

Je captai vite le vocabulaire de ce monde étrange : les visiteurs de bon matin étaient appelés les « Marchands » au moins par ceux d'entre nous qui vendaient par terre. Cela devait être inhabituel de trouver des antiquités de qualité à même le trottoir, puisque je m'aperçus vite que, dès les premières minutes de mon arrivée matinale, des « Marchands » toujours pressés et concentrés sur leur recherche, s'agglutinaient autour de mon tapis, empoignant mes objets et me demandant leur prix. Ils marchandaient âprement, mais ils ne se doutaient pas que je pouvais lire dans leurs yeux leur motivation à posséder les pièces qu'ils me montraient. Rapidement j'appris à gonfler légèrement mes prix pour m'accorder la marge correcte dont j'avais besoin pour faire la vente sans perdre la part de mon profit.

Vers les 9 h 30, ce premier matin, les 3/4 de mes précieux objets avaient été vendus. J'éprouvai un réconfort rassurant en sentant les nombreux billets de banque volumineux dans les poches de mon manteau raglan en laine noire. Je réarrangeai rapidement ce qui restait des objets invendus sur le tapis, puis couvris le tout d'un plastique transparent car il commençait à pleuvoir. Je traversai la rue vers le café Paul Bert, de couleur jaune d'œuf et bordeaux.

C'était pénétrer un monde complètement nouveau pour moi. L'air y était dense de chaleur et d'humidité mélangées avec les odeurs de croissants, de café chaud et de fumée de cigarettes qui émanaient de la clientèle bruyante. La cacophonie était extrême, c'était comme si chacun se connaissait. Ils riaient et parlaient sans se soucier de savoir s'ils pouvaient entendre ce que l'autre disait. L'atmosphère était

CHAPITRE 4

certainement joviale et il m'apparut que chacun se plaisait à être là.

En me frayant un passage vers le bar, je remarquai que le sol était couvert de sciure de bois et de mégots de cigarettes éparpillés. Alors que je sirotais le bienvenu café noir et mangeais mon croissant, chaque fois que la porte du café s'ouvrait, je lançais rapidement un coup d'œil à travers l'ouverture en direction de mon tapis pour vérifier qu'aucun client n'était en train de m'attendre.

Plein de toutes ces nouvelles impressions, je m'aperçus que j'aimais cette atmosphère folle et animée où chacun était perdu dans son propre monde d'intérêt personnel, sans être apparemment conscient de l'autre. Je suppose que j'étais moi aussi dans mon propre monde.

Je remarquai quelque chose qui m'était complètement nouveau ; j'aimais vraiment la partie « vente » de mon nouveau travail. C'était probablement dû au fait que, dans mon hérédité paternelle, il y avait d'excellents négociants et d'habiles hommes d'affaires et je pensai avec amusement, « Ma chère maman ne pouvait vendre quoique ce soit sans y perdre ! Nul doute que l'heureux commerçant en moi doit venir du côté de mon père biologique ! »

Je fus bientôt introduit dans le monde des marchands d'antiquités et des collectionneurs. Une fois que j'eus remboursé Rainier, Toby et M. Darantière, je pus investir une partie des bénéfices dans l'achat d'articles à vendre. Le Marché aux Puces était ouvert 3 jours par semaine du samedi au lundi. Ceci me donnait le temps d'être avec ma jeune famille à Champigny sur Marne et me laissait un ou deux jours pour trouver les antiquités dont j'avais besoin pour le marché du week-end, ainsi que pour visiter M. Darantière afin de choisir d'autres antiquités et le payer pour les articles vendus précédemment. C'était bien difficile pour moi de savoir lesquels choisir. Il criait parfois depuis sa chambre pour être entendu dans l'immense appartement « Prenez simplement ce que vous voulez, je vous fais confiance, ne prenez pas seulement les petits objets insignifiants, mais prenez des choses plus importantes, n'ayez pas peur ! » Mais je faisais tout mon possible pour choisir des antiquités qui ne faisaient

175

pas de manque trop visible dans sa merveilleuse et unique collection.

Je me concentrais plutôt sur les dessins de maîtres ou les gravures et aquatintes, les poteries des XVIIe et XVIIIe siècles, les livres, les pièces métalliques telles que serrures ou clefs, les petits bois sculptés polychromés, les fragments de tapisseries antiques, les étoffes et les soieries !

Bientôt, Toby et mon frère furent à court d'objets disponibles, mais le vieil homme avait toujours désespérément besoin d'argent. Il vivait visiblement au-dessus de ses moyens et bien que je lui rapporte de l'argent frais chaque semaine, cela ne suffisait pas pour ce qui semblait être un besoin d'argent sans cesse accru. Six mois plus tard, il devint très faible, malade et finalement cloué au lit par un cancer virulent, M. Darantière mourut quelques mois après et son entière collection fut mise en vente discrètement dans une salle des ventes quelque part dans le Nord de la France.

Je devins connu comme le premier antiquaire du Marché aux Puces vendant des marchandises de grande qualité directement depuis le trottoir. Chaque samedi matin, sept ou huit marchands étaient là à m'attendre et aussitôt que je garais ma 2CV à l'arrière de mon emplacement, ils se concentraient avec une extrême curiosité sur les articles que je déballais lentement de leur papier journal.

« Combien pour ça ? » ou « C'est combien ce truc ? » demandaient précipitamment les marchands. « C'est vraiment une très belle pièce, vous le savez et en parfait état. J'en veux tant », répondais-je, sachant que c'était le début d'une longue négociation. Ma force, dans ces marchandages, c'était que je connaissais la marge entre ce que j'avais payé pour l'article et le prix que les marchands le revendraient. Je découvris bientôt que l'art de la vente était dans l'achat, un article de qualité bien acheté se revendrait toujours.

Un incident inhabituel se produisit quelques semaines après mes débuts qui contribua grandement à me faire un nom parmi les marchands du Marché aux Puces comme un expert en poteries et porcelaines anciennes. Lors d'une matinée de printemps, un marchand nommé Jean qui se spécialisait dans les poteries françaises, espagnoles et de Delft des XVIIe et XVIIIe siècles, vint à mon emplacement avec un plat en poterie sous le bras. « Léonard, j'aimerais que vous me donniez votre opinion sur la provenance de ce plat » dit-t-il avec un froncement interrogateur des sourcils, en déballant de son papier journal une assiette polychrome du début XVIIIe. J'étais très nouveau dans ce commerce et pourtant cet expert en poterie européenne pensait manifestement que j'étais celui qui pouvait l'aider à résoudre le mystère de cet article. Je tins à deux mains l'objet délicat et regardai le dessin compliqué qui décorait la bordure façonnée peinte à la main en ocre-jaune, rouge brique et gris-vert pâle, avec des motifs de feuilles enroulées. Au centre, il y avait un petit médaillon montrant un paysage provençal. Mon esprit était neutre, inactif et dans le silence j'entendis ma voix prononcer clairement chaque syllabe « Saint-Jean du Désert ».

La réaction du vendeur fut immédiate et il dit sèchement, en m'arrachant le plat des mains : « Non, non et non ! Si vous ne savez pas, pourquoi ne pas vous taire ! » Et Jean partit précipitamment. Je pensai, en me le reprochant : « Pourquoi as-tu dit ça ? Tu dois être plus prudent et ne pas donner de réponse si tu ne sais pas vraiment. Après tout, c'est lui l'expert en céramiques européennes, non ? »

Assez curieusement, deux samedis plus tard, Jean reparut à mon emplacement avec un large sourire et vint droit vers moi la main tendue, ses petits yeux bleu pâle exprimant respect et admiration. « Vous savez Léonard, je vous dois toutes mes excuses, car vous êtes beaucoup plus expert que je ne le croyais ! ».

« Ah oui ? » m'exclamai-je, vraiment surpris par sa remarque.

« Ce que vous m'avez dit l'autre jour à propos de l'assiette m'a beaucoup irrité sur le moment, mais à la réflexion, j'ai pensé qu'il valait mieux aller voir au musée pour vérifier. Savez-vous que vous étiez en plein dans le mille ? Elle est bien de Saint Jean du Désert, ils en ont une qui est pratiquement la même que la mienne ! »

À partir de ce moment la nouvelle se répandit, parmi les 5 marchés d'antiquaires que j'étais l'expert à consulter pour les céramiques européennes des XVIIe et XVIIIe siècles. Le plus intéressant était de voir comment des marchands spécialisés et des collectionneurs avérés, non seulement en céramique mais aussi en mobilier, fer forgé, verres, tapisseries, étoffes, tapis, par leur empressement à étaler leur savoir, partageaient inconsciemment avec moi ce qu'ils pensaient d'un objet, son origine, son époque et souvent sa rareté. J'étais généralement toujours d'accord avec leur évaluation d'un objet ou d'un meuble, cela les satisfaisait et par là-même renforçait l'estime qu'ils pouvaient avoir pour moi ; je m'instruisais donc ainsi de leur savoir. Peu à peu, leurs connaissances spécifiques, formèrent les bases de mon apprentissage sur lesquelles je pus développer ma propre opinion.

J'aimais ma nouvelle profession, car je découvrais en moi d'autres facettes de ma nature dont je ne connaissais pas jusque là l'existence. Le latihan était présent continuellement à l'intérieur, me guidant de toutes sortes de façons inattendues, en apportant une dimension plus vaste à mon vécu. Par exemple, la pratique spirituelle exerçait ma conscience à se mouvoir au-delà de l'ego et de mon intérêt personnel. Dans mon travail, cela me donnait la possibilité de voir les objets, le client ou le marchand avec un détachement qui me permettait d'avoir une vue d'ensemble de la situation. Ma priorité, en tant que commerçant était d'être absolument loyal dans le marché, de sorte que le client y gagne et se sente heureux de son achat. Je me sentais satisfait lorsqu'un client quittait mon étal avec le sentiment que non seulement l'objet qu'il venait d'acheter n'était pas un faux, mais aussi que le prix payé était raisonnable.

Trouver de la marchandise authentique n'était pas chose facile. Les biens que je recherchais étaient rares à l'époque, comme ils le sont aujourd'hui et, à la recherche de solutions pour mieux chiner, je découvris qu'utiliser mon flair était une bonne méthode. Avant cela je me demandais : « Quelles salles des ventes visiter ? Dans quelle direction aller ? Quelle route prendre ? Dans quelle ville trouverais-je le rare tapis du Caucase ou l'inhabituelle assiette de Delft ? Mais je cessai bientôt de penser de cette manière pour, à la place, me laisser guider en scrutant, dans mon monde intérieur le paysage et en me laissant guider par les impulsions alors que je conduisais. Bien sûr, beaucoup de personnes qui ne pratiquent pas le latihan, se reconnaîtront aussi dans ce que je viens de décrire. Le chasseur se fie beaucoup à son instinct pour découvrir le repaire de l'animal désiré. La chasse aux antiquités n'est pas très différente, l'objet prenant la place de la proie. J'essaie de mettre en pratique l'écoute et ensuite je fais confiance à la voix qui vient de mes profondeurs au lieu des voix qui jaillissent perpétuellement de mes nombreux egos et désirs.

Il était difficile de trouver du mobilier du XVIIe siècle en France, au début des années 60, j'allais donc quelquefois en Angleterre avec ma 2CV et revenais quelques jours plus tard, avec la voiture pleine de marchandises. Je devins bientôt un habitué des routes anglaises qui menaient aux boutiques et aux marchands où je pouvais trouver des objets de haute époque.

Quoique mon nouveau commerce nous donna un revenu raisonnable, Mélinda et moi, avec maintenant 3 enfants, décidâmes d'emménager en Angleterre afin d'y éduquer les enfants, car nous trouvions le système scolaire français un peu trop restrictif, avec des lacunes dans les arts créatifs et dans les sports.

Déménagement au Royaume-Uni

Au printemps 1965, 6 mois après avoir pris la décision de déménager, nous reçûmes de manière inattendue une lettre de Judith, une amie que nous connaissions lorsque Mélinda vivait à Combe Springs. Elle proposait de nous louer l'étage supérieur de sa maison à Kingston on Thames. Nous acceptâmes et en deux semaines, j'avais vidé la cabane que je louais au Marché aux Puces où je stockais mes antiquités et je les avais toutes vendues. Puis tous les 5, avec tout ce que nous possédions plus 300 francs en poche, nous partîmes dans notre 2CV sur la route de Calais. Notre plus jeune fils, Richard, 14 mois, était suspendu dans un hamac en travers de la voiture avec ses deux sœurs assises sur des couvertures à même le plancher de la voiture au milieu de nos affaires.

SOURCE DE VIE

Nous nous installâmes dans l'appartement de deux chambres, au premier étage de Manorgate Road, Kingston on Thames. Tôt le lendemain, j'étais en chasse pour un article rare dans lequel je puisse investir les 30 livres qui étaient tout notre capital. Je roulais au sud de Kingston quand je me suis retrouvé coincé dans un énorme embouteillage, le long de la Tamise. À cette époque, ma vue était très bonne et en attendant que le trafic s'éclaircisse, je me distrayais en regardant la grande double vitrine d'un magasin vendant des reproductions de mobilier ancien en acajou… Il me sembla que la grande table pliante à colonnes torsadée était une pièce de la fin du XVIIe et je déduisis qu'elle était en noyer. Je devais aller la voir de plus près et dès que le trafic se débloqua un peu, je garai ma 2CV à quelques mètres dans une rue latérale.

Lendemain de notre arrivée, Richmond Park 1965

J'avais déjà appris qu'en entrant dans une boutique d'occasions ou d'antiquités, il valait mieux ignorer la pièce qui m'attirait le plus, et donner l'impression que je m'intéressais plus à d'autres pièces insignifiantes. En poussant la porte vitrée, ce qui déclencha une sonnerie bruyante, je jetai un coup d'œil à la table pliante à gauche et une chaude sensation envahit mon cœur. Oui, c'était bien une table à double battants à 8 couverts, en noyer, fin XVIIe siècle, en parfait état ! Je n'en n'avais jamais vu d'aussi belle auparavant.

Un petit bonhomme très tendu apparut devant un lourd rideau de velours bordeaux au fond de la boutique. Il portait un survêtement bleu sombre, couvert, ainsi que ses grandes mains, de ce qui semblait être un mélange de vernis et d'une teinture couleur acajou. « Bonjour, puis-je jeter un coup d'œil s'il vous plaît ? » dis-je positivement. « Je vous en prie, faites.» dit-il, en sortant de sa poche une boite de tabac Old Holborn en fer blanc bien usée et en se mettant à rouler une cigarette toute maigrichonne. Je fis le tour de la boutique, m'arrêtai devant une ou deux pièces comme si elles m'intéressaient, puis, sur mon chemin de sortie, je dis avec nonchalance en montrant de la main la table pliante de la vitrine : « Au fait, combien demandez-vous pour cette vieille table ? » « 30 livres, Monsieur, c'est une bonne reproduction et en bon état, comme vous pouvez le constater.»

Quoique j'eusse pu l'acheter à ce prix plus que raisonnable, j'avais besoin de 5 livres pour payer le loyer de l'appartement le soir même. Aussi, j'offris vertement, « Est-ce que 25 livres vous seraient acceptables ? C'est tout ce que je peux offrir ! » Se sentant satisfait de ce que mon offre allait enfin le débarrasser de cette vieille table, le marchand accepta sans hésitation. Le vieil homme maintenant surexcité ne pouvait pas cacher sa joie devant les billets que je lui tendais. Il m'aida avec enthousiasme à transporter la précieuse table au dehors et à l'installer dans le coffre de la 2CV que je ne pouvais plus fermer. Je me sentais extraordinairement reconnaissant, léger et heureux dans mon cœur d'avoir trouvé un tel article dès mes premières minutes de « chine ». Je le percevais comme une confirmation que ma famille était protégée par la grande force de vie.

Il y avait en Angleterre un antiquaire nommé Robin Thompson qui opérait depuis sa maison juste à l'écart du petit village d'Alton. Je me dis justement qu'il serait le bon client pour cette magnifique table à abattants. Tout en conduisant le long des chemins séduisants du Sud de l'Angleterre, je pensais au prix que j'en demanderais. Je calculais qu'il pourrait vendre une telle pièce entre 600 et 800 livres et donc j'allais lui demander autour de 450 livres. Son bénéfice serait excellent, ainsi que le mien.

Je passai le grand portail et me garai sur le gravier du parking de la maison de Robin, en m'assurant que le coffre de ma voiture tombait bien en face de la porte d'entrée. J'entrai dans la grande salle d'exposition, qui avait été jadis le salon avec une imposante cheminée datant du XVIe siècle. « Il y a quelqu'un ? » criai-je, sachant que Robin était probablement derrière la maison, car il adorait jardiner. Il apparut effectivement avec une paire de gants de cuir et un sécateur et me dit avec bienveillance : « Oh Léonard, cela fait plaisir de vous revoir, j'étais dans le jardin juste à couper quelques roses afin de faire un bouquet pour le salon. Comment allez-vous ? » Puis il ajouta, sachant que j'étais habituellement à la recherche d'antiquités du XVIIe: « malheureusement, je n'ai rien pour vous en meubles, mais j'ai peut être quelques ferronneries rares qui pourraient vous intéresser ? »

Je sentis qu'il n'était pas loyal de le laisser croire que je venais acheter et lui dis rapidement que j'étais vendeur aujourd'hui. « En fait, Robin, j'ai emménagé récemment en Angleterre avec ma famille et j'espère continuer à vendre la même marchandise. Seriez-vous, à tout hasard, intéressé par l'achat d'une table à abattants en noyer, de 8 à 10 couverts, avec un empâtement torsadé ? ».

Aussitôt je remarquai une étincelle d'intérêt dans ses yeux alors qu'il répondit « Tiens ! Je viens juste de vendre une grande table de réfectoire en chêne, c'est vrai que j'ai de la place, ça ne fait pas de mal de la voir, non ? » Nous sortîmes et en ouvrant le coffre de la 2CV, je regardai son visage pour lire sa réaction. Il ne put contenir son enthousiasme et demanda avidement « Combien ? ». Alors que nous sortions la table de la voiture et ouvrions ses grandes ailes sur le gravier de la cour pour l'inspecter, je ne pus m'empêcher de faire durer un peu ce moment excitant. « Examinez-la bien, d'abord et soyez absolument sûr qu'elle vous plaise. » Nous conclûmes à 425 livres. Il savait que je connaissais le prix qu'il pourrait la revendre et par conséquent n'essaya pas de négocier plus bas et signa rapidement un chèque.

Le lendemain, je pus aller à l'agence locale de la Lloyds Bank pour ouvrir un compte et demander au directeur comment obtenir une licence pour vendre des marchandises depuis ma voiture ou sur les marchés de brocante. Il parut surpris par ma question et répondit « Une licence ? Mais pourquoi donc ? Ici, en Angleterre, vous vendez comme vous voulez pourvu qu'à la fin de l'année, vous déclariez votre revenu au fisc. » Je compris que la politique du gouvernement anglais était de faciliter le commerce, en le rendant accessible à tous ceux qui voulaient démarrer une affaire. Et ainsi je devins ce qu'on appelle un « runner », un marchand ambulant et commençai à vendre depuis ma voiture. Je louai aussi un garage en face du petit appartement où je commençai à restaurer des meubles du XVIIe siècle en chêne et en noyer qui m'étaient confiés par les propriétaires de magasins d'antiquités spécialisés en haute époque.

Je m'adapte à la demande

Un jour, je suivis mon désir de rentrer dans une boutique d'antiquités et de décoration intérieure à Welbeck Street à Londres. Je regardai silencieusement autour de la pièce et ne vis rien qui m'intéresse. Le marchand sortit de son bureau et je lui demandai s'il avait de vieilles peintures encadrées ou des cadres sculptés de miroirs dont il voulait se défaire. Il n'en avait pas, mais il me demanda : « Puisque nous parlons de vieux cadres sculptés, connaîtriez vous, par hasard, quelqu'un qui pourrait faire un peu de dorure pour moi ? » Il disparut dans l'arrière salle et rapporta un élégant fauteuil français Charles X qui avait perdu la plupart de sa dorure. Le fauteuil était en bois de hêtre (probablement datant des environs de 1825), avec le dos, le siège et le dessus des accoudoirs qui avaient été tapissés. Je l'examinai soigneusement et m'entendis déclarer : « Oui, je peux le faire pour vous, si vous le désirez ». Et ce très gentil monsieur accepta instantanément ma proposition. J'avais autrefois observé Toby faire de la dorure pour réparer un coffret en cuir du XVIIe siècle appartenant à M. Darantière et je savais, en gros, ce que le travail impliquait. Emportant le fauteuil à l'arrière de ma voiture, je roulai vers Charlotte Street, la rue des fournisseurs d'outils artisanaux où j'avais repéré, peu de temps auparavant, plusieurs boutiques de matériel de dorure.

Six semaines plus tard, le fauteuil étincelant d'or était prêt à être rendu au marchand. La dorure me prit du temps car ne je pouvais travailler que la nuit, puisque dans la journée, avec les enfants autour, il n'était pas possible de manipuler les feuilles d'or extrêmement volatiles, que le moindre mouvement ou courant d'air aurait emportées. Le décorateur de Welbeck Street fut enchanté par mon travail, paya et me demanda si je voulais réparer et dorer un cadre en bois sculpté pour lui. Je venais d'ajouter une nouvelle corde à mon arc.

Notre première propriété

Voici une expérience qui m'a fait comprendre deux réalités : la réalité matérielle et la réalité immatérielle, qui est en fait la réalité spirituelle.

Après avoir cherché pendant des mois une maison à louer dans le Sud de l'Angleterre, je me trouvai finalement à Tunbridge Wells. À l'époque, dans les agences immobilières, il y avait 3 conditions pour les candidats au logement : pas d'animaux, pas d'enfants, pas de personnes de couleur. Je me souviens être passé devant plusieurs agences immobilières dans la grande rue sans oser y entrer. Était-ce parce que je ne pouvais accepter l'humiliation de devoir admettre que j'avais 4 enfants, comme si c'était une mauvaise chose que d'avoir une descendance ?

Je sentais une lourde sensation de désespoir dans ma poitrine en remontant la rue principale. Soudain, en arrivant au sommet, ce sentiment s'évapora et je me vis entrer d'une façon décisive et inattendue dans le bureau du directeur de Paris&Quirk, l'agence immobilière la plus cotée de la ville.

Son directeur nous proposa une grande maison victorienne de style Georgien avec un beau jardin sur la colline qui surplombe les fameuses Pantiles du Royal Tunbridge Wells. Les Pantiles étaient une vaste zone piétonne pavée de larges pierres plates et plantée de tilleuls. C'était dans le quartier chic de la ville où l'on pouvait flâner autour des nombreuses boutiques d'habillement, de chapellerie, d'antiquités, ainsi que faire une pause dans les salons de thé. Il y avait même un petit établissement thermal d'eau ferrugineuse qui apparemment était bonne pour guérir les problèmes intestinaux.

CHAPITRE 4

Quoique le loyer mensuel fût élevé pour nous à cette époque et sachant la difficulté de trouver un logement, je n'hésitais pas à signer le contrat, car après avoir cherché un endroit où nous établir pendant plus d'un an et demi, cette propriété était vraiment une aubaine. Nous emménageâmes avec beaucoup de joie liée à une forte sensation de soulagement. Au moins, nous avions un toit assuré sur nos têtes ! Le jardin de cette élégante maison donnait sur Frant Road, au numéro 19.

Qu'est-ce qui m'avait fait entrer dans le bureau de l'agent immobilier le plus coté de la ville ? Normalement, je ne l'aurais jamais fait. Qu'est-ce qui avait affranchi cette propriété de toutes conditions restrictives, permettant à la famille entière de s'installer sans encombre ? Avec

19 Frant Road à Tunbridge Wells

ses 4 pièces en haut et 4 pièces en bas, la maison semblait vaste à nos enfants qui, jusqu'à présent, n'avaient été accoutumés qu'à de petits espaces.

La propriété avait sur sa droite un garage, un jardin fermé donnant sur la rue et un autre jardin derrière avec une serre, un vieux pommier Bramley et une pelouse verte et bien coupée au carré entourée de rosiers adossés à une haie en bois qui en faisait le pourtour. Les enfants joyeux couraient dans tous les sens, examinant chaque recoin de jardin et chaque pièce de la maison.

Quoique dans mes pensées, je me demandais comment je ferais pour honorer le loyer, je sentais en moi que tout irait bien. Ma petite famille était maintenant heureuse et en sécurité dans cette belle maison, je pouvais désormais me concentrer sur la façon de faire rentrer de l'argent, pendant que Mélinda organiserait l'école et la vie familiale.

Qu'est-ce qui avait poussé le vieux et distingué agent immobilier de la grande bourgeoisie à accepter un jeune artiste sans emploi assuré et père de 4 enfants, comme locataire d'une de ses plus belles propriétés ? Ce fut seulement beaucoup plus tard que je compris le fil positif des évènements qui se déroulèrent tranquillement depuis notre mouvement initial en quittant la Côte d'Azur. À partir de là, les situations concernant la recherche d'une maison pour la famille nous vinrent toujours de la façon la plus inhabituelle et je savais que quelle que soit notre situation financière, nous aurions toujours un toit au-dessus de nos têtes.

L'expérience me montra que la peur et l'anxiété, résidant dans mon ego, avaient envahi ma recherche d'une maison, même si mes désirs venaient de la raison apparemment noble d'un père cherchant un logement pour sa famille. Je découvris qu'avec mon cœur et mon esprit enchaînés à un ego rempli de craintes et de doutes, ma vision était extrêmement troublée. Ceci m'amena finalement à comprendre que le champ de possibilités devint bien plus vaste lorsque l'ego et les volontés sont mis de côté, pour laisser place aux besoins réels qui viennent d'une compréhension de l'âme.

C'est quand le spirituel guide réellement le matériel que la conscience immatérielle peut se frayer une voie à travers le réseau compliqué et souvent confus du monde matériel ordinaire.

La famille était maintenant installée à Tunbridge Wells. Les enfants allaient à l'école, ma nouvelle entreprise, un magasin d'antiquités au n° 21 du Pantiles, se développait dans une activité de plus en plus régulière et notre vie prit enfin un rythme harmonieux.

Deux ans plus tard, quelque chose d'inattendu se présenta à nouveau. Comme je remontais la Grande Rue de Tunbridge Wells, je sentis une très forte incitation pour entrer dans le bureau de l'agent immobilier Paris & Quirk qui nous avait loué la maison. Je demandai à voir le directeur et en l'attendant je préparai ce que j'allais lui demander. C'était maintenant clair dans mon esprit, nous aimions la maison où nous vivions, c'était commode d'être si près du magasin et peut-être que nous pourrions faire savoir au propriétaire du N° 19, que cela nous intéresserait de l'acheter.

« Oui, bien sûr que je peux écrire au propriétaire, mais quelle est votre offre ? » demanda le brave directeur.

Quoique ma boutique commence à bien tourner avec son commerce de meubles de haute époque, mes finances étaient toujours limitées et je n'avais aucune réserve. Aussi répondis-je : « Comme vous le savez, je suis un homme qui achète et qui vend des antiquités. Et comment puis-je savoir combien je peux vendre mes antiquités ? C'est parce que je sais combien elles m'ont coûté. Monsieur Johnson (le propriétaire) sait sûrement combien il a payé le 19 Frant Road et combien il aimerait le vendre. » L'agent immobilier fut d'accord pour écrire à M. Johnson, qui vivait à Singapour et lui demander s'il souhaitait vendre sa maison et à quel prix. Deux semaines plus tard, je reçus une lettre de l'agence disant que oui, en fait, M. Johnson avait pensé à vendre le numéro 19 car il devait rentrer prochainement en Angleterre avec sa famille. Le prix qu'il voulait pour sa maison était 5500 livres. Pouvions-nous lui faire savoir rapidement si nous restions intéressés ?

À cette époque, le prix des maisons sur ce côté de Frant Road allait chercher entre 12000 et 14000 livres sterling. Ravi par ce prix inattendu, je décidai aussitôt d'offrir 5250 livres sterling à l'agent immobilier qui répondit immédiatement au propriétaire avec mon offre.

Dans l'intervalle, j'étais allé à ma banque et j'avais expliqué au directeur cette merveilleuse opportunité. Il reconnut que le prix était vraiment raisonnable pour la qualité et l'emplacement de la maison et ajouta que la banque avancerait 95 % du total pourvu que je trouve les 5 % restants !

Le grand jour de la signature arriva et M. Johnson vint spécialement de Singapour la veille pour signer l'acte de vente. Nous signâmes tous deux l'accord et échangeâmes quelques mots, car il était pressé de reprendre l'avion pour Singapour le soir même. Il parlait avec pondération, était aimable et semblait être un homme bon. Il me dit qu'il était marié, avait deux enfants et pensait déménager bientôt pour revenir en Angleterre.

Je revins à la maison ce midi là, me sentant complètement

transporté et en entrant dans ce qui était désormais notre maison, je serrai avec affection l'épaisse porte d'entrée en criant : « C'est notre maison, nous l'avons achetée, elle est à nous ! ».

Mélinda courut vers moi depuis la cuisine et nous dansâmes une ronde de bonheur. C'était notre première maison.

Deux mois s'écoulèrent lorsqu'un soir, je reçus un appel téléphonique de M. Johnson. Sa voix était froide et chargée de colère. Il m'expliqua qu'il devait revenir en Angleterre pour vivre avec sa famille près d'Aldershot et qu'il avait découvert que le prix des propriétés dans cette partie du Hampshire était en gros, deux fois plus élevé que ce qu'il avait vendu le N° 19. Et il raccrocha le téléphone abruptement. Je me sentis dévasté par cette nouvelle, que pouvais-je faire ? Le pauvre homme avait été hors du pays pendant 12 ans et n'avait pas suivi le prix des propriétés dans le Royaume Uni.

Il se trouva que ce même soir, il y avait le latihan dans notre propriété Subud, une église méthodiste dans le village de Pembury. Le cœur lourd, je commençai mon latihan et fus bientôt en sanglots sur le parquet. Je demandai intérieurement « Mon Dieu, pourquoi as-tu privilégié ma famille ? Ce n'est pas juste que M. Johnson et sa famille n'aient pas de maison. S'il te plaît, montre-moi la voie ». La prière fut entendue, je m'apaisai immédiatement, toute la tristesse et la lourdeur s'évanouirent avec l'ego et l'auto-culpabilisation. Après quelque temps, ma voix intérieure se fit entendre clairement dans mon Être : « Jeûne pendant 10 jours ».

Je jeûnai donc. Cela eut pour effet de me garder complètement connecté à mon Être intérieur, loin de l'ego, du cœur et du mental. J'utilisais mon esprit, bien sûr, pour mon travail et pour les évènements quotidiens, mais je ne le connectais pas à mes problèmes émotionnels. Cela ne veut pas dire que je n'étais pas conscient de M. Johnson et de sa famille, au contraire, je sentais mon âme les envelopper d'amour attentif chaque fois que la situation se présentait à ma conscience.

Exactement 10 jours plus tard, le téléphone sonna et c'était

M. Johnson. La voix était maintenant chaleureuse et aimable, presque joyeuse et il expliqua qu'il avait parcouru la région en voiture en cherchant désespérément une maison, quand il vit la tête d'un vieil homme apparaître au-dessus de la haie qu'il était en train de tailler. Il arrêta sa voiture et lui demanda s'il connaîtrait par hasard, une maison à vendre dans la région. Ce même matin, le vieux gentleman avait discuté avec sa femme et ils avaient décidé que la maison et les jardins étaient beaucoup trop grands pour eux maintenant et qu'ils devraient vendre pour se retirer dans une pension pour retraités qu'ils connaissaient et appréciaient. Ils avaient décidé que 5250 livres sterling était le prix qu'ils désiraient vendre leur propriété. M. Johnson s'exclama alors « N'est-ce pas extraordinaire ? C'est exactement la même somme que la maison que vous m'avez achetée !»

M. Johnson et sa famille avaient maintenant leur maison, nous avions la nôtre et je sentis une immense gratitude envers la Source de Vie qui nous avait une fois encore montré le chemin.

Ainsi, nous avions acheté notre première maison et au lieu de payer un loyer je payais à la banque les intérêts du prêt plus un pourcentage de remboursement. Je sentais que je me payais le loyer à moi-même. Quelle puissante sensation de sécurité cela donnait à la famille. Plus de pression cachée de peut-être devoir déménager pour quelque lieu inconnu. Nous nous sentions maintenant appartenir à la ville de Tunbridge Wells et les enfants, quoique leurs écoles fussent loin d'être idéales, se sentaient sécurisés d'aller à l'école depuis leur chez eux.

Nous sommes restés 12 ans au N°19, de la Frant Road, 12 ans pendant lesquels j'ai eu le temps de développer mon commerce d'antiquités qui est devenu aussi un business de décoration d'intérieur, d'architecture et de peinture murale.

Acquisition du « 21 The Pantiles »

C'était juste après avoir emménagé au numéro 19 que, toujours en quête d'une pièce rare où je puisse trouver un profit, j'étais entré dans

SOURCE DE VIE

la boutique de Mme Spear, au n° 21 du Pantiles de notre nouvelle ville. Dans le courant de la conversation, elle mentionna qu'elle voulait déménager et vendre le bail de ses locaux qui appartenaient en fait au conseil municipal.

Le Pantiles, nom d'un type de tuiles plates du XVIIe qui couvrent les toits les plus anciens, est une grande zone piétonne entourée de boutiques sous colonnades. C'est la partie la plus ancienne de Tunbridge Wells, ses premiers bâtiments construits autour de 1640, forment la partie supérieure, la partie centrale date du XVIIIe et la partie inférieure de l'époque Régence. Ce long bâtiment ferme la zone piétonne côté sud. La boutique de Mme Spear se situait au coin Est et s'élevait sur 4 étages, plus une cave spacieuse qui conduisait à un petit jardin à l'arrière de l'immeuble.

Elle vivait dans l'appartement du 3e étage. L'intérieur du bâtiment était lumineux, à droite de l'imposante vitrine de la boutique, 3 marches menaient à la salle d'exposition du rez-de-chaussée. Au premier étage, il y avait deux autres salles d'exposition, dont l'une donnait sur un balcon en fer forgé qui dominait l'espace piéton. L'endroit était attrayant et je pensais qu'il ferait un beau magasin pour mes antiquités.

« Je crains de vouloir 4000 livres sterling pour ce bail ! » dit-elle à voix basse, en clignant de ses paupières fragiles fardées d'un pâle bleu de perse, s'excusant presque de son prix élevé.

Je n'avais pas un penny disponible à l'époque, les charges du 19 Frant Road, absorbaient la plupart de mes maigres revenus. Mais, comme poussé par un sentiment intuitif, quelques jours plus tard, j'entrais dans le bureau de mon notaire et lui demandai de faire par écrit une offre à Mme Spear de 3000 livres sterling pour le bail du 21.

Je commençais à écouter et à suivre ces sensations spontanées inhabituelles qui ne venaient pas de ma pensée rationnelle. Tout en restant vigilant et attentif à leur déploiement. Si l'inspiration venait de mon âme, rapidement elles se montreraient positives pour toute la famille. Le latihan m'avait appris à faire la différence entre les impulsions venant de mes passions, volontés et désirs et celles qui venaient d'un endroit plus profond en moi, ce qui, pour mon mental de cette époque ne semblait pas rationnel.

Quelques mois après ma visite chez le notaire, ma très chère grand-mère GG mourut brusquement comme je le décris au chapitre 3. Ma mère était venue de Cannes pour les funérailles et elle nous raconta combien sa vie était devenue difficile à Vallauris et combien il lui manquait d'être auprès de ses petits-enfants. Aussi, je lui montrai le 21 The Pantiles et lui dit que j'avais fait une offre pour le bail, expliquant que, bien que n'ayant pas l'argent, je sentais qu'il fallait le faire. Si mon rêve se matérialisait, alors je réserverais l'appartement du haut pour son usage exclusif.

Trois mois plus tard, arriva une lettre du notaire précisant que Mme Spear avait accepté mon offre et que je pouvais venir à son cabinet le mercredi suivant pour régler et signer le bail. Le matin de cette journée étonnante, une lettre arriva de ma mère, contenant un chèque de 3000 livres sterling ! Avec confiance, débordant de gratitude je marchai vers le cabinet du notaire

21 The Pantiles, Léonard Lassalle Antiques

pour signer tous les papiers nécessaires et obtenir le bail. Je téléphonai aussitôt à ma mère et lui dit avec enthousiasme, « Ca y est ! Nous avons tout l'immeuble du 21. Ton chèque est arrivé juste à temps pour la signature du bail. Je vais préparer ton appartement au-dessus du magasin et tu pourras t'installer dès que tu seras prête. »

Quel moment excitant ce fut de décorer et de meubler ce très élégant bâtiment ! Mais comment trouverais-je l'argent pour acheter la marchandise à vendre ? Je savais de l'intérieur que ma priorité était d'apprêter le bâtiment et non de me soucier de la manière dont je le remplirais.

191

Deux mois passèrent et de façon très inattendue, un autre chèque de ma mère arriva par la poste, cette fois de 1500 livres sterling, ce qui était le minimum dont j'avais besoin pour meubler le rez-de-chaussée de la boutique de pièces à vendre. Avec son nouveau mari provençal, Marcel, elle emménagea dans l'appartement à la fin de 1967.

La boutique fut nommée « Léonard Lassalle Antiques » et devint la pierre angulaire de notre stabilité matérielle et de notre croissance.

Je découvris bientôt que je ne pouvais être à la boutique et faire les achats en même temps, car la boutique nécessitait un réapprovisionnement constant en mobilier anglais et européen du XVIIe siècle et ce type de marchandise était, même en ces temps là, difficile à trouver. J'employai une secrétaire permanente qui s'occupait du courrier et du téléphone, aussi bien que de tenir la boutique en mon absence.

Achat de la houblonnière

J'espère, cher lecteur, que mes sauts continuels dans le temps, à travers les différents témoignages de notre vécu, ne sont pas trop déroutants. La raison en est qu'initialement j'ai décidé de grouper les expériences de type similaire sous les titres des 6 chapitres.

Au début du printemps 1979, Mélinda avait complètement récupéré de sa maladie et exprima son désir d'emménager dans une maison à la campagne avec un grand jardin. Elle sentait qu'il lui fallait plus d'espace et s'éloigner de la route bruyante de Frant Road. De par mes expériences passées, je connaissais le bénéfice du jeûne pour m'aider à trouver ma voie dans le monde matériel. Aussi, je décidai de jeûner avec l'intention de trouver une maison à la campagne.

Normalement, on aurait dû faire le tour des agents immobiliers de la ville, qui étaient nombreux, et demander à voir toutes les maisons disponibles dans la région, dans un rayon de 10 miles au sud de Tunbridge Wells. Mais je ne le fis pas, je pratiquai simplement mon jeûne et allai à mon travail sans penser au besoin de déménager de mon épouse.

CHAPITRE 4

Il me semble que cela a pris à nouveau une dizaine de jours de jeûne pour ouvrir les portes de l'imprévisible…

Pendant mes périodes de jeûne, j'avais pris l'habitude de sortir pour une marche pendant les heures de repas pour me détendre les jambes et respirer l'air frais du dehors. Ce mercredi-là, je fermai le magasin comme de coutume à 13 heures et marchai d'un pas dégourdissant et un mental sans pensée. Mes jambes étaient devenues mon chauffeur et me conduisaient le long d'une petite rue nommée Chapel Place, puis dans la High Street, quand soudain mes pieds tournèrent abruptement à droite et me firent entrer dans une agence immobilière du nom de Bracketts. « Désolé, Monsieur, nous fermons. Je vous en prie, repassez cet après-midi » m'ordonna une jeune secrétaire qui s'apprêtait à sortir pour son repas. J'essayai rapidement de lui expliquer ce que je cherchais, elle me répondit qu'elle connaissait absolument tous ses dossiers et était certaine de ne pas avoir une telle propriété dans ses registres. J'insistai et irritée par ma persistance, elle se leva en colère, alla vers un classeur et se mit à feuilleter négligemment les propriétés dans la fourchette de prix que je lui avais donnée. « Désolée, mais vous voyez bien qu'il n'y a rien dans votre fourchette de prix ! » s'exclama-t-elle, espérant que cela mettrait un point final à mon insistance. Mais je ne bougeais pas tout en me demandant en moi-même comment je pouvais être aussi grossier ! Elle me demanda de quitter l'agence immédiatement, mais je lui répondis par une question : « pourrais-je voir monsieur le directeur ? » Exaspérée par mon entêtement, elle frappa à la porte en face de son bureau et sans attendre une réponse, l'ouvrit et introduisit sa tête dans le bureau du patron. « Il y a un monsieur qui est très insistant au sujet d'une propriété qu'il pense que nous avons et il me dit maintenant qu'il veut vous voir ! » Elle était visiblement furieuse. Elle laissa la porte de son patron ouverte et quitta l'agence. Je franchis le seuil du bureau, le directeur se leva et vint vers moi, la main tendue. Je lui expliquai exactement ce que nous cherchions : une maison assez grande pour une famille de 9 personnes, avec en plus, si possible, un petit appartement en annexe. Je cherchais 4 ou 5 hectares de terrain, et que la propriété ne soit pas à plus de 15 minutes en voiture du sud de Tunbridge Wells. Surpris par ma description, il répondit : « Comme c'est étrange, j'étais au pub la nuit dernière avec un ami acteur. Il me dit qu'il voulait vendre sa maison près de Wadhurst, et elle coïncide à peu près avec ce que vous cherchez. Si vous voulez, je peux vous organiser une visite pour demain. »

J'étais enchanté et le jour suivant nous allâmes voir la propriété. Elle s'appelait la Bassetts Oast House (La Houblonnière de Bassett). Elle se trouvait au bout d'un long chemin rural et avait visiblement fait partie, autrefois, de la ferme d'un « gentleman farmer ». Elle comprenait plusieurs bâtiments de brique rouge. Pour notre grand plaisir, la propriété de l'acteur avait 3 magnifiques tours à houblon circulaires, dont l'une avait encore son capuchon en bois qui tournait pour indiquer la direction du vent. Nous frappâmes à la porte d'entrée peinte en blanc qui faisait partie de la première tour. Un homme dans la cinquantaine portant une courte barbe, ouvrit grand la porte.

Bassett's Oast House, la houblonnière

À l'expression de ses yeux, je vis immédiatement qu'il appréciait Mélinda. Monsieur Spice nous invita dans le hall d'entrée de son attrayante propriété. Cette pièce était circulaire tout comme les 3 autres qui suivaient en alignement, ce qui lui donnait l'allure d'un petit château. Sur la gauche il y avait une porte à carreaux vitrés qui nous montrait un grand salon. À droite, une petite porte donnait sur une pièce, une salle de bains et un appartement. Juste en face de l'entrée, une autre porte vitrée nous faisait découvrir une salle à manger, d'où l'on voit la cuisine de la troisième tour. De là, une petite pièce conduisait à une toilette/douche. En haut d'un étroit escalier en bois, un palier desservait 5 chambres à coucher et une salle de bains. Les jardins étaient spacieux, y compris un grand champ entouré de chênes à maturité. Mélinda et moi tombèrent immédiatement amoureux de la propriété et décidâmes de l'acheter.

M. Spice était enchanté à l'idée de nous la vendre et nous dit qu'il avait peut-être trouvé une propriété à Lansdowne Park Road à Tunbridge Wells. Avant de nous séparer, je mentionnai à M. Spice qu'il serait le bienvenu s'il visitait notre maison au cas où il changerait d'avis sur celle de Lansdowne Park Road.

M. Spice et ses deux filles choisirent notre maison, qui correspondait plus à leur goût et l'achetèrent pour 10 000 livres sterling de moins que ce que nous payâmes pour Bassetts.

La négociation directe de propriétaire à propriétaire de la vente de nos maisons nous permit d'économiser les frais d'agence. Nous emménageâmes à Bassetts et y vécûmes heureux pendant les 12 années suivantes. Ma banque une fois encore me prêta la différence sur un prêt à long terme. Quatre années plus tard, nous invitâmes ma mère et son compagnon, Marcus Hamilton, à vivre à demeure avec nous dans l'appartement annexe.

Le magasin s'épanouit et je découvre d'autres talents

Je reçus un jour une lettre de la « British Antique Dealers Association » me demandant de leur rendre visite dans leurs bureaux de Londres. Je pris rendez-vous et montai à la cité me demandant bien pourquoi ils voulaient me voir. La secrétaire me conduisit au bureau du président.

« Hello, M. Lassalle, comment allez-vous ? » et sans me donner le temps de répondre, il enchaîna : « Plusieurs de nos membres ont attiré notre attention sur l'excellence de votre magasin d'antiquité à Tunbridge Wells. La qualité des articles que vous vendez vous a donné une très bonne réputation dans notre profession. Voulez-vous accepter l'invitation à devenir l'un de nos membres ? Vous seriez alors le premier étranger à intégrer notre association « la BADA » ».

Je me sentis confus par tous ces compliments, mais n'étais pas très fervent pour intégrer un club d'antiquaires un peu snob et sachant par expérience que l'appartenance à la BADA n'était pas une garantie d'honnêteté. Je remerciai le président et lui dis que je lui ferais savoir ma réponse dans quelques jours. Pesant le pour et le contre, quelques semaines plus tard, je décidai finalement d'accepter l'offre et devins membre, ce qui ajoutait quelques avantages à mon commerce et me donnait accès automatiquement au titre d'expert ce qui me permettait de faire officiellement des évaluations de biens. Un peu plus tard, je reçus le célèbre badge rond en verre doré portant le buste du célèbre artiste italien Cellini, que j'exhibai promptement dans ma vitrine.

Pour susciter l'intérêt et augmenter les ventes, je décidai de faire une exposition d'un intérieur pré Charles II dans la salle du haut, celle avec une cheminée et de grandes portes-fenêtres donnant sur le balcon. J'avais besoin de trouver des panneaux lambrissés en chêne pour couvrir les murs, un lit Élisabéthain à baldaquin, des rideaux à fleurs et plantes brodées en laine du XVIIe siècle et tous les objets meublant une chambre à coucher de cette époque. Cinq cents brochures furent envoyées à nos clients privés, marchands d'antiquités spécialisés, décorateurs et collectionneurs. Nous fîmes de la réclame dans Country life et d'autres magazines d'art et de décoration. Deux semaines avant l'ouverture, j'avais trouvé tout ce dont j'avais besoin, excepté les panneaux lambrissés.

Je rencontrai par hasard devant le pub Saint-Georges, juste en face de ma boutique, un ami antiquaire. Lors de notre conversation je lui demandai s'il savait où je pouvais trouver de tels panneaux d'époque XVIIe « Mais Léonard, ne m'as tu pas dit que tu avais été peintre jadis ? Pourquoi ne pas peindre un motif Élisabéthain sur tes murs ? J'ai un ami qui vit dans une ferme du XVIe siècle dans le Kent et il y a chez lui une chambre à coucher complètement décorée avec des fleurs et des plantes merveilleuses, le tout d'époque et parfaitement préservé ». Ce que me suggéra mon ami résonna juste dans ma poitrine et taquina ma créativité artistique depuis longtemps endormie. À la place des lambris, je pourrais peindre directement sur les murs des fleurs à la manière de la renaissance anglaise. L'aimable dame de la ferme, heureuse de partager son trésor artistique m'emmena aussitôt voir la chambre à coucher Élisabéthaine, sur laquelle il y avait, un ordre de conservation du National Trust. Je commençai à dessiner frénétiquement sur mon bloc A3, pleinement inspiré par les peintres itinérants du XVIe siècle, prenant des notes, page après page, sur les beaux détails de ces magnifiques peintures inspirées par les fleurs de la campagne anglaise.

De retour à la boutique, je cherchai une formule de peinture dans un vieux livre qui donnait toutes les recettes de peinture des grands maîtres du passé. Je choisis la technique de la « fresquo-secco », qui nécessitait seulement du jaune d'œuf, de l'huile de lin crue et de l'eau distillée. J'avais alors le liant et tout ce qu'il me fallait, c'était des pigments naturels que je trouvai à la boutique d'art de Cornelissen à Londres.

La veille de l'ouverture, je finissais encore à la hâte les dernières touches de la peinture murale. Le résulta était vraiment harmonieux et projeta la chambre à la fin du XVIe siècle.

Les lourds rideaux de « crewel-work » (tissu de lin brodé de grosse laine en points allongés) tenaient la lumière du jour hors de la pièce qui n'était éclairée que par de nombreuses bougies serties dans de multiples bougeoirs d'époque en bronze et en fer forgé ainsi que par un rare chandelier flamand en bronze.

Salle d'exposition du magasin, 1er étage

Un grand panier de jonc du Norfolk, rempli de bûches de chêne alimentait le feu qui reposait sur une paire de chenets en fer forgé du XVIIe siècle. Un tapis de jonc tressé au parfum d'herbe sèche, spécialement conçu pour l'exposition, couvrait entièrement le sol. J'avais trouvé aussi un couvre lit d'époque en soie brodée et même un délicieux coussin en petit point montrant Charles I marchant dans un bois avec sa reine.

L'exposition fut un grand succès et non seulement je vendis beaucoup d'articles exposés, mais j'acquis aussi une nouvelle profession : j'étais devenu peintre en fresques style XVIe. Trois ou quatre clients, attirés par ces peintures murales, me demandèrent si je pouvais faire la décoration intérieure de leur maison et aussi peindre des fresques de type Élisabéthain sur leurs murs. Tout cela était très excitant et très satisfaisant car j'utilisais mon talent artistique d'une manière nouvelle et complètement inattendue !

De l'Est au Sud-ouest de l'Angleterre, on me demanda d'exécuter des peintures murales et de refaire les intérieurs de vieilles maisons de campagne. Dans la foulée, j'en vins à concevoir du mobilier, des meubles de jardin, des paysages de jardins et finalement de l'architecture. Je dus employer un (vrai) architecte pour obtenir les permis de construire.

Chaque fois que l'on me demandait si je pouvais faire tel travail, je ne disais pas « Non » mais « Oui, bien sûr ». Le latihan me donnait le détachement nécessaire vis-à-vis de mon ego, ce qui me permettait de voir le champ réel de mes capacités. Concevoir, c'est jouer avec la distribution de l'espace, l'harmonie des lignes, des couleurs et des formes, sans ignorer, bien sûr, l'importance du côté pratique et fonctionnel de ce que l'on conçoit.

Je trouvais que les experts étaient toujours disposés à partager leur expertise. Si j'avais besoin de dessiner un plan pour l'électricité, pour l'écoulement des eaux, le gaz ou quoique ce soit, les experts, dans ces divers domaines, me donnaient volontiers les diagrammes et symboles dont j'avais besoin pour les dessiner sur mes plans architecturaux.

Le bureau du 21 The Pantiles bourdonnait de créativité et d'activité. Je m'étais procuré une ancienne planche à dessin d'architecte sur laquelle je produisais les nombreux dessins nécessaires à tous les divers travaux de construction et de décoration.

Avant de commencer, je m'efforçais de bien comprendre les besoins des clients, ainsi que leur nature, leurs caractères et l'espace dans lequel ils vivent afin d'harmoniser le tout. Puis, un crayon à mine de plomb à la main, je m'apaisais complètement intérieurement devant mon papier blanc et seulement quand j'avais trouvé cet espace, je laissais ma main et le crayon faire le reste. Généralement

CHAPITRE 4

une seule proposition apparaissait et je la développais jusqu'à ce qu'elle soit présentable aux clients. Ils ont toujours accepté l'unique dessin que je leur présentais.

L'étape suivante consistait à travailler ces dessins pour qu'ils deviennent une réalité matérielle. Je me trouvai bientôt à la tête d'équipes de maçons, d'électriciens, de plombiers et de charpentiers, que je gérais sur les chantiers ; sans oublier les fabricants de meubles, les tapissiers et les fabricants de rideaux. Je peignais les fresques moi-même avec l'aide de mes enfants adolescents pour préparer les murs. J'avais préalablement découvert comment obtenir des effets spéciaux de peinture, comment mélanger des pigments naturels avec des liants à l'ancienne, afin d'obtenir les couleurs désirées. En outre, j'étais continuellement à la recherche d'antiquités et d'œuvres d'art pour alimenter le magasin et pour meubler les intérieurs de mes clients.

Pour illustrer la manière dont le matériel et le spirituel peuvent travailler ensemble, en harmonie, voici une autre histoire d'un travail qui m'amena en Norvège. J'appellerai mon client M. S, car je sais qu'il n'aimerait pas voir son nom publié pour des raisons de confidentialité et de sécurité.

Un samedi matin, en automne, M. S m'appela pour me demander si j'étais prêt à venir en Norvège et à concevoir pour lui l'intérieur d'un appartement de13 pièces sur 2 niveaux qu'il venait juste d'acheter et qui faisait partie d'un luxueux bâtiment récemment construit sur les collines derrière Oslo, à l'ouest du fameux tremplin de ski de Holmenkollen.

Sentant que j'allais accepter le travail, il ajouta sans attendre : « Je vais demander à l'architecte suisse, qui a conçu le bâtiment, de vous envoyer ses plans dès aujourd'hui ».« Mais, M. S, je dois voir et sentir la propriété sur place avant d'en venir au dessin. Je dois l'harmoniser avec le paysage environnant ». J'avais travaillé assez longtemps avec M. S pour savoir que, lorsqu'il avait pris une décision, tout devenait alors instantanément urgent et devait être accompli au plus vite. Notre conversation continua « J'ai organisé une réunion avec les maçons, l'architecte, les électriciens et les plombiers à Oslo, mercredi prochain à 10 heures. Je leur ai dit que vous leur présenteriez votre projet. Oh, je paierai votre voyage, vos frais et votre temps, bien entendu ! Par chance, il se trouvait que Michael Lloyd, un de mes amis proches, anglais, architecte avait bâti sa propre maison non loin du site et je savais qu'à cette époque, sa femme norvégienne, Katarina, y résidait. Elle accepta gentiment de venir me chercher à l'aéroport et de s'occuper de moi pendant mon très court séjour. Mon vol arriva à Oslo le lundi l'après-midi, et à l'atterrissage je remarquai que toutes les lumières de la ville clignotaient déjà dans la neige, bien qu'il fût seulement 16 heures, me rappelant soudain que la plus grande partie de la Norvège est située au nord du 60e parallèle !

Je me mis en route de bonne heure le lendemain matin sur la route verglacée qui menait au nouveau bâtiment d'appartements de luxe. Katarina avait gentiment préparé du thé et des sandwichs pour mon déjeuner que j'emportai dans ma serviette en cuir avec un bloc à dessin, des crayons, un mètre ruban et mon appareil photo. À 8 heures du matin, il faisait encore sombre, la seule lumière venait de la réverbération de la neige scintillante. La température était de moins 15°C. Quand mes yeux se furent accoutumés à l'environnement, je réalisai que la route tortueuse suivait les courbes du flanc escarpé d'une grande montagne. Mon cœur chavira dans un sentiment de déprime lorsque je distinguai dans la pauvre lumière ce qui avait été appelé un « bâtiment de luxe ». Tout ce que je voyais, c'étaient des grands blocs de béton brut qui suivaient l'angle abrupt du terrain, comme un gigantesque escalier de 8 énormes marches.

Le bâtiment encore inachevé se situait sur le bord inférieur de la route. Deux grandes portes métalliques de garage, non peintes, se dressaient comme un défi devant moi. Juste à ma droite, il y avait une petite porte peinte en vert bouteille avec un vibreur codé sur son pan droit. Elle me révéla un vaste espace qui n'était qu'un parking couvert d'au moins 10 places. Sur le mur du fond, il y avait 4 portes, une pour chaque appartement, prévues pour des ascenseurs qui n'étaient pas encore en état de marche. À droite, un escalier de béton inachevé, sans rampe qui disparaissait vers le bas. M. S venait d'acheter les deux niveaux inférieurs. L'installation électrique n'y était que temporaire, donnant le minimum de lumière, le plafond de chaque pièce avait en son centre une douille qui pendait directement des fils d'alimentation, l'ampoule ne devait guère faire plus que 5 watts. Le froid humide et pénétrant était intense, j'entrai dans l'appartement qui n'avait pas encore de portes et en faisant le tour, je découvris l'agencement des pièces. J'étais frigorifié, je m'accroupis dans ce qui deviendrait le salon et me réchauffai en sirotant le réconfortant thé chaud de Katarina.

Ma créativité artistique n'avait jamais été soumise à pareille épreuve. Les pièces, autant les unes que les autres, étaient glauques, sombres et vraiment non inspirantes. Il n'y avait ni fenêtre dans le hall d'entrée en forme de L ni dans la petite pièce adjacente qui se trouvait dans le creux du L, aucune lumière naturelle n'y pénétrait. « À quoi pensait l'architecte en concevant un tel espace ? Peut-être une chambre noire pour un photographe ? » pensai-je, essayant un peu d'humour pour combattre ma morosité grandissante.

Du hall, je passai par un encadrement de porte à un espace presque carré au bout duquel il y avait une grande fenêtre qui laissait pénétrer la faible lumière de l'hiver norvégien. La vue était d'une beauté frappante et je passai quelque temps à l'absorber. En contrebas, je pouvais distinguer des lacs gelés entourés de sombres forêts de pins, aussi loin que la lumière me permettait de voir, il y avait une chaîne de collines. Le bâtiment regardait le Sud-ouest. Cette pièce sera son bureau, pensai-je, tout en passant par un autre encadrement qui se trouvait à ma gauche. J'entrai dans une vaste pièce et y restai un long moment pour jauger son espace. Le mur entier sur ma droite se composait de portes coulissantes à double vitrage, qui donnaient sur un grand balcon, sous lequel je présumai se trouver l'autre partie de l'appartement.

De retour à l'intérieur, à ma gauche, un trou de 2 mètres de large perçait le béton brut du sol, une échelle primitive m'invitait à descendre. Ce doit être pour un escalier qui mènera aux chambres, pensais-je... À l'extrême gauche, le long du mur nord-est, il y avait ce que je pensais être le coin cuisine. Sur la droite, un petit âtre de cheminée semi circulaire complétait l'espace. Avec beaucoup de précautions, je descendis la frêle échelle, me retenant à l'ouverture circulaire jusqu'à ce que je doive lâcher-prise pour atteindre le sol.

La chambre principale se trouvait au fond à l'extrême droite, avec toilettes et salle de bains adjacentes et 2 chambres d'enfant aux formes incongrues, avec leurs propres toilettes et salles de bains également. De l'autre côté du hall, une porte donnait sur une longue pièce qui pourrait devenir la salle de jeu des enfants. À sa droite, des portes coulissantes vitrées donnaient sur une terrasse creusée à même le flanc de la colline. J'avais maintenant en tête le concept de l'appartement dans son ensemble et je grimpai vers l'étage supérieur où je m'agenouillai sur le béton glacial et regardai d'un air anxieux l'espace vierge qui m'entourait. Aucune inspiration ne venait et après de très longues minutes je décidai de quitter mon désespoir et d'aller plus profondément dans ma conscience intérieure en lâchant complètement mon anxiété et mes peurs. Je fermai les yeux et arrivai dans un espace paisible où ma conscience devint juste présence.

Après un temps, des sons délicieusement harmonieux vinrent des profondeurs de mon Être et je les laissai se diffuser librement dans l'espace gris et inhospitalier du béton. Graduellement, je me sentis comme enveloppé par un état angélique de paix complète, avec une prescience aigue de ma raison d'être là. J'ouvris lentement les yeux et regardai autour de moi pour observer l'aménagement complet de l'espace où je me trouvais, les couleurs, les matériaux, les formes et les contours de tous les éléments qui rendraient l'endroit agréable et harmonieux. Tout ce qu'il me fallait maintenant, c'était transformer cette réalité spirituelle en réalité physique. Avec beaucoup de soins, un peu comme un chasseur qui ne veut pas déranger sa proie, mes mains saisirent le bloc de papier à dessin et le crayon, que j'installai sur le sol devant mes genoux. Je posai mon regard neutre sur le trou béant, et vis dans l'instant le concept entier de l'escalier en spirale à venir. Ma main commença à dessiner rapidement, avec précision, prenant note des détails pratiques de construction et de couleur au fur et à mesure que je progressais, coulant dans une réalité bidimensionnelle les informations nécessaires pour que chacune des personnes impliquées puisse comprendre le concept.

Mon regard se dirigea vers le sol gris et inanimé du béton et soudainement il reprit vie en s'éclairant d'une parqueterie colorée de panneaux de 60 sur 70 centimètres. Si vous pouvez visualiser un cadre de planches en pitchpin de 4 centimètres d'épaisseur sur 20cm de large, leur couleur originale encadrant la partie centrale teintée de couleurs naturelles : brou de noix sombre pour le salon, ocre jaune pour la cuisine et le hall d'entrée, ocre rouge dans les autres chambres. Le dessin répétitif devait donner un effet d'échiquier. L'épais cadre et le panneau central seraient fortement collés ensemble directement sur une épaisse base de contreplaqué, assemblés à la fabrique, puis découpés et ajustés sur le site avant de les coller directement sur le ciment.

M. S me raconta un an plus tard qu'une fois l'appartement terminé, le propriétaire de la fabrique, qui avait fait ces panneaux de parquet, était si content de l'idée et du concept qu'il les avait industrialisés pour les vendre au grand public.

Ainsi, je continuai à dessiner, ajoutant toutes les informations et les mesures dont j'avais besoin pour les dessins techniques. À 16 h 30, j'étais complètement frigorifié et fatigué mais satisfait d'avoir assez d'informations pour travailler sur la table à dessin de mon ami Michael et transformer mes esquisses en dessins précis au format A2.

Je quittai les lugubres blocs de béton et descendis la route tortueuse, heureux de me remuer et de ramener un peu de chaleur dans mon corps raidi et engourdi.

Après une douche chaude et un bon repas gentiment préparé par Katarina, je me mis à la planche à dessin pour préparer ce que je devais présenter à M. S, le matin suivant. Dans le profond silence de la nuit norvégienne, je dessinai, feuille après feuille, jusqu'à ce que le concept entier soit tracé clairement sur papier. La pendule sonna 4 heures et, me sentant satisfait de mon travail, je fus heureux de livrer mon corps et mon esprit fatigués à la déesse du sommeil.

À 9 heures précises, la sonnette d'entrée retentit. « Bonjour Léonard, êtes-vous prêt ? Je vous emmène en voiture prendre le breakfast en ville » dit M. S dans son style abrupt. À l'hôtel pendant que nous déjeunions, il parcourut mes dessins et dit sans plus de commentaires, « Tout cela paraît bien, maintenant allons faire faire 10 copies de chaque... Nous avons peu de temps, la réunion commence à 10 heures. » Il n'était pas homme à faire de compliments, mais je sentis qu'il approuvait le projet et ne me posa aucune question, lors du trajet vers la salle de réunion.

Autour d'une grande table de conférence ovale en acajou verni, étaient déjà assis 8 professionnels de la construction. Ils avaient l'air sérieux. Ils regardèrent d'abord mes dessins, puis exprimèrent leurs pensées, opinions et suggestions. C'était impressionnant. Je regardai M. S. qui était assis à l'autre bout de la table. Lui aussi, comme les 8 experts, étudiait mes propositions. La pièce sombra dans un profond silence tandis qu'ils étudiaient mes plans. Intérieurement, je me sentais tranquille et serein, pensant, avec confiance, que ce que je proposais était absolument réalisable. Tous acceptèrent le projet sans exception. À ma grande satisfaction, il n'y eut aucun changement à faire et je pus donc établir un programme complet pour la réalisation de ce que j'avais vu pendant ce moment angélique de créativité dans le bâtiment glacial et sombre sur la montagne de Holmen Kollen.

L'escalier de l'appartement de M. S à Oslo

Quelques 9 mois plus tard, ma secrétaire de l'époque, Hannah, me tendit le téléphone : « C'est d'Oslo, de M. S., à vrai dire ». « Hello, Léonard, je suis assis dans mon bureau à Oslo, regardant la belle vue. Je voulais vous dire que depuis que nous sommes dans l'appartement, ma femme et moi, nous semblons ne plus nous disputer.

Je remarque la même chose avec les enfants ! C'est comme si l'endroit était entouré d'anges. »

Pendant les 24 années d'activité de mon magasin « Léonard Lassalle Antiques », j'ai expérimenté maintes situations où ce qui semblait impossible à résoudre dans mon esprit, par le latihan devint réalisable, toujours par des voies complètement inattendues.

Je m'instruis à travers une expérience pénible

Voici une histoire incongrue, étrange et quelque peu pénible, qui m'est arrivée alors que je vendais des antiquités. Comme je le dis dans l'introduction de Source de Vie, elle montre mon combat pour reconnaître et séparer mes actions basées sur mon vouloir et mes désirs, des actions initiées par la vision sans égoïsme de mon âme.

Ce n'était certes pas facile de trouver du mobilier pré XVIIIe pour alimenter ma boutique vorace. Un jour, tard dans l'après-midi, je rentrais après une longue journée peu fructueuse, fatigué et déçu de n'avoir rien trouvé de vraiment intéressant. J'avais passé au peigne fin tous les magasins d'antiquités et les brocanteurs du Sud de l'Angleterre et je n'avais trouvé en tout et pour tout qu'un vase de Delft fin XVIIe et une paire de chenets en fer forgé.

Sortant de mes pensées fluctuantes, je réalisai subitement que je me trouvais sur une route de retour différente de celle qu'aurait choisi normalement mon mental et je pensai : « Je me demande ce que je fais sur ce chemin ! C'est bien plus long ! » mais je l'acceptai et poursuivis ma route. En traversant un petit hameau, je passai devant une pauvre boutique de brocante. « Et si j'y jetais un coup d'œil ? » me dis-je, en faisant marche arrière et en garant ma voiture devant la vieille boutique. Je poussai la porte et j'entrai dans un tout petit espace. Une clochette de bronze, fixée sur un grand ressort en spirale, sonna bruyamment. L'endroit était un chaos de bric-à-brac, avec des objets donnant le sentiment attristant d'avoir été rejetés et abandonnés par leurs propriétaires depuis des décennies. Un homme âgé et poussiéreux, sortit d'une porte et me regarda silencieusement par-dessus ses lunettes en demi-lune. Après un coup d'œil rapide autour de la pièce, je demandai mécaniquement : « Auriez-vous autre chose par hasard, quelques vieux meubles ? » J'allais sortir, lorsque j'entendis sa voix grinçante dire : « Oh que oui, en fait j'ai quelques vieux meubles en arrière boutique, si vous voulez les voir… » Le vieil homme se retourna, s'en alla et je le suivis pour découvrir une autre pièce bien plus grande où s'empilaient toutes sortes de meubles couverts de poussière. Je m'arrêtai sur le seuil et passai dans un état de concentration aiguë cherchant avidement de mes yeux une possible pièce rare.

L'ampoule de 15 watts, qui éclairait la pièce, rendait la tâche difficile, d'autant plus que la lumière était interceptée par le pied d'une table posée à l'envers sur le dessus d'une commode. Mon attention fut attirée par mon bras gauche se cognant contre un meuble qui semblait rarissime : un buffet en chêne du milieu du XVIe siècle. Je ne pouvais y croire, tandis que ma main caressait déjà sa surface poussiéreuse, pour en extraire les premières informations. Je fis pivoter la table renversée pour envoyer ailleurs l'ombre de son pied et la commode commença à se révéler. À peu près 1,50 m de haut, 60 cm de profondeur et 1, 40m de large. Le buffet à 2 étages était fait de panneaux encadrés par des montants à moulures. Les panneaux latéraux et les 2 portes centrées portaient des motifs ajourés en doubles arches gothiques. Les motifs décoratifs des panneaux étaient percés pour laisser l'air circuler librement à l'intérieur. Je notai l'accélération de mon cœur, son rythme saisi par l'excitation de la trouvaille. Les charnières papillon en fer forgé, clouées sur chaque partie gauche des portes, semblaient être d'époque, car quand j'ouvris celle du haut, elle s'affaissa légèrement, témoignant de son usure. Pour renforcer ses longs et élégants montants, une planche dé-coupée en arche gothique dont une rainure raffinait les bordures, lui donnait une allure noble.

« Combien pour cette vieille commode ? » dis-je d'un ton de voix neutre qui ne reflétait aucune excitation. « J'en veux 90 livres, Monsieur » répondit le vieil homme.

CHAPITRE 4

Cela n'aurait pas été loyal de marchander et je l'achetai sans discuter à la grande joie de son propriétaire.

Sur le chemin du retour, mon Être entier était rempli de cette sorte de joie matérielle que provoque la capture d'un spécimen rare et de grande valeur. Dans ma tête je le voyais déjà dans la vitrine, posé sur un beau tapis caucasien, à côté d'une cruche de cuivre de la renaissance vénitienne piquée de 3 lys blancs. « Le prix ? Bon, j'y penserai plus tard. Il vaut mieux faire d'abord un peu de recherche sur sa provenance historique et vérifier si tout est vraiment d'époque » pensai-je, voulant savourer la pièce avant de penser à l'évaluer et à la vendre. Il était plus de 18 heures 30 et « Léonard Lassalle Antiques » était déjà fermé lorsque j'arrivai. Je garai ma Citroën CX Safari le long du bâtiment et avec beaucoup de précautions en utilisant des couvertures de protection, je laissai glisser le lourd et précieux buffet de la galerie et la transportai dans la boutique où je la posai sur le dos pour une inspection plus approfondie.

Je m'étais à peine agenouillé pour commencer mon inspection passionnée et être absolument sûr que la pièce était d'origine, que la sonnette d'entrée me sortit brutalement de ma concentration. J'avais oublié de relever le loquet de la serrure pour la sécuriser et la porte du magasin, s'ouvrit soudainement. Un négociant, reconnu en mobilier anglais de la haute époque, appelons le M. W, me surplombait déjà, les yeux rivés sur le meuble. « Léonard, combien ? Dites-moi ». Sa voix froide me fit l'effet d'un couteau bien aiguisé pénétrant dans ma vulnérabilité. Je me relevai silencieusement, j'étais confus et sentis une panique s'installer en moi.

« Oh ! M. W. Hello ! je viens juste d'arriver avec ce buffet. La boutique est normalement fermée à cette heure... » répondis-je, essayant de me donner un temps de réflexion. « Combien pour ce buffet garde-manger ? » questionnait-il à nouveau, de sa voix autoritaire. Mon esprit souffrait et j'en perdis le contrôle calculant rapidement dans ma tête, « Bon voyons, je l'ai payée 90 livres... 600 livres me donneraient un bon bénéfice, non ? ». Et avant que j'aie pu trouver un espace pour me mettre d'accord avec moi-même sur le prix, ma bouche et ma langue avaient déjà divulgué mes pensées.

Comme s'il sautait sur une proie, M. W cria : « Je vais le prendre ! Voici le chèque de 600 livres. Apportez-le à ma boutique avec un reçu demain matin, première heure ». Et il repartit, aussi furtivement et soudainement qu'il était apparu. Je me sentis comme si le diable était rentré dans ma boutique et dans mon cœur.

J'étais bouleversé. Pourquoi vendre ce meuble si rapidement ? Je savais déjà qu'il ne faut jamais donner un prix à brûle pourpoint, mais toujours laisser un jour ou deux pour la recherche avant de décider. Je croyais avoir bien compris cette réalité. Mais non ! Dans ce cas, je n'avais pas suivi ce que je savais être la bonne façon d'agir lorsque la pièce est rare. Maintenant, je ne me sentais plus d'examiner ce buffet et, dégouté par ma faiblesse, je l'abandonnai sur le tapis.

Après réflexion, j'estimai la valeur de la commode plus près de 2000 livres tant elle me semblait rare. Mon cœur devint extrêmement lourd, perturbé, confus. Je regardai à travers la vitre de la fenêtre du magasin, vers le ciel maintenant gris-noir du soir et dirigeai mes sentiments vers l'Univers « Merci de me donner une telle occasion de trouver cet unique buffet en chêne qui m'aurait permis de nourrir ma grande famille, mais voilà ! Voilà ma stupidité ! Je l'ai cédé à M. W. pour une bouchée de pain, alors qu'il n'a que sa femme à nourrir ! »

Je me sentais en rogne avec moi-même pour avoir eu la faiblesse de laisser M. W. me pousser à vendre. J'essayai de laisser passer l'orage et de trouver la paix, mais je ne pus la trouver en moi. Je me sentais comme un bouchon balloté sans contrôle sur un océan démonté.

Je décidai de partager mon angoisse avec Toby, qui avait un magasin d'antiquités à Londres et qui vendait des articles similaires. « Si la commode est bien ce que tu me dis, alors oui, c'est effectivement stupide de la vendre à ce prix… commenta Toby et il ajouta, comme tu n'as pas encaissé le chèque, pourquoi ne pas essayer de récupérer le meuble ? Invente une histoire ! Je passerai le voir demain après-midi. »

CHAPITRE 4

Toby m'aida à me décider d'essayer de me réapproprier le buffet. J'élaborai une histoire plausible, dont voici la teneur : « La dame du manoir à qui j'ai acheté la pièce m'a appelé tôt le matin suivant pour me dire qu'elle a fait une terrible erreur en me vendant le meuble ; car son mari et ses enfants sont maintenant furieux contre elle et totalement opposés à la vente. C'était une pièce importante de la collection de la famille. »

Dès 8 heures, le matin suivant, je rechargeai le lourd meuble sur la galerie de la CX et après l'avoir arrimée soigneusement, je roulai vers le village de M. W, qui était seulement à une demi-heure de là. Essayant de minimiser les mauvaises sensations qui me consumaient, je me remémorai : « Mais Léonard, tu essaies seulement de nourrir ta famille ! Tu vas lui rendre son chèque, il n'aura rien perdu, pas vrai ? »

Autant que je sache, jamais auparavant je n'avais été malhonnête et je me sentais comme si j'avais perdu tout respect pour moi-même. Je reniflai ma propre saleté avec dégoût. Je garai ma grande voiture devant son magasin, laissai le buffet sur la galerie du toit et entrai dans son lieu d'exposition. « Je suis à l'étage, montez ! » cria-t-il. En montant les marches moquettées, intérieurement, je tremblais comme une feuille prise par une brise et je me sentais nauséeux. M. W me salua d'un léger sourire, ce qui était assez inhabituel chez lui. « Regardez, nous allons l'exposer juste en haut de l'escalier, adossé au mur, en première position ! »

C'était déloyal de laisser cette situation durer plus longtemps, alors je lui expliquai : « M. W, je me sens très embarrassé de devoir vous dire que la dame du manoir, qui m'a vendu le buffet, m'a appelé ce matin, juste avant mon départ, pour me dire qu'elle devait absolument reprendre le meuble. Elle a fait une terrible faute en me le vendant et toute sa famille est furieuse contre elle. Alors je vous rapporte votre chèque avec toutes mes excuses ». Je dis tout cela d'une seule traite d'une voix trouble. Un silence glacial descendit, immobilisant le temps. J'observais le visage de M. W. se crisper et se déformer par la nouvelle infernale que j'apportais. Il ne pouvait trouver ses mots qui étaient bloqués par la colère à l'idée insupportable d'avoir à se séparer de cet article rare. Finalement, ses yeux d'un bleu pâle glacial, se tournèrent lentement pour se focaliser et se fixer sur les miens. Après ce qui me sembla durer une éternité, il pointa son index sur ma poitrine, sa voix pleine d'une colère retenue et dit : « Venant de n'importe qui d'autre au monde, je n'aurai jamais accepté cette histoire douteuse ! Mais venant de vous, Léonard, je dois l'accepter, car vous êtes le seul marchand en qui j'ai confiance ! » Je souriais faiblement. Le tsunami était passé, il me laissait complètement brisé, fatigué les jambes molles, avec juste assez d'énergie pour tenir debout. Je tendis le chèque qu'il retira abruptement de ma main. Je le remerciai pour sa confiance et murmura un au revoir à peine audible en sortant de sa boutique.

Il n'est pas difficile d'imaginer comment je pouvais me sentir pendant le trajet de retour. J'avais menti juste pour de l'argent. C'était vraiment un exemple de possession par les forces matérielles. Où étaient donc passées mes qualités humaines ? Comment pouvais-je avoir fait une chose pareille ? J'étais là maintenant, encore avec mon buffet, dans une situation douloureuse que je n'aurais jamais imaginée possible. Comment pouvais-je me nettoyer, de cette noirceur infecte ?

Je cachai le buffet derrière une paire de rideaux d'un épais velours bordeaux qui séparait le corridor des salles d'exposition. J'appelai Toby pour lui faire savoir ce qui s'était passé le matin et tard dans l'après-midi, il arriva de Londres. Tous deux, avec nos expertises respectives, nous examinâmes soigneusement la « pièce rare ». C'était un très beau meuble, presque trop pour être vrai, mais il était bien là. Il nous semblait être un original et par conséquent valoir une coquette somme d'argent.

Je sentis que je ne pouvais plus le vendre depuis mes locaux et également que Toby aurait de meilleurs contacts parmi ses clients et collectionneurs de Londres. Aussi, nous décidâmes qu'il le prendrait dans sa boutique de Westbourne Grove, le placerait dans son antichambre et le dévoilerait seulement à quelques clients choisis.

Nous chargeâmes le buffet sur le toit de sa voiture.

Le sentiment de honte persistait, collant à mon Être comme de la glue. Je racontai l'histoire à Mélinda en rentrant à la maison. Elle ne porta pas de jugement sur mes actions et me laissa entièrement libre de m'en sortir moi-même. Elle m'aimait de toute façon et ne porta pas le poids de mon cœur devenu de plomb.

Ce soir là, j'allai au Subud Hall de Pembury, à quelques kilomètres de Tunbridge Wells, pour faire un latihan et essayer de retrouver mon âme. En fait, depuis que j'avais menti à M. W, j'avais perdu cette connexion transcendante qui m'était si précieuse. Je me sentais complètement perdu en moi-même. La souffrance, ma fierté blessée m'isolaient de ma chère famille. Comment était-il possible, après tant d'années de pratique du latihan, d'agir ainsi ? Mais le fait était là : j'avais menti pour gagner plus !

Le latihan commença et, comme je lâchais complètement mon ego et mon moi ordinaire, je m'effondrai sur le parquet en sanglotant, le flot de larmes lavant graduellement mes sentiments confus jusqu'à ce que je devienne complètement apaisé intérieurement.

Dans le silence profond, je m'adressai à la Source d'existence et de sagesse : « Mon Dieu, pardonne-moi, je te prie, de m'être mis dans cette situation et montre-moi comment sortir de l'obscurité où je me trouve. Comment puis-je réparer le mal que j'ai fait ? » Avec une conscience attentive et une réceptivité intérieure, en toute sincérité, je résidais dans un espace où il y a juste « Être ».

« Tu dois jeûner pendant 10 jours » J'entendis clairement la voix rassurante et aimante venant des profondeurs de mon âme. Je jeûnai pendant 10 jours et comme le jeûne se déroulait, la lourdeur dans mon cœur, la confusion dans mon esprit et mes sentiments, se dissipèrent graduellement, et vers le neuvième jour je me sentis à nouveau pleinement connecté à mon âme. Le dixième jour, Toby m'appela de son magasin. « Léonard, j'ai regardé, regardé et regardé le meuble, et je pense maintenant que c'est un faux ! Viens aussi vite que possible ! ». Je sautai immédiatement dans ma voiture et fonçai vers Notting Hill Gate, avec un cœur léger.

Nous retournâmes le buffet les pieds en l'air et l'inspectâmes à nouveau, de fond en comble et arrivâmes à la même conclusion que la commode était un faux très habile, probablement fabriquée avec du vieux chêne au début du XIXe siècle.

Alors que nous riions de l'étrange situation, je sentis une vague d'amour et de gratitude envers Toby. Maintenant que nous tenions tous deux pour certain que c'était un faux, qu'allions nous en faire ? Le mettre dans une salle des ventes ? Non, ce ne serait pas sage, car M.W pourrait la découvrir. Finalement, Toby pensa qu'il pouvait trouver un collectionneur privé qui n'aurait jamais pu se payer un buffet authentique du XVIe siècle et serait peut-être heureux d'acheter celui-là comme un rare exemple d'une très bonne copie du XIXe.

Quelques jours plus tard, Toby m'appela pour me dire qu'il avait vendu, comme reproduction, la commode en chêne pour 1800 livres au collectionneur qu'il avait eu en tête. Je m'émerveillai devant le pouvoir du jeûne et de l'issue de cette histoire qui semblait, quelques jours auparavant, complètement insolvable.

Si le marchand d'antiquités réputé qu'était M. W. avait découvert que ce meuble était un faux ou l'avait vendu à un de ses collectionneurs comme un original et que la vérité eût été découverte, il ne me l'aurait jamais pardonné. En reprenant le buffet, j'avais préservé inconsciemment M. W. d'une situation potentiellement embarrassante. Ce qui semblait au premier abord une situation impossible, s'était maintenant révélé une issue positive pour tous.

Bien sûr, les faits restaient comme une cicatrice, j'avais menti à M. W, poussé par mon désir aveugle de faire de l'argent. Mais grâce au processus de nettoyage du jeûne, je pouvais me pardonner à moi-même et retrouver le respect de moi.

J'appris beaucoup de cette expérience sur les différents aspects de mon moi et combien j'étais faillible. C'est rassurant de savoir qu'il est possible de réparer ses fautes et que j'étais capable, à travers le complet lâcher prise, de permettre à une action négative de se transformer en situation positive.

Ce jeûne de 10 jours affaiblit mes volontés, passions, désirs et mon ego confus, puis ma conscience allégée fut capable de transcender ma personne intérieure plus profonde, en me reconnectant à mon âme. L'harmonie avait été rétablie non seulement en moi, mais aussi en réparant le mal que je pouvais avoir causé par mon égoïsme.

Une nouvelle conscience était en train d'émerger dans mon Être. Je me sentais capable de déplacer ma conscience vers différentes parties de mon propre univers. Pour trouver cette liberté, il m'était nécessaire d'abandonner mon moi égocentrique, de trouver l'espace où il y a une paix totale et ensuite de suivre simplement le mouvement de mon âme. Pour donner une analogie plus visuelle, imaginez un oiseau blanc allégorique, mon âme délivrée de la gravité et des influences matérielles, volant sans pesanteur vers toutes parts de mon espace intérieur et m'emmenant vers des endroits dont je n'avais pas été conscient auparavant.

Je trouve le langage spirituel Indo-Javanais de Bapak, pour exprimer les réalités structurelles de la vie, si accessible que je l'utilise souvent comme un moyen de communication, non seulement avec les autres, mais spécialement avec moi-même pour comprendre ce qui se passe en moi.

Pour donner une vision simplifiée de ce code d'expression, Bapak utilisait un vocabulaire facilement reconnaissable pour différencier les niveaux des forces de vie qui constituent la structure de notre existence. À savoir, la force de vie matérielle, la force de vie végétale, la force de vie animale, la force de vie humaine, la force de vie angélique et la force de vie archangélique. Je n'irai pas dans les autres niveaux possibles car ils sont en dehors de mon champ d'expérience et de compréhension au moment où j'écris ces lignes.

Avec la pratique du latihan, ma conscience a pu devenir libre, de sorte qu'elle peut transcender tous les niveaux de conscience de mon monde intérieur. Il semble que chaque force de vie, à chaque niveau, contienne les parts potentielles de toutes les autres, mais à chaque fois dans les limites de son niveau original. Je comprends que ces forces de vie constituent les énergies nécessaires qui rendent mon âme capable d'expérimenter cette vie terrestre et donc sont nécessaires à sa croissance, qui se déroule à travers leurs interactions.

Pour donner une autre analogie, le curseur que nous pouvons déplacer à volonté sur l'écran de notre ordinateur, répond librement à notre commande d'atteindre les différentes parties du monde virtuel offert par l'ordinateur. D'une façon similaire, grâce à la pratique du latihan, je suis maintenant capable de déplacer le curseur de ma conscience, soit vers les parties les plus légères et les plus agréables de mon Être, soit vers les endroits les plus sombres.

Je ne vais pas continuer avec cette forme d'expression plutôt abstraite. Je préfère poursuivre avec les histoires qui illustrent la réalité de l'action du latihan qui influence nos vies, le « nos » incluant la famille bien sûr, car je ne peux séparer mon propre développement spirituel de celui de ma femme et de mes enfants. Quoique à l'évidence, les interactions de notre vie commune aient un impact sur chacun de nous, nos consciences individuelles sont complètement libres et indépendantes les unes des autres.

Je suis témoin des forces du monde matériel

Dans son livre « Susila Budhi Dharma », Bapak explique le rôle des forces de vie qui nous influencent dans nos vies quotidiennes. Les forces de vie sont faciles à reconnaître en nous-mêmes ainsi que dans notre environnement et leur action peut être observée à travers notre comportement. La force de vie matérielle, la force de vie végétale, la force de vie animale et la force de vie humaine sont celles avec lesquelles je suis le plus familier. En dehors de ces quatre bases, il y a d'autres forces de vie qui sont certainement actives, mais pour y accéder, il faut passer par des sensations plus subtiles. Ces sensations subtiles sont difficiles à décrire parce que leur réalité se trouve au-delà des mots et je ne puis donc donner qu'une vague expression de leur vérité.

Ma compréhension des puissantes influences des forces matérielles dans ma vie se développa énormément à l'époque où nous acquîmes

CHAPITRE 4

le Centre de conférence Anùgraha dans Windsor Park, près de Londres. En quelques mots, je vais essayer de donner au lecteur une simple description historique de l'achat par la Fraternité Subud de ce qui était alors appelé Dell Park.

Au début des années 80, lors d'une réunion à Kenfield Hall, près de Canterbury, Bapak nous avait parlé de l'importance de mettre sur pied une grande entreprise qui pourrait financer et entretenir un Centre Subud mondial. Mises à part les grandes entreprises qu'il avait initiées en Indonésie, aucun autre projet de cette nature n'avait été lancé ailleurs. Oui, certains d'entre nous avions bien démarré nos petites entreprises individuelles, mais ce qu'il avait en vue était quelque chose de vraiment grand qui pourrait recevoir des milliers de personnes.

Bapak avait suggéré que l'Angleterre pourrait être un bon endroit pour démarrer un tel projet. Nous n'étions pas nombreux lors de cet après-midi, cependant il sentit que c'était le moment de créer une équipe de cadres pour faire démarrer ce projet. Il se mit à choisir, parmi les personnes présentes, le premier noyau pour lancer l'ambitieux projet. Je me rappelle avoir pensé à l'époque combien il était intéressant que Bapak choisisse parmi ceux qui étaient présents à la réunion sans se préoccuper des compétences de chacun bien que certains, à ma connaissance, ne les possédaient pas pour mener à bien un tel projet.

« Et nous aurons besoin d'un architecte ! » conclut-il en regardant vers mon copain Lambert Gibbs.

Je n'entrerai pas dans les détails de cette gigantesque entreprise, car cela ferait un trop gros livre. Aussi pardonnez-moi d'aller droit au point où sa croissance et son développement forcèrent ma conscience à expérimenter, parfois avec de grandes souffrances, l'action de forces matérielles en moi et sur les membres volontairement impliqués, ayant une responsabilité directe dans ce projet. Nous devions donner un nom à cette nouvelle entreprise et la jeune équipe choisit temporairement « Amanco » pour l'enregistrer. Avec beaucoup d'énergie et d'enthousiasme, ils commencèrent à chercher un site pour y bâtir notre Centre International. Après quelques mois de recherches intenses, ils trouvèrent, près de Windsor, une grande propriété appelée Dell Park. C'était une propriété impressionnante, dans un bel espace vert avec des pelouses, de grands arbres centenaires et des arbustes fleurissants. Elle avait été bâtie au XIXe siècle par une famille de banquiers allemands qui étaient aussi des collectionneurs d'art. La qualité de construction et les détails de décoration donnaient à la propriété son importance et sa dignité. Nous étions tous excités par le projet et le bureau des directeurs mit bientôt sur pied un plan financier réalisable, pendant que l'architecte travaillait nuit et jour pour élaborer un concept merveilleusement préparé à partir duquel les coûts préliminaires de la construction pourraient être estimés.

Le projet fut présenté à Bapak qui donna son accord, rebaptisant la propriété de Dell Park « Anùgraha », ce qui signifie, nous expliqua-t-il, « Le don inattendu de Dieu ».

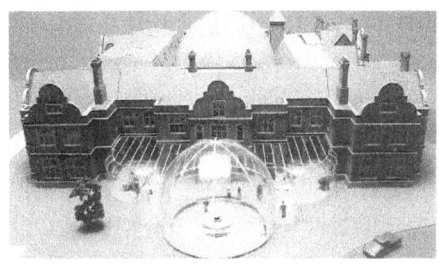

Maquette d'Anùgraha comme il fut construit

Anùgraha Ltd fut promptement enregistré afin de lever les fonds nécessaires pour lancer la construction. Les 5 directeurs, avec l'architecte, donnèrent une présentation du projet aux membres de Subud. J'avais assisté à ce meeting, tenu dans le village d'Egham, car j'étais très intéressé et attiré par ce qui était proposé. Anùgraha devait être un hôtel 3 étoiles de 120 chambres et un centre de conférences, incluant un restaurant gastronomique. La structure attrayante en brique rouge et l'imposant bâtiment carré seraient gardés intacts. Toutefois, son centre serait radicalement vidé et converti en un centre de conférences circulaire. Un dôme transparent recouvrirait totalement le vaste espace et son opacité serait contrôlée par la pression d'un bouton, de sorte que si besoin était de projeter un film en plein jour, l'espace pouvait devenir complètement sombre.

CHAPITRE 4

Les directeurs siégeaient au bord d'une longue table couverte d'un tapis de feutre vert. L'architecte se tenait debout à côté, devant un tableau pour montrer les dessins et les plans de la proposition, pendant que le président expliquait le projet. C'était intéressant et captivant. Assis tranquillement sur ma chaise, tout ouïe, j'absorbais l'information séduisante lorsque soudain, à ma grande surprise, je devins conscient que les directeurs n'étaient pas seuls et qu'il y avait beaucoup d'activité autour d'eux, aussi bien sur le feutre vert que sur leurs corps, surtout autour de l'orateur. Je reconnus les petits diablotins, je les avais déjà rencontrés auparavant à plusieurs reprises, y compris à Heathrow, comme une manifestation des forces matérielles en action, lorsqu'ils interfèrent dans notre inspiration et notre créativité. Chaque créature n'était pas plus grande qu'une pomme et je vis qu'elles appréciaient ce que disait l'orateur tout autant que moi. Elles hochaient leurs expressives figures velues pour approuver et par moments, elles titillaient l'orateur de leurs petites mains pour l'encourager s'il hésitait dans son débit de paroles.

Le président continuait. « Nous aurons le choix d'avoir un grand hall ou deux plus petits. Le rez-de-chaussée circulaire pourra être élevé pour former deux espaces indépendants ou abaissé pour former une aire très spacieuse. Chaque siège du hall de conférence sera câblé avec micro et écouteurs pour que chaque auditeur puisse communiquer avec l'assistance. De surcroît, le congrès tenu à Anùgraha pourra, au même moment, être vu dans d'autres villes du monde. Un grand écran montrera les visages des orateurs.

À présent les petits êtres faisaient la fête et dansaient frénétiquement sur le feutre vert, exprimant beaucoup de plaisir. Quoique je trouve la scène très amusante, cela me perturbait profondément.

Est-ce que la passion, l'ambition et le désir d'être les premiers dans la technologie la plus récente avaient pris le pas sur les besoins de base de notre centre international ? Le projet était-il trop ambitieux ? Le coût de cette technologie expérimentale n'était-il pas trop énorme pour nos moyens ? Je me sentis si mal à l'aise que, lorsque la réunion se termina, j'allai naïvement voir le président, qui se trouvait être un ami proche, pour partager ce dont je venais de prendre conscience et l'anxiété que cela avait éveillé en moi. « Ne t'en fais pas Léonard, c'est OK ! Nous contrôlons bien les forces matérielles. » Il essaya de me rassurer en éclatant d'un gros rire. À l'époque, je me rappelle être resté dans mon coin sans en dire plus.

Quelques mois plus tard, je racontai cette expérience et les questions qui m'étaient venues à l'esprit depuis la présentation du projet, à Lambert Gibbs. Il répondit : « C'est drôle que tu dises cela. Je me suis demandé par moments, si nous n'étions pas un peu trop ambitieux pour certains aspects du centre de conférence. »

Vu le manque d'expérience technique des gens impliqués, le développement du projet Anùgraha nous entraîna sur un parcours long et difficile. À travers ma propre implication, j'appris beaucoup sur moi et combien le pouvoir des forces matérielles avait un effet perturbant sur mon Être entier. Beaucoup de problèmes techniques apparurent pendant la construction et comparés aux prévisions initiales, les coûts avaient augmenté considérablement et en conséquence le montant de l'emprunt aussi.

Finalement, les transformations du beau bâtiment arrivèrent à leur terme. L'hôtel et le centre de conférences devinrent une réalité. Un gérant d'hôtel fut choisi, il forma son équipe de travail et le projet démarra avec succès.

Bien que la gérance de l'hôtel et la tenue du centre de conférences, fussent excellentes le bureau des directeurs découvrit bientôt que les revenus de l'hôtel et du restaurant étaient loin de couvrir ne serait-ce que les intérêts du financement.

Un ogre de belle allure venait de naître et il fallait trouver davantage d'argent pour le nourrir. Son appétit augmentait journalièrement. Certain directeurs démissionnèrent, d'autres furent nommés, alors que le parcours devenait de plus en plus rude. Finalement un nouveau directeur exécutif fut choisi, puis, quelques semaines plus tard, le bureau des directeurs fut remanié pour créer une nouvelle équipe.

À l'époque, ma vie était déjà bien remplie. J'avais 47 ans et Mélinda et moi avions une grande famille de 7 enfants et une affaire d'antiquités et de décoration intérieure à gérer. J'étais aussi aide national pour le Royaume Uni et toutes ces obligations chargeaient bien mon emploi du temps.

Le nouveau directeur exécutif me proposa de rejoindre le bureau des directeurs. Après quelques hésitations, j'acceptai en expliquant que je ne pouvais être à temps plein, mais que je m'engageais à assister à toutes les réunions et à leur donner toute mon aide en fonction de mes autres obligations. Pendant les 2 années suivantes, du début de 1984 au début 1986, j'assistais aux fréquentes réunions du bureau et je compris rapidement que notre situation était extrêmement précaire. L'intérêt sur les prêts dépassait de beaucoup les revenus que l'on pouvait tirer du centre de conférences et de l'hôtel. Le gérant de l'hôtel faisait bien son travail et le taux de remplissage avoisinait les 85 %, ce qui est une moyenne très respectable pour n'importe quel hôtel. Mais même à 100 %, cela n'aurait pas suffi à payer la dette qui augmentait sans cesse. La pression était intense et l'équipe dévouée travaillait 24 heures sur 24 pour trouver les moyens de répondre aux nombreux problèmes qui s'amplifiaient rapidement. Après avoir étudié scrupuleusement les alternatives et pour stopper la spirale infernale de la dette croissante, nous arrivâmes à la conclusion déplaisante que nous devions nous défaire de la propriété. Cette prise de conscience était extrêmement pénible étant donné les espoirs que tant de membres de Subud autour du monde avaient placés dans ce noble projet.

Un de mes clients scandinaves nous avait suggéré de contacter une compagnie d'investissement suédoise qui cherchait à investir dans ce type de commerce. Le bureau d'Anùgraha les contacta et après quelques semaines de négociations, nous arrivâmes à ce qui nous semblait une offre acceptable : ils achèteraient la propriété à Anùgraha Hotels Ltd, mais garderaient l'équipe de travail pour gérer l'hôtel et le centre de conférences en laissant les membres de Subud l'utiliser pour leurs activités. Enfin, ceci était la partie intéressante du marché proposé, ils nous donnaient l'option de racheter la propriété dans 5 à 8 ans. En d'autres termes, nous pourrions continuer à l'utiliser en étant déchargés de nos dettes tout en ayant la possibilité de racheter ultérieurement. Le bureau reconnut à l'unanimité que c'était la meilleure option et avant que la transaction soit finalisée, nous organisâmes une assemblée générale extraordinaire des actionnaires pour expliquer notre décision.

La grande majorité des membres de Subud, non seulement dans le Royaume Uni, mais aussi dans le monde entier, portaient Anùgraha haut dans leurs cœurs. Nous aimions tous l'endroit. Le bâtiment et la décoration intérieure étaient vraiment réussis et le parc alentour avec ses arbres centenaires lui conféraient une présence majestueuse. Nous sentions que c'était notre centre international, quoiqu'en fait, financièrement, il appartienne aux banques et à quelques uns des plus riches investisseurs.

Une équipe d'opposition se forma rapidement lorsqu'ils apprirent que le bureau avait pris la décision de vendre Anùgraha. Ils avaient l'impression que nous laissions choir les membres de Subud et étaient déterminés à ne pas nous laisser poursuivre notre solution réaliste.

Les derniers mois furent très éprouvants. La pression matérielle sur le bureau des directeurs augmenta et j'arrivai un jour à réaliser que je n'avais pas ri depuis trois mois ! Mes enfants remarquèrent que, pendant ce laps de temps, mes cheveux étaient devenus gris et que je n'étais plus l'heureux papa habituel. Je trouvais même difficile de me lâcher complètement dans mon latihan. Je me sentais englué, comme couvert d'une épaisse mélasse collante. Pendant un latihan, je fis face à une puissante force négative et me demandai « Quelle est la meilleure attitude que tu puisses avoir pour ne pas être avalé par l'ogre des forces matérielles ? ». Je me vis debout complètement nu, bras écartés, minuscule devant un colosse qui s'était arrêté à peu de distance. Un chant puissant s'évadait de ma gorge et de ma poitrine en sa direction, ma conscience s'élargit et me conduisit dans un espace de paix sereine où je me sentis empli de lumière. Je compris à cet instant que mon engagement dans Anùgraha était trop pour mon cœur, que les forces matérielles y avaient pris racine et avaient consumé le meilleur de moi-même. Je me mis à rire, cette situation était devenue assez drôle. J'étais là nu, debout devant cet horrible monstre qui, de par son poids et sa puissance, aurait pu m'écraser comme une puce inutile, cependant, il avait fait une halte et commença à se décomposer alors que je me sentais de plus en plus léger... L'expérience complète prit un certain temps et après le latihan, je me trouvai libéré, clair et détaché de mes responsabilités de directeur d'Anùgraha.

Je me souviens d'avoir été infiniment reconnaissant envers la Source de Vie avec laquelle Bapak nous avait mis en contact. Maintenant ce contact était retrouvé. Non seulement il m'avait délivré de mes peurs et de mes anxiétés, mais il m'avait aussi reconnecté à mon âme. Pendant ces 3 mois où j'avais fait partie du bureau, j'avais perdu la conscience de mon âme : elle était absorbée entièrement par le monde matériel avec tous ses problèmes confus et ses difficultés. Me sentant rafraîchi, comme rénové par ce latihan, je pus voir que beaucoup de membres de Subud étaient saisis par une sorte de syndrome de la cathédrale. Ils voyaient en Anùgraha leur cathédrale et étaient prêts à donner tout ce qu'ils possédaient, y compris leurs maisons, pour essayer de la sauver. Leur enthousiasme pour sauver Anùgraha les avait rendus aveugles aux réalités matérielles, à savoir que leurs maisons seraient perdues dans le puissant trou noir qu'était devenue la dette. Une profonde tristesse m'envahit lorsque je fus témoin de la coupure qui se faisait entre nous. J'étais peiné que ce projet si noble au départ, créât maintenant autant d'antagonisme entre les membres de notre fraternité.

Un soir tard, après une réunion du bureau difficile où quelques organisateurs du groupe d'opposition étaient venus pour essayer de nous convaincre de ne pas aller de l'avant, je suis allé faire un latihan dans le grand hall. Je me sentais lourd en m'agenouillant sur la moquette, mon front touchant le tapis de laine. « Comment se pouvait-il que l'harmonie entre nous soit si perturbée ? Comment ne voyaient-ils pas que la situation avait atteint un point tel qu'ils perdraient leurs maisons. Ils disaient que c'était notre manque de foi qui avait créé le problème, que si nous avions tous offert nos maisons en garantie, nous aurions eu assez de sécurité pour emprunter plus aux banques et mener le projet à terme. Mais je savais par mes observations que ceci aurait seulement augmenté la souffrance et la confusion parmi nous. Les larmes coulaient de mes joues sur l'épaisse moquette, je me sentais à nouveau complètement déconnecté de mon âme et seul dans ma douleur, las et vide, respirant difficilement comme si je flottais dans un lieu petit, étroit et sombre. Après environ 20 minutes, je devins conscient d'une présence agenouillée à côté de moi, imperceptible au premier abord, une sensation d'amour doux commença à envelopper mon Être, particulièrement autour de ma tête et de mon cœur. J'ouvris lentement les yeux pour voir une énorme main lumineuse caresser ma tête comme pour dire : « Ne te sens pas aussi perdu, mon ami, tu n'es pas seul à souffrir ». Ma conscience se reconnectait doucement à mon âme et je recommençais graduellement à me sentir entier. Ma curiosité innée me conduisit à suivre la grande main. Elle appartenait à un très grand Être de lumière qui remplissait le hall du latihan et je sentis en mon intérieur une vibration angélique.

Il était tard quand je quittai Anùgraha pour rentrer à la maison cette nuit-là. La douleur dans ma poitrine, la tension dans ma gorge et le sentiment de tristesse créés par la discorde entre membres de Subud m'avaient complètement quitté. Je me sentais centré et paisible en conduisant sur l'autoroute. Mon Être entier était plein de vie, plein de la réalité de ce merveilleux moment de réconciliation entre mon moi extérieur et mon moi intérieur. Je suppose qu'il est vrai que chacun de nous, quand on entend ou lit un mot, on le comprend en relation avec sa propre expérience du mot. Donc, si j'essaie de mettre cette expérience en mots écrits, je dirai simplement que la grande main qui m'avait affectueusement consolé, appartenait à un Être qui habite le niveau angélique de ma conscience. Ce niveau particulier de conscience ne peut être atteint qu'à travers mon Être, car il fait partie de ma palette spirituelle intérieure.

Finalement, le jour de la réunion entre les deux groupes Anùgraha arriva et elle eut lieu dans le grand hall. C'était un merveilleux jour ensoleillé du début du printemps et beaucoup d'actionnaires et d'autres membres de Subud étaient présents. Le directeur en exercice, également président du bureau, ouvrit la session en expliquant pourquoi le bureau était parvenu à la décision impopulaire d'accepter l'offre du groupe suédois. Beaucoup de grognements de colère et de déception furent entendus dans l'assistance pendant l'allocution du président. Il devenait évident que la plupart des membres n'étaient pas convaincus par notre décision. Le leader de l'opposition prit le micro et avec beaucoup d'éloquence, de pathos et de détermination, donna une touche finale pour convaincre les actionnaires encore indécis que leurs voix étaient nécessaires pour sauver Anùgraha et que leur solution était la seule possible.

« Prenons ce projet comme si nous bâtissions notre propre cathédrale ! En offrant nos maisons comme nantissement, nous pouvons lever assez d'argent pour mener à terme notre projet de centre international ». Il fut ensuite submergé par ses émotions et il en suivit des applaudissements enthousiastes.

À la lumière de ce qui venait de se passer, il devint évident que le bureau en exercice devait démissionner et c'est ce que nous fîmes. Un nouveau bureau fut formé avec des membres du groupe d'opposition. Je sentis qu'il était de ma responsabilité de prendre le micro pour réaffirmer que, selon mon opinion, les chiffres des bilans montraient sans conteste qu'utiliser les maisons privées comme nantissement pour lever des fonds supplémentaires, soumettrait ces propriétés à de grands risques de les perdre et ne résoudrait pas le problème. Le groupe « Cathédrale » criait maintenant si fort qu'il était vain pour moi d'expliquer davantage mon raisonnement et calmement je passai le micro à un autre orateur.

Pendant la turbulence de la réunion, même pendant que je parlais, je remarquai combien je me sentais paisible, détaché et léger. Notre bureau démissionna, le nouveau bureau fut formé et approuvé et un sentiment d'espoir renouvelé fut perçu parmi une grande partie de l'auditoire. Notre conseil de directeurs avait suivi ce qu'il pensait être le meilleur chemin, en toute sincérité et avec beaucoup de dévouement. Le nouveau bureau avait pris la place du chauffeur pour conduire Anùgraha vers ce qu'ils espéraient être la meilleure solution avec toute leur sincérité et un dévouement égal. Le directeur en exercice resta en poste pendant un certain temps, jusqu'à ce que le nouveau bureau ait tous les leviers en main, il leur apprit comment les utiliser pour accomplir leurs espoirs.

Quelques années plus tard, nous perdîmes Anùgraha totalement, laissant chacun de nous, qui avions été impliqués émotionnellement et financièrement dans le projet, nous débrouiller nous-mêmes avec les problèmes créés par nos implications.

J'espère sincèrement que chacun apprit quelque chose de cette aventure pour le bien de notre développement intérieur et extérieur. Cette puissante expérience m'apprit beaucoup sur la manière de reconnaître et de contrôler l'action de cette force matérielle en moi, pour ne pas être affecté par elle dans mes sentiments et dans ma vision.

Après le départ de Bapak en 1987

Je me demandais parfois comment les membres de Subud autour du monde vivraient la période après la mort de Bapak, eux qui avaient été témoins de sa présence importante pendant plus de 30 ans.

Au fond de moi-même, je me sentais connecté subtilement à lui et je m'étais toujours réjoui de ses visites régulières en Angleterre. Pour beaucoup d'entre nous, il était un vrai père spirituel, toujours prêt à nous expliquer les choses gentiment et clairement quand la confusion survenait. Il prenait toutes les décisions importantes concernant la structure de notre organisation et le lieu où tenir nos futurs congrès mondiaux, choisissant le président mondial, approuvant les nouveaux assistants et menait les séances de testing pour sélectionner les nombreux aides internationaux pour les 4 années à venir. Il nous encourageait également à fonder de grandes entreprises aussi bien que des individuelles, en nous donnant son exemple : il avait initié plusieurs grands projets dont une banque, un hôtel et un grand bâtiment de commerce et d'affaires dans le centre de Jakarta.

Je fus étonné, lorsque Bapak mourut, de me sentir extrêmement léger et heureux à l'intérieur de moi, quoique mon ego ait voulu que je sois triste, comme c'est habituellement le cas lorsque l'on perd un Être cher. Dès l'instant où j'appris sa mort, je me sentis grandi, grandi en un adulte qui était devenu spirituellement responsable. En un sens, ma conscience devint plus vaste et jusqu'à ce jour quand je m'aventure dans mon espace intérieur, je sens sa présence en moi.

C'est à Anùgraha que fut commémoré le centième jour de la mort de Bapak. Quelques uns des organisateurs de la cérémonie de commémoration vinrent me rendre visite à mon magasin d'antiquités, pour me demander si je serais favorable à l'idée de dire quelque chose sur la vie de Bapak en fin de cérémonie. Un imam devait commencer la cérémonie, suivi par un rabbin, puis un prêtre anglican, ensuite probablement Sharif Horthy, qui avait été le secrétaire particulier de Bapak pendant de nombreuses années et finalement ce serait à moi. J'acceptai aussitôt la requête, mais ensuite je me sentis très nerveux en pensant à ce que j'allais dire.

Pendant les 2 semaines suivantes, chaque moment libre fut utilisé pour préparer ce que j'allais dire. Je me disais que l'iman, le rabbin et le prêtre s'occuperaient de la partie religieuse et spirituelle par des prières et tout ce qu'il leur était coutume de faire dans leurs religions respectives. Quant à Sharif, je n'avais aucune idée de ce qu'il dirait, mais je pensais que ça aurait un rapport avec son rôle de secrétaire de Bapak. De ce fait, je préparai un schéma sur sa vie, commençant à Combe Springs en 1957 avec des points clés, déroulant ensuite l'histoire des 30 années de l'existence active de Bapak répandant le latihan tout autour du monde. Je parlerai aussi des nombreux projets que Bapak avait lancés ou nous avait inspirés.

Finalement, le jour de la commémoration arriva. Du rez-de-chaussée au 1e étage du hall de conférence circulaire, Anùgraha était complètement plein. J'arrivai juste avant mon heure, pour ne pas rencontrer quelqu'un susceptible de me distraire de ma concentration. On me demanda de m'asseoir derrière les rideaux qui fermaient l'estrade à la droite de l'assistance et d'attendre mon tour de parole. Il y avait seulement 4 chaises et on m'indiqua de prendre la dernière. Surpris, je demandai : « Dites moi, ne sommes-nous pas cinq à parler ? Où est Sharif ? ». La réponse fut brève « En Indonésie, Léonard ». Je m'assis donc et attendis calmement mon tour. Toutes les lumières du grand hall circulaire étaient éteintes, seul restait un spot éclairant le lutrin.

Chacun des représentants religieux était membre de Subud et j'écoutai avec plaisir leurs sermons cérémonieux. Lorsque le prêtre anglican eut fini de parler, je pensai « Bien, maintenant c'est mon tour » et commençai à me lever… Je sentis une main se poser gentiment sur mon épaule gauche et un des organisateurs déclara « Non, Léonard, Sharif d'abord, tu viens après. » Et avant même d'avoir repris contact avec mon siège, j'entendis la voix claire et douce de Sharif résonner à travers tout l'espace du hall. Je ne savais pas que Sharif n'était pas revenu d'Indonésie et que ce que nous écoutions était un enregistrement de son discours le jour des funérailles de Bapak à Jakarta cent jours plutôt ! À mon grand étonnement, ce qu'il disait couvrait point par point le discours que j'avais préparé avec tant de soin. C'était extraordinaire ; probablement parce que je suis proche de Sharif dans mes sentiments, tout comme s'il était mon propre frère. Ce qu'il disait était si semblable à ce que j'avais passé 2 semaines à préparer. J'aimais ce qu'il disait et cela s'adaptait bien à ce que j'aurais dit… Mais maintenant ? De quoi allais-je parler ? L'enregistrement de la voix de Sharif se termina et ce fut mon tour de monter au lutrin. J'étais devenu nerveux, debout devant l'auditoire que je ne pouvais voir car la lumière dirigée vers le lutrin était éblouissante. Les mains fermement agrippées de chaque côté du lutrin, regardant vers le bas, je luttai pour trouver mon silence intérieur. Puis, je me sentis soudain apaisé par la présence de Bapak qui m'enveloppait complètement. Je levai la tête et regardai vers le haut et fut profondément réconforté de voir un immense Bapak qui semblait remplir tout l'espace du hall. Je le regardai et lui demandai de l'intérieur :

« Bapak, s'il vous plaît, de quoi dois-je parler ? ». Il sourit et j'entendis sa voix, « Léonard, parle de tes expériences avec le latihan ». « Mais laquelle, Bapak ? » questionnai-je. « Tu sais, celle avec les Prophètes… » dit-il, en souriant et aussi soudainement qu'il était apparu, il disparut. À partir de là, il n'y avait plus à hésiter et je leur racontai l'étonnante histoire des Prophètes, juste comme je vous l'ai racontée précédemment au chapitre 2.

Comme les mots coulaient aisément de ma bouche, je pus sentir que l'assistance toute entière se sentait unie avec moi, attentive à ce qui était dit et émue dans ses sentiments par cette histoire vécue. C'était bien la première fois que je partageais mes réalités spirituelles avec un public, soit-il de membres Subud. Par moments, au fil de l'histoire, j'entendais certaines personnes pleurer, aussi émues que je l'avais été la première fois et vers la fin de l'histoire, lorsque la cigarette Kretek de Bapak fit une petite explosion, l'assistance entière se détendit dans un rire généreux et sans contrôle. Un long et profond silence s'ensuivit quand j'eus fini mon récit. Nous nous trouvions tous dans un profond sentiment d'unité paisible.

Quelques personnes vinrent vers moi ensuite, voulant me remercier de leur avoir raconté l'histoire qui apportait de la lumière sur une réalité cachée qu'ils soupçonnaient. L'un d'eux, un prêtre jésuite, me dit qu'il s'était questionné depuis longtemps sur qui était réellement Bapak ? Comment le placer dans la perspective des Prophètes de la Bible ? Mon témoignage lui apporta sa réponse. Maintenant, il était clair pour lui que tous les Prophètes étaient en réalité un seul Être spirituel envoyé pour aider l'humanité à différentes époques de son histoire spirituelle. Bapak les incarnait et nous avait apporté le latihan pour nous donner le contact direct avec notre source et nous connecter à notre propre réalité spirituelle individuelle. Il me donna sa conclusion en me remerciant.

Chapitre 5

Le Latihan dans les tournées internationales

Première visite à Java

Le crissement des turbomoteurs, qui nous avaient hissés à travers les nuages en haute altitude, se transforma en un ronronnement rassurant. Je respirai profondément en fermant les yeux, m'abandonnant et laissant mes pensées errer sur leur propre chemin.

C'était l'automne 1970 et j'avais décidé de passer le mois de Ramadan en Indonésie, en fait à Cilandak, une banlieue de Jakarta où vivaient Bapak, sa famille et beaucoup de nos proches amis.

Depuis plusieurs années déjà, Mélinda et moi avions suivi le jeûne annuel. Nous recevions tous deux un grand bénéfice de cette pratique ; elle agissait comme une coupure dans l'incessant, passionné et turbulent flux de vie qui autrement aurait été un mouvement continuel et aurait envahi tout notre espace intérieur sans répit. Quoique les musulmans ne jeûnent pas lorsqu'ils sont en voyage, n'étant pas musulman -je ne pratique aucune religion- j'avais décidé de ne pas manquer un jour afin de faire les 30 jours complets.

C'était ma première période loin de ma famille et mon premier vol à grande distance. Me sentant profondément en paix, j'observai mon esprit se promener gentiment dans les activités des jours précédents. Il y avait eu tellement à faire avant mon départ ! Peter, un jeune homme dévoué qui s'intéressait au commerce des antiquités, tiendrait la boutique avec ma secrétaire pendant mon absence. Mélinda, ma mère Olivia, et notre merveilleuse jeune fille au pair hollandaise, Ellen, tiendraient la maison et s'occuperaient des enfants.

Quand je fermais les yeux, d'affectueuses pensées s'écoulaient vers ma femme, ma mère et nos 6 enfants à l'époque. Tous si différents de caractère et d'allure, ils me faisaient penser à un bouquet de fleurs sauvages, chacune avec sa beauté particulière.

Je souriais lorsque ma conscience se dirigeait vers le ventre de Mélinda pour embrasser notre numéro 7 en gestation, qui devait naître en avril prochain.

Cependant, il y avait dans mon cœur une question sans réponse : « Marcel vivrait-il jusqu'à mon retour ? ».

Marcel Laroche avait récemment épousé ma mère et avait déménagé de Cannes pour vivre avec elle dans l'appartement au dessus du magasin d'antiquités. Il avait un surpoids (plus de cent vingt kilos) qu'il portait sur une seule jambe, ce qui demandait à cette jambe et à son cœur un effort beaucoup plus grand pour grimper dans les étages. À deux reprises, pendant les mois précédents, j'avais dû le ramener à la vie après de violentes attaques cardiaques. À chaque fois j'étais dans mon bureau lorsque je sentis que, 2 étages plus haut, il lui arrivait quelque chose de grave. Je montai les escaliers quatre à quatre pour le trouver dans son fauteuil, incapable de respirer et défiguré par les crispations causées par une attaque. Je le pris alors par les poignets et le soulevai et le laissait retomber de tout son poids. Ensuite, je lui fis un massage cardiaque avec mes deux poings et son cœur repartit. Il ne se souvenait pas d'avoir perdu connaissance et fut surpris quand je lui dis ce qui était arrivé. Sachant que ni ma mère, ni Mélinda n'auraient la force de faire cette thérapie, je me demandais s'il serait encore en vie à mon retour.

Ayant l'assurance d'avoir quitté mes responsabilités du mieux que je pouvais le souhaiter, je me relaxai profondément dans un demi-sommeil. Notre avion s'arrêta pour faire le plein à Rimini, Dubaï, Karachi et Calcutta. Finalement il atterrit à Kuala Lumpur d'où je pris un autre avion pour Jakarta. Depuis l'aéroport de Luton, le vol avait

Avec Mas Sudarto à Cilandak 1970

duré 36 heures et je me sentais passablement fatigué en arrivant à l'aéroport chaud et humide de Jakarta.

Cilandak était un mini-village où tous les habitants pratiquaient le latihan, ce qui donnait à l'endroit une atmosphère unique. Arriver dans le complexe était comme entrer dans un espace familier. Je me sentis immédiatement comme chez moi, accueilli par les visages souriants que je rencontrais. Avant d'aller visiter mes nombreux amis d'Europe et des USA qui vivaient là en permanence, j'allai d'abord au Bureau International pour enregistrer mon arrivée et savoir où je devais résider.

Un groupe de 50 à 60 personnes était venu de différentes parties du monde pour suivre le Ramadan à Cilandak et le bureau s'activait à enregistrer les nouveaux venus et les diriger vers leurs chambres.

Pendant le jeûne, la vie à Cilandak se passait principalement la nuit car, après le dîner de 18h30, beaucoup d'entre nous restaient jusqu'au petit déjeuner que nous prenions entre 3h30 et 4h30, juste avant l'aube.

Lorsque j'avais jeûné auparavant, j'avais toujours dû subvenir à mon travail quotidien et aux besoins de la famille. Mais ici, loin de chez moi, tout le temps m'appartenait. Après 3 à 4 heures de sommeil, je me levais et partais pour de longues marches dans la campagne environnante, emportant mon bloc à dessin et ma boîte d'aquarelles. Ici tout était nouveau pour moi : la flore, les buffles et la vie animale, les habitants du lieu et leurs villages. Me trouver dans un pays où je ne pouvais communiquer avec des mots mais seulement avec mes mains, mes sourires et mes expressions était une expérience nouvelle. Parfois, pour mieux me faire comprendre, j'utilisais des dessins que je crayonnais rapidement sur mon bloc pour la grande joie des nombreux enfants rieurs qui semblaient être omniprésents.

Il avait été convenu que l'année suivante, le Congrès Mondial Subud se tiendrait à Cilandak et le travail de construction d'un grand hall de latihan avait déjà commencé. Entre-temps, nous faisions notre latihan dans un baraquement qui avait été construit à moindre coût quelques années auparavant.

C'était très inhabituel pour moi de ne pas être sous la pression du temps et des responsabilités, je dois faire ceci ou je dois faire cela, comme nous fonctionnons normalement sous les impératifs exigeants du monde matériel. Aussi, quelque temps après le dîner, je me promenais dans le hall du latihan et me laissais aller complètement, sachant que je n'avais pas à repartir pour quelque chose de spécial à faire. Je pouvais simplement laisser le latihan librement évoluer jusqu'à ce que j'atteigne tranquillement un profond sentiment de paix.

Le 19e jour du jeûne, le latihan me mena à travers une expérience inhabituelle pendant laquelle ma conscience atteignit une dimension spirituelle, non pas seulement dans mon propre espace physique, mais aussi dans une réalité cosmique. Assis, les pieds repliés sous mon corps, les avant-bras posés sur mes genoux, j'entendis des crépitements, comme si quelque chose brûlait, attisé par un fort courant d'air. J'ouvris les yeux pour vérifier qu'il n'y avait pas le feu dans le hall du latihan qui était construit en bois et, rassuré, refermai les yeux et regardai à l'intérieur car je devenais conscient que le feu brûlait en réalité à l'intérieur de ma tête. Des flammes bleues craquaient dans la chambre close circulaire d'un rouge profond, ma conscience se trouvait à l'intérieur de mon crâne et je compris que les flammes étaient en fait en train de nettoyer les impuretés de mon mental.

Le haut de mon corps se balançait calmement, suivant le mouvement circulaire des flammes dans ma tête. Je sentis beaucoup de douleur, cependant je n'étais pas attaché à son intensité. Après quelque temps, comme si le feu n'avait plus de combustible pour se nourrir, il mourut graduellement, emportant avec lui les bruits de craquement en même temps que la douleur. Je sentis une grande sensation de soulagement à l'intérieur de ma tête. Ma conscience planait maintenant hors de mon corps et résidait dans le vaisseau de mon âme.

Je vis en contrebas, mon corps toujours agenouillé sur le plancher de la grande salle où quelques uns faisaient leur latihan. Puis, je pris conscience que mon âme s'amplifiait, elle était maintenant au dessus du hall du latihan, puis je vis tout le complexe Subud éclairé par ses petites lumières jaunâtres et clignotantes. Comme ma conscience continuait de s'élargir, je vis, comme dans un ballon en ascension, le tout Jakarta et ses environs. L'expansion continuait et je sentis le besoin de regarder vers le firmament.

Graduellement, je devins conscient spirituellement que je me trouvai entre les gigantesques jambes de Bapak et en même temps pleinement conscient de la vie active d'en dessous. Mon âme, remplie d'une sensation puissante d'amour qui semblait venir de Bapak, atteignait un niveau de conscience qu'elle pouvait à peine contenir. J'approchais maintenant de l'endroit où les jambes rejoignent le corps, sachant que je n'étais pas capable d'aller plus loin car mon vaisseau n'était pas assez développé pour contenir plus de conscience. Je devins conscient que là haut, il y avait le reste du corps spirituel de Bapak qui disparaissait au-delà de la voie lactée...

Il me fallut quelque temps pour revenir dans mon moi physique. Mon latihan se termina paisiblement, je me levai et marchai lentement hors du hall du latihan.

L'expérience avait été très forte et quoique je me sente extrêmement éveillé, je ne ressentais pas l'envie d'être avec quelqu'un d'autre, aussi dans la nuit sans lune, je me promenai le long des allées étroites des jardins de Cilandak qui embaumaient l'air de fragrances tropicales. Et je pleurais, non de tristesse, mais d'une sorte de joie mêlée d'un sentiment puissant de respect et de reconnaissance. Je venais de prendre conscience de la dimension spirituelle de Bapak.

Ce fut seulement des années plus tard que je compris la signification de cette expérience. Les flammes bleues qui brûlaient si violemment dans mon crâne symbolisaient une purification de mon esprit qui devint, avec le temps, un outil obéissant à mon âme plutôt qu'un employé de mes passions, volontés et désirs, comme il l'avait été la plus grande partie de ma vie jusqu'à présent.

Bien que j'aie vu Bapak dans son corps physique en le rencontrant à Cilandak ou lors des nombreux entretiens qu'il nous donna, sur le plan spirituel, je compris intérieurement que sa vaste conscience transcendait la voie lactée vers la source de l'Univers.

Après le jeûne de 30 jours, je restai encore une semaine à Cilandak avant de commencer le long voyage de retour vers l'aéroport de Luton près de Londres.

Une neige blanche recouvrait l'Angleterre et malgré la nuit, on ne voyait aucune lumière clignoter. Notre avion dut faire des cercles pendant plus d'une heure autour de l'aéroport avant de recevoir l'autorisation d'atterrir. Une double rangée de petites lumières jaunes tremblotantes apparut sur le terrain en dessous et nous commençâmes l'atterrissage. C'était à cause d'une grève générale de l'électricité que le pays était dans une obscurité complète.

Il y eut beaucoup d'histoires à raconter à la famille et de cadeaux à distribuer lorsque je rentrai à la maison.

La troisième attaque cardiaque avait emporté Marcel lors de mon absence. Mélinda et Olivia, ma mère, avaient dû s'occuper du transfert du corps à Cannes où eurent lieu les funérailles.

Changement dans mes responsabilités spirituelles

Comme le nombre de personnes faisant le latihan dans le monde augmentait, Bapak éprouva la nécessité de donner à Subud la base d'une structure simple pour nous aider dans l'organisation. À savoir, trouver des endroits pour pratiquer le latihan, de l'argent pour financer les voyages des membres ayant des fonctions internationales ainsi que pour organiser nos congrès quadriennaux. Afin d'équilibrer le matériel et le spirituel, Bapak avait besoin de l'aide des membres les plus expérimentés dans le latihan pour transmettre l'entraînement spirituel dans les différentes parties du monde où il y a une demande. Il les appela « Aides Internationaux » et tous les 4 ans, lors des congrès mondiaux, de nouveaux assistants seraient choisis grâce au « testing » par les Aides Internationaux en fin de fonction. Ainsi, le choix des personnes ayant une responsabilité internationale serait complètement renouvelé à chaque cycle. Ceci éviterait de créer une hiérarchie au sein de l'organisation.

Je pense avoir mentionné précédemment que le latihan est une expérience qui ne se répète pas, de sorte que chaque fois que je le pratique, je traverse quelque chose de différent. Le latihan est également pour moi un entraînement qui m'apprend à me servir des différentes parties de mon Être pour répondre aux besoins réels à venir.

Au milieu des années 80, au cours d'un exercice spirituel à Tunbridge Wells, je faisais mon latihan avec quelques autres hommes, lorsque je devins conscient que je me tenais debout sur le fond d'un gigantesque océan. Mes yeux au niveau de l'eau pouvaient tout aussi bien voir au dessus le ciel infini, que sous l'eau fraîche, verte, pâle et bleue. Je sentais une pulsation profonde au rythme lent, comme si l'océan respirait, balançant majestueusement les algues et les goémons à l'unisson qui s'étiraient vers la lumière de sa surface.

J'ai compris, quelques 2 ans plus tard, le sens de cette expérience à travers un autre fait assez inhabituel et plutôt dramatique.

À cette époque je faisais partie des aides nationaux pour le Royaume Uni. J'avais déjà pris cette responsabilité auparavant et je savais, même si cela signifie consacrer une partie de mon temps à cette fonction, que cela en valait bien la peine car cela élargissait mon expérience de l'aspect humain et spirituel de la vie. J'avais aussi le plaisir de travailler en équipe avec ceux qui représentaient les différentes régions de l'Angleterre, de l'Ecosse et du Pays de Galles. Les équipes, qu'elles soient nationales ou internationales, étaient composées à parts égales d'aides hommes et d'aides femmes.

Notre bien aimé Bapak nous avait quittés en 1987 et le prochain Congrès Mondial devait se tenir à Sydney au début de 1989. Ce devait être notre premier Congrès Mondial sans la présence physique de Bapak et nous nous demandions tous comment cela se passerait. Ce n'était pas facile de trouver des candidats acceptant de prendre la responsabilité de devenir Aides Internationaux.

J'avais été proposé plusieurs fois, mais j'avais décliné cette demande au vu de mon travail et du peu de temps qu'il me restait pour m'occuper de ma famille nombreuse. Mélinda et moi avions décidé d'assister à ce neuvième Congrès Mondial, accompagnés par 4 de nos enfants, Lucianne, l'aînée qui portait à l'époque le nom de Laura et avec elle sa fille Liora âgée de 9 mois, Richard, Hermas et Dahlan. C'était la première fois que nous allions dans cette partie de l'hémisphère sud où la pureté de l'air, la chaleur brûlante du puissant soleil et l'incroyable diversité de la flore étaient grisants. Le jour suivant notre arrivée, brûlants d'impatience de nous baigner dans l'Océan Pacifique que nous ne connaissions pas encore, quelques uns d'entre nous décidèrent d'aller à la plage tard dans la matinée. Nous descendîmes vers la petite crique aux vertes pelouses, plantée de pins gigantesques, qui donnait sur une plage de sable d'un blanc étincelant. Cette beauté majestueuse était impressionnante. Le roulement musical du son des grandes vagues qui déferlaient et refluaient, habitait tout l'espace sonore.

Un maître nageur blond et musclé, au teint cuivré, les pieds caressés par les vagues, un bonnet de caoutchouc rouge posé sur ses cheveux aux grandes boucles, gardait un œil attentif sur les baigneurs. Hermas et moi laissèrent les femmes avec nos affaires et marchâmes innocemment vers l'extrémité droite où la plage était moins peuplée. Nous plongeâmes tous deux dans cette eau vert pâle si attirante dans un rouleau déferlant juste avant qu'il ne s'écrase sur le sable. La sensation immédiate de l'eau fraîche enveloppant nos corps surchauffés fut délicieuse. Je remarquai instantanément que, bien que nous soyons près de la plage, nous n'avions déjà plus pied et qu'un fort courant sous-marin nous entraînait vers le large. Je sortis la tête hors de l'eau, cherchant mon fils... Il était là, un peu plus loin, apparemment heureux de faire la planche. En nageant dans sa direction, je sentis que j'étais tiré vers le fond par les pieds, il me fallait faire beaucoup plus d'efforts que d'habitude pour rester en surface. Hermas était maintenant proche et je lui demandai, « Tu vas bien ? » Il sourit et répondit posément, « Oui, mais je ne sais pas pourquoi je me sens plutôt fatigué ! Je rentre. »

Au retour nous remarquâmes combien la plage semblait loin.

Je me sentais terriblement fatigué aussi, car c'était épuisant de résister à l'incessante aspiration vers le fond. Je me souviens avoir pensé à une histoire que racontait un ami Indonésien, que la Reine des Mers du Sud aimait tirer les pieds des hommes vers le fond pour les entraîner vers son royaume sous-marin. Aussi attrayante qu'ait pu être cette jeune reine, la pensée d'être entraîné vers le fond n'était pas du tout plaisante et je la chassai de mon esprit pour me concentrer sur mon crawl.

J'étais maintenant devenu vraiment faible. Mon corps ne semblait plus vouloir flotter. J'étais juste capable de reprendre ma respiration mais pas assez pour alimenter suffisamment mon corps en oxygène. J'étais soucieux pour mon fils, je me demandais où il en était et aussi pour ma famille sur la plage, qui s'inquiétait probablement sans savoir où nous étions. Sentant que je pouvais perdre ma bataille pour survivre, je me tournai vers le créateur à l'intérieur de mon Être et lui demandai « Est-ce bien ta volonté ? Avoir fait tout ce chemin vers l'Australie pour que je me noie ? » La réponse vint aussitôt absolument claire « Oh non, accepte juste de prendre la responsabilité de devenir Aide International ». Je me sentis victime d'un chantage. « Veux-tu dire que, si je n'accepte pas, je vais descendre tout droit au royaume bleu de la Reine des Mers du Sud ? » « C'est ton choix, tu dois décider. »

Je n'avais jamais senti mon corps sans aucune énergie, c'était comme si toute la force de mon cou, de mes bras, de mes jambes et de mon corps avait été retirée et je pensai, « Comment puis-je rentrer, s'il ne me reste plus d'énergie ? » Je conclus alors un marché avec le Créateur, « Bon, je suis d'accord pour accepter ce rôle, mais tu dois d'abord nous ramener tous deux en sécurité sur la plage ». Dans un dernier sursaut qui venait plus de mon cerveau que de mon corps, je réussis à sortir ma tête de l'eau et cherchai Hermas. Super, il était derrière moi et lui aussi réussissait juste à flotter… Soudain, venant du large, quelques vagues plus loin, je vis un gigantesque rouleau se précipiter vers nous et hurlai à mon fils : « Une énorme vague arrive, regarde-la ! Vite, nous devons la prendre pour regagner la plage ».

CHAPITRE 5

En sentant l'énergie puissante de la vague majestueuse me prendre dans son élan, je trouvai assez de force pour rester avec elle et je remarquai, à mon grand soulagement, que mon cher fils bénéficiait aussi de cette chevauchée miraculeuse. Dans un éclaboussement éclatant, nos corps épuisés furent déposés en sûreté sur le sable humide comme des algues luisantes et sans vie.

Nous reposions là tous les deux, trop fatigués pour nous mouvoir. J'ouvris les yeux et vis Hermas qui me regardait, tout proche. Il me fit un sourire lumineux et dit d'une voix faible « OK Papa ? Dis, on n'est pas passé loin ! ». J'acquiesçai et lui parlai de mon marchandage : « Je proposerai ma candidature pour être Aide International ».

Lorsque nous eûmes récupéré assez de force pour retourner à notre endroit de plage, je parlai à Mélinda et à Lucianne de ma décision. La réaction de Mélinda fut : « Ah c'est bien, car j'ai toujours senti que tu proposerais ton nom. »

Nous retournâmes à l'Université de Sydney où se tenait le congrès. Nous étions un peu en retard pour le latihan des hommes de 18 heures et en approchant du hall, je pouvais entendre les hommes qui avaient déjà commencé. J'ôtai mes sandales et entrai dans l'immense gymnase. Il était complètement rempli d'hommes, chacun les yeux fermés, se laissant aller indépendamment au mouvement de leur âme. Ils devaient être au moins 500 ou 600 et je me glissai au fond là où il y avait une petite estrade en bois sur laquelle je grimpai pour trouver un peu plus d'espace. Une fois mes sandales contre le mur je me tournai vers le grand hall dans un état complet de paix et de présence. J'entendais les sons cacophoniques des hommes faisant leur latihan, ceci me rappela le bruit de l'océan et je me laissai bercer par lui.

Je me rappelai alors de l'expérience que j'avais faite ou vécue dans le hall à Tunbridge Wells, lorsque je me trouvai en face du vaste océan. J'ouvris les yeux lentement et de l'estrade où je me tenais, je pouvais voir les hommes qui semblaient se mouvoir, semblables aux goémons et à la vie marine dépendante des courants marins. Je me sentis en amour et en union avec eux, réalisant en même temps l'unité du genre humain. Tous ces hommes, chacun si individuel, si différent des autres, quand ils cédaient au mouvement de leur âme, devenaient un Tout harmonieux. Comme dirigé par un chef d'orchestre invisible, chaque individu dans la salle arriva au terme de son latihan et un profond silence respectueux s'installa dans le gymnase. Je marchai vers le groupe des Aides Internationaux qui étaient assis et qui bavardaient ensemble tranquillement et leur souris en disant : « Si vous êtes toujours à court de candidats, je suis d'accord pour mettre mon nom sur la liste. » Ce même après-midi, après un bref latihan, le test confirma qu'il était bon pour moi d'assumer la charge d'Aide International pour les 4 prochaines années.

Le premier latihan de Janusz dans une mansarde de Varsovie

Nous travaillions par équipe de 6, 3 femmes et 3 hommes, pour chaque région du monde, qui était divisé en trois parties :
- l'Asie, l'Asie du Sud-est et le Pacifique, incluant l'Australie et la Nouvelle Zélande
- l'Europe et l'Afrique, incluant le Moyen-Orient
- les Amériques

Soit, au total, 18 Aides Internationaux qui avaient la tâche de visiter les groupes et les membres isolés de toutes les 9 zones.

Notre zone, la zone 2 comprenait l'Europe de l'Ouest, l'Afrique, le Moyen Orient et l'Europe de l'Est, incluant des parties de l'ex-Union Soviétique. Les 3 femmes, avec qui nous allions travailler, étaient Lusiyah Bassi d'Italie, Rosalind Williams et Kadariyah Gardiner du Royaume Uni. Les 2 autres hommes étaient Reinbrant Visman des Pays Bas et le Docteur Hernando Cacho d'Espagne. Durant les 4 ans et demi qui suivirent nous nous rencontrâmes 2 fois par an afin d'organiser les 6 mois suivants. C'était toujours un moment agréable d'être ensemble et de partager les histoires de nos voyages et des personnes que nous avions rencontré. Nous décidions toujours par le « testing » qui parmi nous devait visiter un certain pays. Depuis cet endroit de quiétude intérieure, chacun de nous recevait clairement

Aides Internationales 1989, Kadariyah, Lusiyah et Rosalind

Aides Internationaux 1989, Reinbrant, Léonard, Hernando

s'il était dans notre capacité ou non de faire cette visite. C'était intéressant de voir combien notre réception était harmonieuse et de voir comme en général cela s'accordait avec ce que nos 3 partenaires dames avaient reçu, car les hommes et les femmes faisaient le « testing » dans des salles différentes.

Un des premiers pays que notre nouvelle équipe d'Aides Internationaux décida de visiter fut la Pologne. Kadariyah et moi y partîmes pour un voyage de 2 semaines. Nous prîmes un vol pour Varsovie où Daniel Holt, un membre de longue date, nous accueillit et nous conduisit directement chez Anna Szeliska, qui pratiquait le latihan depuis plusieurs années.

Les membres de Subud à Varsovie avaient vécu sous la puissante férule de l'URSS et avaient appris que, sous le régime communiste, pour leur propre sécurité, il ne fallait pas communiquer les uns avec les autres. Le résultat était que beaucoup de membres dans la ville n'étaient pas au courant de notre présence. Cependant, nous réussîmes à rassembler une douzaine de membres et à faire le latihan avec eux. Nous leur parlâmes aussi de notre plan pour visiter les cités de Gdansk, Grudziadz, Olsztyn et Torun où des membres isolés et des personnes intéressées nous attendaient.

La Pologne venait juste de se libérer du joug de l'oppression russe et les transports étaient difficiles à organiser, donc nous décidâmes de louer un chauffeur de taxi local qui pourrait non seulement nous conduire d'un endroit à l'autre, mais aussi devenir notre interprète. Nous rencontrâmes Kazimir et sa vieille Mercedes le lendemain même de notre arrivée. Nous l'appréciâmes instantanément et négociâmes un prix pour tout notre séjour en Pologne. Il nous conduirait partout où nous aurions des visites à faire et traduirait pour nous lorsque ce serait nécessaire. Kazimir était dans la quarantaine avancée. Son corps puissant et sa voix grave nous donnaient un sentiment de protection, et nous découvrîmes bientôt qu'il était un homme doux et compréhensif. Son anglais était bon et lui permettait de communiquer sans entrave. Il comprit rapidement ce qu'étaient Subud, le latihan et le but de notre tournée.

À Varsovie, il était difficile de trouver un espace suffisant pour faire un latihan de groupe. Une femme membre, Natasha, qui vivait à la périphérie de la grande ville, proposa son petit appartement mansardé.

Ryszard, qui à l'époque présidait Subud Pologne, se joignit à notre groupe. Kazimir nous déposa sur le bord d'une rocade, en face d'un grand bâtiment en briques rouge foncé, nous traversâmes pour nous rassembler autour de l'entrée, tandis que Natasha cherchait ses clés. Un grand bang, nous fit sursauter comme si un accident venait d'arriver plus haut dans la rue, puis nous grimpâmes au 5e étage pour tenir notre réunion et faire notre latihan.

L'appartement mansardé était encore plus petit que nous le pensions. Ryszard et moi fûmes dirigés vers un étroit grenier de rangement, pendant que les 8 femmes utiliseraient la seule pièce pour leur latihan. L'inclinaison du toit nous laissait à peine un mètre d'espace avant que nos têtes se heurtent aux poutres couvertes de toiles d'araignées. Nous enlevâmes quelques vieux cartons poussiéreux pour faire un peu plus d'espace et, en me penchant, mes yeux furent surpris de remarquer un ancien uniforme de soldat allemand avec son casque qui gisait là, oublié probablement depuis la deuxième guerre mondiale. Je regardai Ryszard et nous échangeâmes un sourire complice, puis nous fîmes le calme jusqu'à l'obtention d'une complète quiétude et le latihan commença.

La première chose que je remarquai fut le bruit de la rue qui semblait résonner sous les ardoises du toit et l'étrange odeur de moisi de l'endroit. J'allai plus profond dans mon Être et des chants commencèrent à émerger de ma gorge, ils sonnaient comme d'anciennes mélodies nordiques qui m'emmenèrent dans une sphère de sensibilité raffinée. Cela dura pendant un certain temps, jusqu'à ce que je sente que quelqu'un désirait mon attention. J'ouvris lentement mes yeux intérieurs et comme si je regardais vers le bas à travers le toit de notre mansarde, je vis un jeune blond et nu, la tête basse, l'air complètement perdu. Il était assis sur les rails de la rocade à quatre voies, les coudes reposant sur les genoux. Surpris, je regardais plus loin et vis son jeune corps brisé gisant sur la route dans une flaque de sang. 3 secouristes le recouvraient d'une épaisse couverture grise. Les restes de sa moto en miettes traînaient sur le bitume.

Je me tins alors près du jeune homme et lui demandai doucement son nom. « Janusz Petrovsky. Que vais-je faire maintenant ? Mon corps est tout cassé, c'est fini maintenant. » Répondit-il en levant sa jeune tête et me regardant de ses grands yeux bleu pâle. En voyant son visage, je saisis toute son histoire, quelle sorte de personne il était, avec ses parents et leur fort attachement à ce fils unique, étudiant en architecture à l'Université. Tandis que toute sa nature profonde m'était révélée, je sentis de l'amour pour lui et pour sa famille.

« Veux-tu commencer le latihan pour aider ton âme à se libérer afin de pouvoir continuer librement ta voie spirituelle ? » dis-je d'un air encourageant.

Ma conscience revint dans la mansarde. Le latihan de Ryszard était profond et paisible et je l'appelai doucement par son nom. Il me jeta un regard surpris et interrogateur, car il n'est pas courant d'arrêter quelqu'un dans son latihan. « Serais-tu d'accord pour te joindre à moi et assister au premier latihan d'un jeune homme qui vient juste de mourir là bas, sur la rocade, dans un accident de voiture ? » Ryszard me sourit et acquiesça. Je prononçai les quelques mots d'introduction avant le premier latihan et nous commençâmes. Le latihan dura vingt minutes. Il était puissant et à un moment je sentis une onde musicale de très fines vibrations s'élever à travers mon corps et monter vers le ciel. Je sus que notre jeune ami avait commencé son nouveau voyage. Lentement, notre pratique spirituelle se ralentit pour arriver à sa fin.

Toujours proche de mon âme, je regardai vers le bas comme pour vérifier que Janusz avait quitté les rails et seul son corps brisé, inanimé, gisait encore sur la route entouré de gens qui s'étaient rassemblés pour voir.

Après ce latihan inhabituel, Ryszard et moi nous sentîmes très légers et heureux. Nous quittâmes le sombre placard mansardé pour rejoindre les femmes pour le thé et le gâteau au chocolat offerts par Natasha. Notre chauffeur Kazimir nous raconta l'accident et il confirma exactement ce que j'avais vu pendant la pratique spirituelle.

Une visite astrale pendant le latihan

Je visitai la Pologne à plusieurs reprises avec Rosalind, Kadariyah ou Lusiyah, chaque fois avec des évènements inattendus. Cette histoire est étrange, mais cependant bien réelle.

Ryszard et son comité nous avaient demandé de visiter la ville universitaire de Grudziadz, où il y avait de nombreux étudiants intéressés par Subud. Nous organisâmes une réunion un après-midi dans un bâtiment de l'Université pour les informer sur le latihan. Beaucoup vinrent à la réunion, principalement des jeunes étudiants, mais également 5 ou 6 personnes plus âgées. La réunion se passa tranquillement, beaucoup de questions furent posées et reçurent leur réponse et finalement nous dressâmes une liste de ceux qui aimeraient débuter le latihan le jour suivant. J'avais remarqué un homme, avec une épaisse moustache retroussée à chaque bout, qui n'arrêtait pas de me regarder pendant la réunion. Ses yeux bleus rieurs et sa bouche souriante véhiculaient un soupçon de cynisme. Il savait visiblement tout et me donnait la sensation de n'avoir pas vraiment écouté ce dont nous parlions. J'allai vers lui à la fin de la réunion et me présentai. Son nom était Stanislas, il avait servi 18 ans comme officier dans l'armée polonaise. Il me dit être très intéressé par ce qu'il appelait les affaires spirituelles en relation avec l'astral. Il demanda si nous pouvions nous revoir et je lui demandai d'organiser une réunion avec notre président Ryszard.

Kasimir nous fait visiter le Park de Varsovie

Le matin suivant, Kazimir nous conduisit, Rosalind et moi, vers un grand bloc d'appartements situé au sommet d'une colline balayée par le vent. Nous prîmes l'ascenseur pour le 6e étage où un homme nommé Roman et une amie nous accueillirent. L'appartement était spacieux, avec de vastes fenêtres dans la salle à manger qui donnaient sur la ville et la rivière au-delà.

Ayant été dans tant de demeures privées en tant que marchand d'antiquités, toujours en chasse de quelque rareté, mes yeux examinèrent mécaniquement la pièce. Je remarquai immédiatement à ma droite une vitrine où il y avait beaucoup d'antiquités, principalement égyptiennes. Sur le mur, il y avait de nombreuses planches encadrées, en noir et blanc, de différents symboles hiéroglyphiques, que je compris représenter la vie après la mort et le cosmos. Une volumineuse croix d'Osiris égyptienne en bronze, connue comme la croix de vie, était majestueusement accrochée au mur. De l'atmosphère générale de la pièce, je vis qu'il y avait là un très fort intérêt pour la magie blanche.

Nous entendîmes la sonnette de la porte d'entrée, l'amie de Roman alla l'ouvrir et Stanislas entra arborant un large sourire et ignorant complètement toutes les autres personnes dans la pièce, vint droit vers moi la main tendue. Après une rapide introduction, nous nous assîmes à la grande table, Stanislas à ma gauche, Kazimir et Rosalind en face et notre hôte à ma droite.

Il régnait une sensation étrange dans la pièce car l'officier polonais ignorait complètement mes amis. D'une manière embarrassante, ses yeux bleus étaient rivés sur moi, essayant de capter toute mon attention. J'évitai de le regarder, fis le calme en moi et me demandai : « Qu'est-ce que tout ça veut dire ? »

L'amie de Roman nous servit le thé et des biscuits, tandis que

Stanislas, qui ne pouvait tenir sa langue plus longtemps, éclata en polonais de sa lourde voix rauque. Mes yeux se tournèrent vers Kazimir, qui semblait complètement surpris et abasourdi par ce qu'il entendait. La vitesse à laquelle sortaient les mots, l'intensité de la parole et le comportement de Stanislas envers moi me donnaient l'indication que ce qu'il disait était extrêmement important pour lui, et que j'étais à son égard, quelqu'un de très spécial. Je regardai Kazimir à nouveau, il avait tendu le bras en avant avec sa main levée en direction de l'officier comme pour dire « Stop ! Ca suffit ! ». La voix rauque s'arrêta subitement. Kazimir, l'air en colère et gêné, me dit, « Tout ça est complètement stupide ! Ce type dit des choses qui n'ont pas de sens. Je ne pense même pas devoir les traduire ! » Je souris largement à mon ami en disant : « Ok, traduis automatiquement, comme une machine, sans essayer de comprendre ce qu'il dit. Traduis-le simplement. Merci, Kazimir. »

Mon sourire affectueux le réconforta et il se mit à traduire. Il est vrai que pour quelqu'un de non préparé, ce que disait Stanislas était complètement bizarre. Mais, dans son contexte, du point de vue de son monde à lui, cela avait un sens. D'après lui, j'étais un Être très élevé dans la hiérarchie du cosmos et j'étais venu pour une réunion qui se tiendrait le jour suivant à Varsovie, en un lieu où Stanislas aurait l'honneur et la responsabilité de me conduire. Là, je rencontrerais une autre très grande entité qui, en ce moment précis, voyageait dans le cosmos pour être présent à cette réunion très importante. L'expression chaleureuse de Kazimir, que je vis à travers ses yeux orange-vert, semblait s'excuser pour ce qu'il me communiquait par sa traduction.

« Voulez-vous dire que je devrais rencontrer Plume Blanche demain matin à Varsovie ? » dis-je avec une légère ironie dans ma voix, sachant que la mention du grand chef indien ferait bondir Stanislas de sa chaise.

Quelques années auparavant, mon ami Lambert Gibbs m'avait emmené voir un vieux guérisseur cockney (équivalent londonien du titi parisien) qu'il connaissait au sud de Londres pour le guérir de calculs rénaux. Comme je l'attendais dans le salon, je vis sur le mur une magnifique photo en noir et blanc d'un chef indien et, lorsque je demandai après la séance de guérison, qui il était, la réponse fut « Plume Blanche », qui était le guide spirituel du guérisseur.

Quelque chose en moi, en écoutant son message, s'était connecté à la sphère de conscience de Stanislas. En fait, il était impressionné que je semble connaître le chef indien, mais cela le confirmait dans les raisons de son admiration et de sa vénération pour moi.

« C'est une réunion secrète de la plus haute importance pour le Monde…eh bien, voyez-vous Léonard, je savais que vous étiez l'homme que nous cherchions. Maintenant ça y est, j'en ai la preuve ! » dit Stanislas d'une voix grave. Je jetai un coup d'œil à Rosalind. Elle semblait mal à l'aise et avait l'air contrariée. Je lui souris avant de retourner mon regard vers Stanislas. « J'entends ce que vous dites, vous avez une mission importante et vous aimeriez naturellement me faire entrer dans le schéma de vos intentions. Mais vous ne réalisez pas que je suis ici avec Rosalind pour faciliter l'accès au latihan aux gens de Pologne qui souhaitent le recevoir. En aucun cas, je ne veux être à Varsovie demain, car nous avons d'autres plans » dis-je.

Stanislas insista, comme s'il ne m'avait pas entendu, me mettant brusquement un petit livre noir sous les yeux. Ses doigts trouvèrent rapidement la page dont il espérait qu'elle me convaincrait de changer mon point de vue. Le livre comportait des calculs astrologiques mélangés avec ce que je reconnus être des symboles templiers. L'officier, pianotant des doigts sur la page, espérait assurer sa requête en me montrant ce qu'il voyait comme la preuve de l'importante réunion à Varsovie, tous ces signes convergeaient vers elle ! Je pris gentiment le livre, le fermai et le repoussai vers lui disant tranquillement : « Stanislas, n'est-il pas vrai que vous suivez ce que vous sentez comme la plus importante mission de votre vie ? ». Ce fut traduit et il hocha la tête en signe d'acquiescement, toujours plein d'espoir. « Hé bien, en fait, c'est la même chose pour moi. Mon âme me montre un chemin et je le suis. Je ne veux certainement pas en dévier, ce ne serait pas juste ». Cela suffisait. Nous avions d'autres gens à rencontrer avant le latihan du soir, à l'université, et nous quittâmes l'appartement.

Huit jeunes étudiants et six jeunes étudiantes nous attendaient lorsque nous arrivâmes. C'était rajeunissant et cela me donna un sentiment positif de voir tous ces jeunes gens qui voulaient commencer le latihan. Je suivis notre groupe le long d'un corridor sans lumière. En passant devant une petite salle de classe toute proche de la salle où nous devions faire le latihan, je vis à travers une fenêtre donnant sur le corridor, encore Stanislas qui était assis dans un vieux fauteuil déchiré. Je pensai immédiatement, « Oh, il doit être venu pour son premier latihan ». J'ouvris la porte de la salle de classe et demandai, « Vous venez avec nous ? ». Mais il ne se joignit pas à nous.

Après avoir prononcé les paroles apaisantes de Bapak avant un premier latihan, nous entrâmes dans nos mondes individuels et dans le berceau de nos âmes. Je fus surpris de voir combien ce premier latihan était fort. Tous les 8 jeunes gens semblaient recevoir sincèrement, certains pleurant, certains chantant, un riant. Je me sentis porté par leur force juvénile.

Soudain, je sentis que j'étais interpellé et cherchai de mon regard intérieur… quand je vis, non sans étonnement, Stanislas traverser mon champ de conscience, à cheval sur un vaisseau métallique en forme de cigare, me regardant avec son sourire et faisant signe de la main, « Salut, là bas ! » Je me demandai intérieurement : « Qu'est-ce que tout cela peut bien vouloir dire ? » Quelques instants plus tard, je vis Stanislas en concentration profonde, assis dans le vieux fauteuil dans la même salle de classe devant laquelle j'étais passé. Je compris alors que Stanislas faisait, dans sa concentration, ce que certains appellent un voyage astral et qu'il voyageait dans la sphère spirituelle du monde matériel. Je me sentis à cet instant immensément reconnaissant, quand je réalisai que le lâcher-prise dans le latihan nous libérait du monde matériel, donnant à notre conscience accès aux autres mondes par le biais de la transcendance.

Le matin suivant, dans le petit appartement qui nous avait été loué par des amis d'amis, je m'éveillai de bonne heure et allai dans la cuisine préparer le petit déjeuner. Kazimir, qui logeait dans un hôtel proche, arriva avec son journal quotidien de Varsovie. Je le vis entrer dans le salon et se plonger dans les dernières nouvelles du monde.

Je préparai la table pour notre petit déjeuner, lorsque j'entendis de puissants grognements venant du salon. Kazimir, l'air perturbé, fit irruption dans la cuisine en montrant du doigt son journal. « C'est absolument incroyable, écoutez ça ! C'est dans le coin inférieur droit de la une du plus grand journal de Varsovie ! » Il s'exprima avec excitation et beaucoup d'émotion en traduisant ce texte invraisemblable. Il disait qu'une réunion d'importance cruciale doit se tenir aujourd'hui, en un endroit secret à Varsovie où de grands sages reconnus internationalement en provenance de différentes parties du monde et du cosmos, se rencontreront et auront des échanges sur des questions cosmiques de grande signification pour la planète, etc… C'était vraiment étrange. Pour moi, ce qui me semblait incongru était qu'un tel article figure en première page d'un quotidien national. J'aurai plutôt vu cet article dans un magazine sur les soucoupes volantes ou les phénomènes paranormaux.

Kazimir, apparemment interloqué et se sentant indécis, demanda avec hésitation, « Est-ce que je vous conduis à Varsovie, Léonard ? ». Très amusé par cette situation, je ris et répondis « Merci, Kazimir. Notre raison d'être ici c'est Subud et le latihan. Aujourd'hui nous avons une réunion à Torun que nous ne devons pas manquer ! »

L'Archange

À Moscou à la fin des années 80, la communication était loin d'être libre en URSS, car la poigne rigide du communisme sur le pays ne s'était pas encore relâchée. Les lettres étaient ouvertes par les autorités et il fallait faire très attention à ce que l'on y écrivait. Il était difficile d'y organiser des visites. Alors, nous arrangeâmes pour nos amis russes une visite à Londres pour commencer leur premier latihan au Centre Amadeus. Ils étaient deux, Sasha P, qui était un traducteur russe/anglais travaillant pour l'Ambassade et Alexander R, vendeur au marché noir de livres religieux et ésotériques, dont la vente n'était pas autorisée officiellement en Russie à cette époque. À travers ce réseau, Alexander avait trouvé une traduction russe du livre de M. Bennett « À Propos de Subud ». Sasha, Alexander et sa femme, Natasha, l'avaient lue et furent les premiers à porter le latihan au sein du bloc russe. Aucun groupe ne pouvait être formé officiellement, alors nous organisâmes notre visite avec beaucoup de précautions. Rosalind, Lusiyah et moi devions loger discrètement dans un hôtel à Moscou ouvert aux seuls touristes. Nous devions signer un registre lorsque nous sortions et à nouveau quand nous rentrions à l'hôtel et toujours avant 21 heures. La réceptionniste de l'hôtel était sympathique et compréhensive et je parvins à la convaincre de nous laisser en secret loger non à l'hôtel mais chez nos amis. Globalement les russes aspiraient à la liberté et étaient contents de rendre service aux étrangers, même si cela impliquait une transgression des règlements.

Je fus agréablement surpris par la chaleur et la gentillesse accueillante des moscovites qui prenaient grand soin de nous. Quoique les conditions matérielles soient dures, avec un espace vital minuscule et très peu de nourriture, cela n'entamait pas leur bonne humeur.

Olga, qui avait récemment épousé Sasha, venait d'une famille de diplomates et avait passé plusieurs années en dehors de la Russie. Elle parla de Subud à son jeune frère Igor, un peintre et il fut intéressé pour commencer le latihan.

L'appartement qui nous accueillait était au 6e étage d'un bâtiment construit sommairement en dalles de béton.

Léonard sur la place Rouge à Moscou

Il consistait en une minuscule cuisine, des toilettes et un hall d'entrée d'environ 1 m² qui ouvrait sur le salon. L'unique chambre à coucher était séparée de l'espace à vivre par une mince porte de contreplaqué. Un lit double et un placard occupaient la plupart de l'espace. Une douzaine d'entre nous s'entassa dans le minuscule salon où nous avons parlé et bu du thé noir mélangé à de la gelée de prune très sucrée.

Le temps était venu maintenant pour Igor de commencer son premier latihan. Alexander et moi nous nous levâmes pour nous isoler derrière la mince porte de contreplaqué pour faire un bref latihan de 10 minutes, afin de pouvoir approcher l'ouverture dans un état de complète quiétude intérieure. Comme vous le savez déjà, la manifestation du latihan est habituellement l'expression de sons et de mouvements, en tout cas pour beaucoup de ceux qui le pratiquent. Mais pour Alexander, bien qu'il pratique depuis déjà quelques mois, son latihan était tout à l'intérieur, sans signe extérieur de mouvement ou de son. Il semblait heureux comme cela et dit qu'il se sentait bien à l'intérieur en le pratiquant.

Nous avions à peine commencé le latihan depuis 5 minutes que quelque chose me fit ouvrir les yeux pour voir que mon ami était blanc comme neige et aussi raide qu'une planche de bois et qu'il tombait doucement sur le côté vers une étagère chargée d'une vieille machine à écrire Olivetti, posée sur une petite table de chevet.

Je plongeai instantanément vers l'avant, attrapant la lourde machine juste à temps pour protéger son visage. Il tomba lourdement au sol, gisant sur le plancher, apparemment sans vie, ses paupières à moitié ouvertes montrant le blanc de ses yeux, sa bouche fermée hermétiquement. Je remarquai du sang qui coulait de sa main. Il avait dû se cogner sur le coin pointu de la table de chevet.

Je m'agenouillai à côté de son corps, il y avait juste assez de place entre le mur et le lit et je réalisai qu'il ne respirait plus. Je posai anxieusement mon oreille sur sa poitrine pour constater que son cœur restait absolument silencieux. Tout son corps était rigide et sans vie. Je pressai mon autre oreille contre sa poitrine. Il n'y avait aucun son, pas de mouvement... Il était mort !

SOURCE DE VIE

Mes jambes et mes pieds repliés sous les fesses, je m'assis le long de mon ami inerte, complètement abasourdi, ne sachant que faire. Je pouvais entendre les plaisanteries et les rires venant des buveurs de thé à travers la mince porte de contreplaqué du salon. Une rivière turbulente de pensées anxieuses inonda mon esprit. « Devrions-nous appeler une ambulance ? Mais à quoi bon s'il est mort ? Oui, mais en es-tu bien sûr ? » Je le regardai à nouveau. Il ne donnait aucun signe de vie. J'écoutai son cœur une fois encore, espérant que par miracle il serait reparti tout seul. Mais aucun battement ne se faisait entendre, on voyait toujours le blanc de ses yeux, sa bouche et ses mâchoires restaient raides et fermées. De sombres pensées m'envahirent, notre présence dans cet appartement était vraiment illégale et on nous avait dit clairement que nous n'étions pas autorisés à séjourner dans les maisons des citoyens russes. Nous serions sûrement arrêtés, comment pourrais-je justifier sa mort et le sang sur sa main ? Aurait-il pu y avoir une bagarre ? Le KGB enquêterait sur notre présence dans l'appartement et nos amis russes seraient probablement arrêtés eux aussi. Seraient-ils envoyés au Goulag ? Comment contacterions-nous nos ambassades ? Confronté à une situation pour laquelle je ne pouvais prévoir que des issues négatives dans mon esprit anxieux, mes émotions et mon corps tendu, je décidai de lâcher complètement mes pensées et mon anxiété. Je fermai les yeux pour atteindre en moi la vibration initiale de la vie. Cela me mit dans une profonde paix intérieure et après un laps de temps qui pouvait se chiffrer en minutes, j'entendis une voix dire doucement : « Appelle-le par son prénom ». Je cherchai dans mon esprit son prénom qui ne voulait pas venir. Combien étrange, alors que je le connaissais si bien. Sachant par expérience que ne pas trouver un prénom peut créer de l'anxiété, j'arrêtai de le chercher et revins dans mon espace intérieur de paix.

Toujours assis à côté de mon ami, je commençai à chanter, en fait, c'était plutôt comme une incantation. C'était comme si j'appelais les cieux et offrais la situation entière à la Source de Vie. L'incantation s'amplifia et je sentis mon âme se déployer en dehors de la pièce, puis en dehors du bâtiment. Ma conscience était maintenant bien au dessus de Moscou et témoignait de la présence de nombreux anges. Je reconnus la très fine sensation interne que j'avais éprouvée auparavant en conduisant Bapak sur l'autoroute. Je compris qu'ils étaient là pour nous assister. Ma conscience devint plus subtile et j'entendis une voix douce venant du pur et profond espace dire clairement… « Alexander ».

Les mélodieux chants rythmiques qui sortaient de ma voix, à présent incluaient son prénom, le rappelant à la vie. Après quelques temps, je réalisai que les anges étaient seulement une étape nécessaire pour ouvrir la voie vers une source plus haute de conscience. Il n'y avait que présence dans cet ordre subtil de conscience. Le « moi » s'était complètement dissipé, remplacés par un pur état d'Être.

L'Archange Michel soudain remplit ma conscience. Le très noble Être était pure énergie et se tenait là, gigantesque au-dessus de Moscou, la force de vie remplissait le firmament.

Bien des années auparavant, l'Archange Michel avait visité ma conscience de manière inattendue sous la forme d'un très grand Être ailé, en armure d'écailles de poisson dorées, tenant une épée étincelante. L'imagerie, je le compris à l'époque, était seulement un langage symbolique adapté à ma nature d'artiste. La représentation de l'Archange Michel par Raphaël, peintre de la Renaissance italienne, est la plus proche ressemblance que je puisse vous donner, mais ce n'est qu'une image purement symbolique et personnelle. Prendre conscience de l'Archange était pour moi la confirmation du niveau atteint par ma conscience à ce moment là. Je suis en train d'essayer de partager avec vous une expérience puissante avec seulement le moyen limité des mots, très subjectifs, pour quelque chose qui s'est passé dans une réalité en fait bien au delà des mots. C'est probablement une raison pour laquelle si peu est partagé ou écrit par ceux qui ont vécu des expériences similaires dans le monde spirituel.

Toujours dans cet état d'Être archangélique, comme si ma conscience était unie avec la force de vie de l'Archange, je me vis saisir le corps inerte de mon ami, qui me sembla ne pas avoir de poids et le soulever sur le grand lit, ses genoux restant pliés par-dessus le bord. Je me tins debout à côté de ses pieds, rempli d'un immense pouvoir de vie et de lumière. Sans l'usage d'aucun mot, je me trouvais ordonner intérieurement que le souffle de vie soit rendu à Alexander. Je sentis un grand flux d'énergie nous envelopper.

Puis, à travers le silence, j'entendis à nouveau les rires derrière la porte en contreplaqué. J'étais revenu dans mon moi terrestre ordinaire. Je regardais maintenant le visage gris de mon ami et je constatais la vibration de vie revenir doucement dans son corps. Ses yeux clignotèrent plusieurs fois et puis lentement s'ouvrirent. Tout d'abord, ils ne regardaient que le néant, puis ils firent le tour de la pièce et finalement se posèrent sur moi. Sa respiration, quoique encore imperceptible, revenait en même temps que sa peau retrouvait sa couleur. J'étais rempli d'une immense joie et d'un profond sentiment de reconnaissance et de gratitude pour avoir été témoin de ce que les terriens mortels appellent un miracle. Grâce à ce que je venais d'expérimenter, je réalisais que la transcendance était le moyen d'atteindre des niveaux plus élevés de conscience, dans lesquels ce qui semble impossible peut devenir possible.

Nous avions pris 35 minutes au lieu des 10 annoncées. Je me demandai immédiatement, après ce que nous venions de traverser, s'il était sérieux de demander à Alexander de participer au premier latihan d'Igor. Je me tournai rapidement vers mon âme et la réponse vint : « Oui, c'est bien ». Mon ami était maintenant assis sur le bord du lit et observait avec surprise le sang sur sa main. « Pendant ton latihan, tu es tombé et ta main doit avoir heurté le coin de la table de chevet. Te souviens-tu de quelque chose ? Te sens-tu bien ? » questionnais-je avec beaucoup de curiosité. Alexander ne se rappelait de rien.

Encore vibrant du pouvoir de ce latihan extraordinaire passé avec Alexander, j'ouvris la porte du salon à la recherche d'Igor. « Nous nous demandions ce qui vous était arrivé à tous les deux, vous avez pris si longtemps, nous avons failli entrer pour voir ce qui se passait ! » dit Rosalind d'un ton rieur, en se rapprochant de moi elle me murmura à l'oreille : « Dis moi Léonard, qu'est ce qui est arrivé ?

Tu as l'air radieux, vibrant de lumière, c'est extraordinaire ! » Je lui dis que je lui expliquerai plus tard et appelai Igor pour qu'il se joigne à nous pour son premier latihan.

Le latihan d'ouverture qui suivit fut léger et profond. Je remarquai que mon hôte, Alexander, se mouvait et émettait des sons pour la première fois comme si quelque chose avait été débloqué et l'avait libéré dans son corps et sa voix.

Je n'ai jamais raconté à Alexander ce qui se passa vraiment durant cet exceptionnel latihan. Quelque part, je sentais que cela n'aurait pas été une bonne chose, car l'important pour moi était que mon ami reste proche de sa propre réalité à lui. Après tout, ce que je décris ici est en vérité mon expérience et bien que j'aie été témoin du décès d'Alexander et de sa résurrection après quelques 35 minutes, étrangement, lui-même n'en avait pas été conscient. Je n'ai d'ailleurs pas partagé cette histoire auparavant, par discrétion peut être, excepté avec ma femme Mélinda et avec Rosalind en réponse à sa question, ainsi qu'avec mon Co-Aide International, le Docteur Hernando Cacho, pour voir si médicalement cette histoire était crédible. Il me dit que dans certains cas les battements du cœur peuvent ralentir jusqu'au point où il finit par s'arrêter mais ceci pour une période de quelques minutes au maximum. Un laps de temps plus long endommagerait le cerveau de manière irréversible. Ainsi, laissez-moi vous dire que, médicalement, cette histoire ne tient pas la route.

La force de vie qui tout embrasse

Puisque je suis sur le sujet de la transcendance, des anges et des archanges, je vais vous raconter une autre expérience sortant de l'ordinaire qui arriva le soir d'une visite à Tcherkassy, en Ukraine. Au début des années 90, les Ukrainiens souffraient sur le plan matériel, de la transition du communisme vers le capitalisme démocratique. La nourriture et les objets les plus élémentaires pour les besoins quotidiens, qui sont considérés comme courants en Occident, n'étaient tout simplement pas disponibles sur les étagères des rares magasins ou alors en très petites quantités et à des prix fort élevés. Les transports, le carburant, l'électricité étaient en pénurie et le soir, il n'y avait plus de transport en commun. Les rues n'étaient pas éclairées, on ne pouvait pas trouver d'essence dans le peu de stations qui étaient encore propriété d'état.

Un jour en fin d'après-midi, les Aides Internationaux et leurs hôtes vinrent à pied du centre de Tcherkassy jusqu'à un grand bâtiment communal qui se trouvait à quelques kilomètres, dans les faubourgs de la ville. Ce fut une soirée intense avec un latihan général, (hommes et femmes en même temps mais dans des pièces séparées) suivi de questions et d'explications. En sortant, nous nous sentions fatigués et nous appréciâmes la tranquillité des rues et l'air nocturne rafraîchissant. J'avais besoin d'être seul pour un moment. Je décidai de quitter mes amis qui bavardaient et pris un autre chemin de retour.

De naissance j'ai un bon sens de l'orientation et je me réjouissais de laisser mes pieds et mes jambes me ramener à domicile. Les rues étaient vastes et longues. J'étais dans une banlieue de la ville, avec quelques petites propriétés privées, mais principalement des gros blocs d'appartements gris, entourés de vastes espaces verts et de parkings vides. À ce moment de la nuit, la plupart des habitants étaient au lit et seulement un petit nombre d'appartements donnaient assez de lumière pour éclairer mon chemin. J'arrivais à un croisement et mes pieds prirent promptement le virage à gauche. Je suivis sans résistance, ma conscience était dans un état profondément paisible, mon mental inactif, je me réjouissais simplement d'Être. Nous, c'est-à-dire mes pieds et moi, arrivâmes à un T et tournâmes de nouveau à gauche. Dans le silence de la ville endormie, j'entendis une lamentation ou était-ce plutôt un grognement ? Je continuai à marcher, à ma gauche il y avait une butte herbeuse sur laquelle se dressait un grillage rouillé, partiellement détruit, qui séparait le pavé d'un bosquet de pins et de broussailles. Les gémissements étaient maintenant juste à côté de moi et je me penchai pour voir dans la demi-obscurité. Je découvris une vieille femme en guenilles assise, le dos reposant contre la barrière rouillée. Elle me paraissait ivre et elle tenait dans le berceau de ses jambes croisées, une femme plus jeune qui avait perdu connaissance. Contre la hanche de la femme saoule, gisait une bouteille de vodka vide. Elle pleurait, le visage défiguré par la souffrance causée probablement par le désespoir de son incapacité à faire face à la situation. Je m'agenouillai tout à côté des 2 femmes et regardai de plus près celle qui semblait inconsciente. Elle avait la cinquantaine et portait un cardigan finement tricoté par dessus une blouse blanche. Ses paupières fermées donnaient l'impression que ses sourcils noirs, en forme d'ailes, étaient sur le point de s'envoler. Sa peau était tendue sur la rondeur de ses hautes pommettes. Ses lèvres sans fard se touchaient à peine, comme si elle allait dire quelque chose. Je remarquai qu'elle ne respirait pas. Mon oreille tout contre son cœur ne révéla aucun battement et son corps reposait froid et sans mouvement, ses mains étaient croisées sur son plexus solaire. Je levai la tête et regardai autour de moi, dans la semi-obscurité, il n'y avait personne aux alentours. À droite, de l'autre côté de la vaste avenue, il y avait un grand bâtiment dont l'appartement, au coin du 1e étage, nous donnait un peu de lumière jaune.

L'incident de Moscou me revint à l'esprit : l'appel à une aide supérieure, la transcendance. Me détachant de mon ego anxieux de cette situation dans laquelle je me trouvais, je vins dans cet espace où il n'y a ni plus ni moins, juste la tranquillité et suivis l'incantation qui venait de l'intérieur. Une fois encore elle m'emmena vers ce que je décrirais comme l'état angélique. Nous étions maintenant entourés par la présence de nombreux anges et je leur demandai, sans passer par les mots, juste en présentant la demande « Quel est son nom ? » « Anna-Maria, Anna-Maria, Anna-Maria... ». Les sons qui sortaient de mes lèvres prononçaient rythmiquement ce nom dans son oreille. Je fus ensuite poussé à tenir doucement son menton de ma main gauche, ma main droite posée sur son grand front, et pratiqua le baiser de vie par de longs souffles réguliers pendant plusieurs minutes, pendant que ma conscience s'épanouissait dans un plus vaste espace de réalité. Et je devins conscient qu'Anna-Maria n'était plus dans son corps, elle était comme en attente, apparemment perdue, ne sachant où aller. La prescience devint plus subtile lorsque j'entrai à nouveau dans l'espace de l'Archange Michel. Je compris que ce niveau de conscience était une partie de l'ensemble du potentiel de la conscience d'un Être humain : c'était la force qui embrasse tout et qui donne la vie. J'étais maintenant de retour dans le monde physique et je sentis la subtile vibration de vie réintégrer doucement le corps d'Anna-Maria.

Puis j'entendis des voix et réalisai que des gens m'entouraient. En levant la tête, je reconnus mon groupe d'amis Subud qui avaient pris un autre chemin. « Léonard, mais que fais-tu par terre avec ces femmes ? Qui sont-elles ? » Entendis-je Kadariyah dire d'une voix quelque peu alarmée. « Son nom est Anna-Maria. Vite ! S'il vous plaît, trouvez quelqu'un avec un portable pour appeler une ambulance ! Et quelqu'un peut-il demander, en russe à cette chère vieille dame, si elle connaît la personne qu'elle tient sur ses genoux ? »

Un membre de Tcherkassy se précipita pour trouver de l'aide pendant qu'un autre essayait de communiquer avec la vieille dame à la bouteille de vodka. J'écoutai le cœur d'Anna-Maria pour entendre de faibles battements erratiques et remarquai qu'elle respirait maintenant imperceptiblement.

La vieille dame essayait de se lever, en s'appuyant sur le support rouillé de la barrière. Elle ne connaissait pas le nom de la dame. Elle l'avait trouvée inconsciente sur le trottoir et n'avait su que faire. Je restai auprès d'Anna-Maria pendant que les autres se tenaient tranquillement autour de nous. Cela prit 20 minutes pour que l'ambulance arrive avec tous ses feux clignotants. Deux infirmiers sortirent rapidement un brancard en toile qu'ils posèrent à côté de la femme toujours inconsciente. Un autre arriva avec une bouteille d'oxygène et un masque qu'il fixa rapidement sur le bas de son visage. Toujours inconsciente elle fut emmenée en urgence à l'hôpital de Tcherkassy.

Le lendemain, Vladimir, le président du groupe, qui avait été présent la nuit précédente, alla voir Anna-Maria à l'hôpital et lui raconta qu'elle avait été trouvée inconsciente sur le trottoir et comment un passant Français l'avait ramené à la vie. Son prénom était bien Anna-Maria.

Problèmes à l'aéroport de Kinshasa

Bien avant d'assumer la charge d'Aide International, je faisais souvent dans mon latihan des sons et des rythmes de danse de différents groupes ethniques d'Afrique, sentant dans tout mon corps le mouvement inné d'un africain. Ma langue s'était exercée à former des sons qui exprimaient des émotions d'une consonance totalement différente de celle que j'avais coutume de prononcer. En fait, ces expériences n'étaient pas liées seulement à l'Afrique, mais à beaucoup d'autres cultures et langages du monde, de sorte qu'en arrivant dans une contrée lointaine, je me sentais comme si j'avais déjà été là, que ce soit au Japon, dans les pays slaves, l'Indonésie, l'Afrique du Nord ou l'Afrique profonde. Leur culture me semblait familière. Cette brève explication à propos de mes expériences dans le latihan vous aidera quelque peu, je l'espère, à comprendre mon comportement dans différentes situations dans lesquelles je me suis trouvé.

C'est à la fin de septembre 1989 que je visitai la première fois le pays qui à l'époque s'appelait Zaïre, gouverné d'une main de fer par le président Mobutu.

Ma mère nous avait élevés, ma sœur et moi, avec des remèdes homéopathiques et lorsque qu'avec Mélinda nous formâmes notre propre famille, nous continuâmes la tradition de ne pas utiliser la médecine allopathique. Aussi, avant de partir pour Kinshasa, je demandai à notre médecin homéopathe de me donner un certificat de santé et d'établir que j'avais reçu les injections nécessaires pour les tropiques. Elle me donna donc différentes vitamines et des remèdes homéopathiques, y compris un pour la malaria, à prendre au cas où je tomberais malade. En obtenant mon visa, une secrétaire à l'ambassade me dit que le certificat médical en ma possession était suffisant pour entrer au Zaïre, appelé maintenant la RDC (République Démocratique du Congo).

Lusiyah Bassi et moi avions beaucoup de chance pour notre premier voyage en Afrique Centrale, d'avoir une remarquable compagne de voyage avec nous, qui non seulement parlait français, anglais, espagnol, portugais et beaucoup d'autres langues, mais qui avait aussi visité Kinshasa et les régions du bas Zaïre plusieurs fois auparavant comme Aide Internationale. Elle s'appelait Rachmaniyah Bowden, elle était d'origine hongroise mais à cette époque là elle vivait au Portugal avec son mari anglais. Une fois confortablement assis dans l'avion à côté de mon amie hongroise, j'écoutai avec beaucoup de plaisir et d'intérêt les nombreuses histoires de sa vie et ses aventures en Afrique Centrale.

Une heure environ avant l'atterrissage prévu à Kinshasa, je sortis, sans y penser, un billet de cinquante dollars de mon portefeuille. Je le pliai soigneusement et le glissai dans la poche de ma chemise. « Pourquoi ai-je donc fait ça ? » m'étonnai-je en moi-même, sans essayer de chercher une réponse.

Je fis une pause sur la plateforme de la passerelle avant de descendre de l'avion : l'air était chaud, humide et dense, avec une odeur particulièrement riche que je trouvai difficile à décrire. « Ah ! ce doit être l'odeur de l'Afrique tropicale » pensai-je en laissant tous les pigments de ma peau devenir un avec elle. Cela me rappelait la première fois que je suis arrivé à l'aéroport de Jakarta en 1970, où l'air humide apportait la senteur particulière de l'Indonésie, me rappelant les cigarettes au clou de girofle et le durion, fruit tropical doux qui se mange en décomposition et dégage une très forte odeur. Ici, c'était tout à fait différent. Très peu de gens fumaient, c'était plus comme des champignons qui auraient dépassé le stade comestible et l'odeur de la banane. Ce n'était pas déplaisant mais intrigant, inconnu.

Je pouvais maintenant distinguer à distance un groupe d'environ 30 hommes et femmes nous faisant des signes de bienvenue et des grands sourires.

Rachmaniyah était passée à la douane sans problème et avait disparu, mais un petit homme, portant un survêtement de docteur vert pâle, m'arrêta inopinément. Il me demanda mes papiers médicaux. J'ouvris mon passeport où j'avais glissé le certificat médical et le lui tendis. Il me le rendit promptement, disant « Qu'est ce que c'est que ça ? Je veux votre carte jaune ! Carte médicale ! » Ordonna t'il brusquement. Lorsqu'il comprit que je ne pouvais produire le document, il me demanda de le suivre. Nous suivîmes un corridor sombre qui nous mena dans les nombreux labyrinthes du sous-sol de l'aéroport. Nous entrâmes dans une petite pièce. À gauche, il y avait un ancien réfrigérateur debout sur de longues pattes tordues. À une certaine époque, il avait été couleur vert Nil, mais il était maintenant taché de rouille. Deux jeunes infirmiers dégingandés, habillés également de survêtements vert Nil crasseux, étaient accoudés de part et d'autre du frigo. Ils me firent de larges sourires. Un frisson froid descendit le long de mon épine dorsale dans l'appréhension de l'issue de cette étrange situation. À droite, il y avait un bureau métallique rouillé, flanqué de 2 chaises métalliques. La surface de travail ne portait aucun objet. Le docteur à l'allure solennelle, s'assit, m'invitant à faire de même et dit : « J'ai l'autorisation de vous renvoyer en Angleterre par le prochain vol, vous savez ? Si vous voulez entrer au Zaïre, je vais devoir demander à mes infirmiers de vous faire les piqûres nécessaires, y compris celle de la fièvre jaune ! » Il le dit avec sévérité, me regardant fixement de ses yeux qui montraient trop de blanc. Comme il finissait sa phrase, le plus grand des infirmiers, souriant maintenant jusqu'aux oreilles, ouvrit la porte du frigo et pointa du doigt la seule seringue posée sur la grille métallique. Elle était entourée de quelques mystérieux flacons bruns. « Mais j'ai déjà eu toutes les piqûres voulues pour les tropiques, y compris la fièvre jaune » protestai-je fermement, la gorge devenant tendue à cause du mensonge.

Le contrôle des évènements m'échappait et je décidai de trouver la quiétude intérieure. Je regardai le docteur, aimablement. Ma colère et mes peurs se dissipèrent et furent remplacées par une sensation paisible, un sentiment de compassion inondant mon cœur lorsque je compris que ces garçons étaient poussés probablement par la faim plutôt que par la méchanceté. Je me souvins du billet de 50 dollars dans ma poche de chemise. Dans cet état bienheureux, je vis intérieurement beaucoup de personnes qui entouraient le docteur et je sus qu'ils étaient tous membres de sa famille et qu'ils dépendaient de lui pour leur subsistance. Je cherchai le billet, que je tirai discrètement entre l'index et le médium et le plaçai dans la paume de ma main, cachant ainsi le billet vert. Puis la glissant vers le docteur, je soulevai le bord légèrement pour qu'il puisse voir ce que je cachais. « Bon, nous allons finalement arriver à nous mettre d'accord, j'en suis convaincu ! » s'exclama t-il, bouillant d'excitation en ouvrant grand le tiroir métallique de son bureau, il sortit le petit livret médical jaune tant désiré, avec un lot de tampons et un encreur. « Je pense qu'avec ça, je vais vous les mettre tous, si vous le voulez, bien sûr. » Ajouta t-il facétieusement en prenant l'argent, faisant attention à ce que les infirmiers ne voient pas notre peu officielle transaction.

Il y régnait maintenant dans la pièce une atmosphère légère, positive et un profond silence s'installa pendant que le docteur inscrivait soigneusement toutes les maladies et tamponnait chaque vaccin dans le livret avec une grande application.

La porte du bureau-clinique s'ouvrit brusquement. « Qu'est ce que vous êtes en train de faire à mon frère ? » cria le petit homme qui venait d'entrer. Il s'appelait Ruagasore. Je l'avais rencontré au précédent Congrès Mondial en Australie, où j'avais été le traducteur du groupe représentant les membres zaïrois. Il était Aide National pour son pays et entièrement dévoué à son rôle qu'il prenait très au sérieux, nous étions amis. « Comment ça? Comment peut-il être votre frère, c'est un blanc ! » dit le docteur, éclatant d'un rire rauque auquel se joignirent les 2 infirmiers. Je me levai immédiatement et étreignis affectueusement Ruagasore. Bien qu'il ne donnât pas l'apparence d'un homme fort, en l'étreignant, je pus sentir ses muscles d'acier sur son corps sans graisse.

Le docteur écrivit nettement et tamponna chaque certificat du livre jaune, me le donna, et nous partîmes aussitôt. Je me sentis soudain libre et léger comme un oiseau en suivant les pas rapides de mon ami à travers les sombres couloirs du monde souterrain de l'aéroport de Kinshasa. Comme Ruagasore et moi montions, souriants et relaxés, l'escalier qui conduisait aux barrières de rétention, le vaste groupe des membres Subud nous fit un accueil bruyant et chaleureux. La joie exprimée par les gesticulations de nos amis devant notre réapparition sonnait comme si nous avions gagné un important match de football.

La danse

Ma sensibilité et ma capacité d'attention augmentaient toujours lorsque je quittais ma maison pour des tournées internationales, mais l'Afrique tropicale pour quelque raison, élevait mon niveau de conscience à son plus haut degré. Tous mes sens - l'ouïe, la vue, l'odorat, la réceptivité par les sensations, la pensée et la prémonition - devenaient plus intenses, plus affûtés et plus clairs. Était-ce parce que tout était si différent ? Était-ce parce que j'étais arraché à ma routine habituelle et placé dans un environnement complètement nouveau que je me sentais aussi complet dans mon Être ? Je trouvais que j'avais une grande affinité et beaucoup d'amour pour le peuple que je rencontrais. Secrètement, à l'intérieur de moi, je me sentais comme un africain, quoique je sache, bien sûr, que mon apparence, était celle d'un authentique homme blanc. J'expérimentais, comme je me sentais un avec la population locale et mes amis Subud Zaïrois, comme la simple différence de couleur de peau peut être une barrière en éveillant toutes sortes d'idées préconçues qui brouillent toujours les relations humaines.

Les contrastes et les diversités hautes en couleur de l'Afrique tropicale, sa végétation luxuriante, ses fleurs et ses fruits, sa terre couleur brique avec son beau peuple, me faisaient penser, à cet instant, aux tableaux du Douanier Rousseau. C'était comme si je faisais partie d'une peinture vivante.

Lors de la précédente tournée en Pologne les membres polonais avaient suggéré que nous tenions, dans leur district des lacs, un camp international pour la jeunesse Subud. Nous suggérâmes qu'ils envoient une invitation et de l'information sur le camp aux présidents des organisations Subud de tous les pays. L'idée fut acceptée avec enthousiasme et les invitations envoyées dans le monde entier.

À cette époque, il y avait au Zaïre entre 600 à 700 membres pratiquant le latihan, principalement dans le bassin inférieur du fleuve Congo. Sur la route, au sud de Kinshasa, il y avait les villes d'Inkisi, Matadi, Boma et finalement Muanda qui était tout en bas, près de l'embouchure du Congo où un petit groupe s'était développé autour de la maison et de l'école de Kiti Ki Menghi et de sa femme Marie-Claire. Ce que que je vais vous raconter s'est passé lorsque Lusiyah, Rachmaniyah et moi visitâmes Inkisi où il y avait un grand groupe de membres Subud incluant beaucoup de jeunes. C'était une nuit sans lune etnousdevions quitter la maison de notre hôte, Koka, pour aller à la réunion des membres locaux.

Rachmaniyah, Léonard et Lusiyah au Congo RDC

Un aimable jeune homme nous prit par le bras avec beaucoup d'attention pour nous conduire pendant 20 minutes de marche dans un noir absolu, par-dessus fossés, trous, mares boueuses et bosses multiples, nous arrivâmes finalement à la salle louée à cet effet. J'admirais la capacité remarquable de notre jeune guide à voir si bien dans l'obscurité.

On nous amena jusqu'à 3 chaises pliantes posées sur l'estrade en bois. Le plafond bas était fait de panneaux d'aggloméré qui pendaient partiellement là où leurs attaches avaient cédé ; il avait l'air d'une mer à l'envers, agitée par des vagues immobilisées par le gel. Comme la salle se remplissait, l'air devint plus dense et les gens semblaient se parler avec excitation. Finalement, le Président du groupe d'Inkisi se détacha de la foule agitée et monta les 3 marches de l'estrade. L'auditoire se calma instantanément au niveau d'un simple murmure.

Le président qui avait une allure sévère, se déplaça lentement et solennellement vers le centre de l'estrade et prononça quelques mots froids de bienvenue. Je sentais qu'ils ne venaient pas du cœur, bien qu'il essayât d'en donner l'impression. Son visage était tendu et sa bouche avait de la peine à sourire. Puis il ne put garder plus longtemps sa distance et en arriva au point d'élever la voix et de laisser ses sentiments, qu'il avait retenus pendant les mots précédents, s'exprimer dans une colère cette fois-ci sans retenue. « Parlant au nom des jeunes Subud du Zaïre, de leurs parents et grands parents, j'ai à dire maintenant combien nous sommes mécontents et furieux avec l'Organisation Subud Mondiale qui se dit être une fraternité ! »

Il fit une courte pause et se tourna vers la salle pour y trouver un encouragement dans les regards de l'auditoire indigné et il continua, pesant gravement ses mots : « Nos jeunes gens ont reçu une invitation pour aller à un camp de jeunesse en Pologne. Ils ont utilisé toutes leurs économies, y compris celles de leurs parents et grands-parents, pour obtenir des photographies pour leurs passeports, puis ont attendu patiemment les billets qui leur permettraient d'obtenir le visa requis pour la Pologne. Mais rien ! M'entendez-vous ? Rien, aucun billet n'est venu ni de l'Organisation Subud Mondiale ni des polonais ! Maintenant, c'est presque trop tard, ils ne les auront jamais à temps. Où sont ces billets pour que nos jeunes gens puissent répondre à l'invitation par leur présence ? » Il regarda ensuite fixement dans notre direction, attendant une explication. Dans la pesante atmosphère, j'entendais des murmures acrimonieux venant de l'audience. La tension avait atteint un stade explosif. Je jetai un coup d'œil à Rachmaniyah et Lusiyah. Elles semblaient toutes deux pétrifiées et je sus que leur souhait était que je fasse quelque chose pour répondre à ce qui semblait être une situation inextricable.

Je me levai lentement en suivant mon mouvement intérieur et marchai vers le centre de l'estrade. Tout ce que je pus voir dans la salle mal éclairée était le blanc de dizaines de paires d'yeux qui me fixaient sévèrement. Le Président soudain se retira et regagna son siège me laissant debout sur l'estrade, en face de la foule en colère. Je respirai tranquillement et profondément, puis abandonnai mes peurs avec mon ego et me rapprochai de mon âme…

Instantanément, à ma grande surprise et à celle de tous les autres présents, je me lançai dans une danse inhabituelle. Mon estomac se contracta violemment, courbant mon corps à angle droit de mon pelvis, tandis que ma gorge et ma langue se mirent à hululer fortement d'une voix aiguë, pendant que mes jambes, dans un rythme écervelé, faisaient danser mon corps en de larges cercles autour de l'estrade. « Es-tu devenu fou ? Qu'es-tu en train de faire ? » me demandai-je, tout en me rappelant vaguement que, quelques années auparavant, quelque chose de semblable m'était arrivé pendant un latihan. Une voix vint sereinement des profondeurs de mon Être : « Danse jusqu'à ce que l'atmosphère change ! ». Je continuai plusieurs minutes et je me demandai quand cela finirait ? L'intensité de la danse et du hululement décrurent lentement. Je redressai mon corps et me tins debout quelques secondes, reprenant mon souffle et ruisselant de sueur. J'ouvris les yeux sur une scène surprenante : l'auditoire enthousiaste était debout et s'exprimait par une ovation joyeuse, gesticulant et criant des bravos, montrant leur pleine approbation de ma performance.

Je souris jusqu'aux oreilles et lorsque l'hyper atmosphère se fut calmée, un flash de compréhension vint dans mon esprit et je leur dis : « Mes très chers frères et sœurs, Rachmaniyah, Lusiyah et moi comprenons bien les raisons de votre grande déception et même de la colère que vous exprimez au sujet de l'invitation qui vous est arrivée par les canaux internationaux et qui venait directement de la présidence polonaise de la jeunesse Subud. Ayant voyagé dans beaucoup de parties du monde, je réalise que, bien qu'un mot soit apparemment le même d'un pays à l'autre, son contenu et sa signification peuvent différer beaucoup en fonction de la culture locale, de la tradition et du mode de vie de chaque nation. Cette réalité a, souvent dans le passé et à nouveau aujourd'hui dans notre situation, conduit à de grandes incompréhensions entre les peuples, entraînant souvent des souffrances. Comment est-il possible que le mot « Invitation », qui contient une connotation si positive, conduise à tant de malentendus ? Pour vous aider à comprendre, je vais vous demander d'imaginer que vous voyagez avec moi dans un pays très nordique, disons par exemple la Norvège. Là-bas, si un frère ou une sœur nous dit : « Je vous invite à me rendre visite ». cela signifie : « Vous êtes invité pour un jour à planter votre tente au fond de mon jardin là-bas, sous le pommier, de façon à ce que nous puissions nous voir. Il pourrait même se joindre à vous dans votre tente avec une bouteille d'alcool pour partager un verre avec vous.

Un anglais dirait plutôt : « je vous invite chez nous pour une tasse de thé »

Quand un allemand vous invite il signifie réellement : « Venez manger un morceau à la maison »

Quand un français ou un italien vous invite, non seulement il vous servira un grand repas qui pourrait durer une demi-journée, mais il s'assurera que vous goûtiez son vin préféré.

Quand un nord-africain ou disons un algérien vous invite, il veut dire en général : « Venez et profitez de ma maison, vous pouvez rester un ou deux jours si vous voulez et tout à mes frais »

Mais, je réalise maintenant que lorsqu'un Zaïrois vous invite, non seulement il vous invite dans sa maison, mais il vous enverra aussi avec l'invitation, le billet d'avion et vous gardera plusieurs jours. Selon les cas, le même mot, « Invitation », possède un sens complètement différent : à chaque nation sa signification ! »

Maintenant chacun riait sans aucune retenue. Certains trouvaient le dernier commentaire si drôle que des larmes se mêlaient à leur rire. Le président revint sur l'estrade et dit avec beaucoup d'amusement dans sa voix : « merci, merci, Léonard, pour cette explication lumineuse. Nous comprenons vraiment à présent la raison de cette grande confusion. C'est vrai, au Zaïre, avant d'inviter quelqu'un, nous devons d'abord regarder dans notre bourse si nous pouvons vraiment payer le billet ! » Et chacun rit à nouveau. La réunion était maintenant devenue harmonieuse, nous nous sentîmes de nouveau en unité avec le groupe et pûmes partager nos expériences Subud internationales et écouter les histoires de leurs nombreuses expériences reliées au latihan.

Nous sortîmes tard ce soir là de la grande salle et le même jeune homme aimable nous prit par le bras et nous re-guida jusqu'à notre logement. Il me demanda : « Léonard, où avez-vous appris à danser comme ça ? Savez-vous que dans notre mémoire collective africaine, jamais un blanc n'a exécuté la danse hululante pour des Africains ? Cette danse est notre moyen traditionnel d'exprimer le plus haut degré d'amour et de respect pour quelqu'un que nous avons en haute estime, peut être un roi ou quelqu'un de très respecté. C'est pourquoi nous étions si touchés, si émus, quand vous nous avez montré votre profond respect en utilisant, par le chant et la danse, notre propre langage traditionnel. » Je répondis à mon guide : « Je n'ai pas eu à apprendre cette danse. La danse était déjà en moi. Je l'ai expérimenté dans un latihan voici quelques années ; quand j'étais sur l'estrade, je trouvai la paix intérieurement et sentis énormément d'amour pour vous tous dans la salle, ensuite j'ai suivi simplement la danse, le mouvement et les sons qui venaient spontanément de l'intérieur. »

Être guidé par chaque partie de notre corps

Je vous rappelle, cher lecteur, que ce que nous appelons « évaluation » ou « test » est souvent utilisé parmi les pratiquants du latihan pour nous amener en un lieu de compréhension, non par notre mental, comme c'est normalement le cas dans la vie ordinaire, mais à travers tout notre Être en prenant conscience d'une réalité sans l'usage de la pensée. C'est pourquoi, lorsque j'utilise le test, je m'assure toujours que je n'utilise pas mon mental pour arriver à la question qui va ouvrir la porte de la clarté sur un problème donné. J'écoute au préalable, dans un état complètement détaché, le ou les problèmes de la personne. Je ne cherche pas à me rappeler ce que je viens d'entendre. Ensuite j'invite la personne à faire un bref latihan de quelques minutes. Généralement une compréhension globale de la situation surgit alors dans mon Être intérieur et les mots qui suivent habituellement conduisent la personne à recevoir et expérimenter sa propre réalité et ainsi à trouver sa voie.

L'histoire que je vais vous raconter illustre, non sans humour, ce que voulait dire Bapak lorsqu'il disait, en parlant des tests : « Vous pouvez en fait recevoir une réponse à travers n'importe quelle partie de votre corps et de votre Être. » Je me souviens qu'à l'époque je n'avais pas compris clairement ce qu'il avait voulu dire.

Nous logions alors au centre catholique de Kinshasa. L'homme qui désirait me voir était petit, mince et avait des traits délicats qui amplifiaient, d'une certaine manière, sa timidité, il avait atteint la cinquantaine. Mon ami Ruagasore me le présenta en disant : « Léonard, pour des raisons que nous ne comprenons pas, André a cessé de recevoir dans son latihan depuis déjà pas mal de temps. Avant, son latihan était sonore et très fort ; maintenant, il dit qu'il ne sent plus rien ». André acquiesça en hochant la tête. Je lui suggérai de me suivre pour aller dans ma chambre, ensuite je lui expliquai que nous allions faire un bref latihan ensemble, suivi peut-être par quelques tests. Nous nous tenions debout l'un devant l'autre et nous commençâmes le latihan. Bientôt il devint calme et paisible dans un état de grande sincérité, il était complètement immobile et silencieux, l'air totalement absent. Mon propre latihan s'amplifia, une douce musique sortait de ma bouche pendant qu'en même temps ma conscience s'élargissait pour inclure André dans mon champ de présence. Après un bref moment, surpris et étonné je sentis une présence dans mes organes génitaux. J'ouvris mon regard intérieur pour observer que le prolongement de mon pénis, à moitié en érection, devenait celui d'André en passant à une couleur plus sombre. « Léonard, tu es vraiment un drôle de mec, qu'est-ce que ça veut dire ? ». Au moment où je posai la question, je compris pourquoi André était devenu aussi bloqué dans son latihan. « André ? » Il était visiblement très loin car cela il mit du temps pour ouvrir les yeux et me regarder. « Oui ? » répondit-il tranquillement. « Avez-vous senti quelque chose de particulier pendant ce bref latihan ? » demandai-je. Je sentis immédiatement son embarras, car ses yeux se mirent à regarder de droite à gauche sans qu'il soit capable de me répondre. « Avez-vous senti quelque chose dans la partie inférieure de votre corps ? » continuai-je plus précisément. « Oui, j'ai senti quelque chose par là. » répondit-il à voix basse, en montrant d'un geste vague la région de son sexe ; il semblait maintenant soulagé. « Dites-moi, êtes-vous marié ? Et si oui, avez-vous un problème sexuel avec votre épouse ? »

Il se mit alors à me raconter la pénible histoire qui l'avait conduit au blocage de ses sensations et exprima sa grande détresse. « J'étais très amoureux, depuis pas mal de temps, d'une jeune femme nommée Félicité. Il y a 6 mois de cela, je suis allé voir son père pour lui demander la main de sa fille. Après de laborieuses négociations, nous conclûmes que je lui donnerai une vache et deux chèvres pour qu'il me confie Félicité. Ce fut pour moi un effort financier colossal de rassembler assez d'argent pour honorer le contrat de mariage, vous savez, je suis très pauvre. Le mariage eut lieu, tout allait bien, Félicité semblait m'aimer et nous vivions heureux ensemble dans ma petite maison.

Nous étions mariés depuis une douzaine de jours, lorsque son père furieux revint chez moi et menaça de me tuer si je l'empêchais de reprendre sa fille. Sa raison était que je l'avais dupé dans les négociations avec mon discours habile et qu'elle valait beaucoup plus qu'une vache et deux chèvres ! » Sa voix tremblait d'émotion à présent. « Avez- vous peur du père de Félicité ? » demandai-je gentiment. André répondit en regardant le plafond et en ouvrant largement les bras : « Il est grand, il est fort et violent. Ça m'est impossible d'aller la chercher, je suis trop terrifié ! » « Est-ce que votre latihan s'est bloqué après que le père ait repris sa fille ? » demandai-je sur un ton monotone en fermant les yeux. « Oui » murmura t-il.

« André, fermez les yeux et relaxez-vous. Trouvez, par un lâcher-prise total de votre ego et de vos peurs, l'endroit en vous où il n'y a ni positif ni négatif, seulement une paix profonde… » J'attendis jusqu'à ce qu'il ait atteint un état intérieur neutre et paisible. « Maintenant recevez par le latihan, comment vous vous sentiriez vraiment si vous rencontriez le père de Félicité ». Une peur instantanée s'empara soudain d'André, son corps se mit à trembler puis fut pris de secousses violentes, son visage déformé exprimait la panique. Il n'était pas nécessaire de faire durer cet état de malaise, aussi dis-je : « Ça suffit maintenant, libérez-vous de cette peur maintenant. Retournez à votre état intérieur précédent là où réside une paix profonde.» Je surveillai le retour au calme de sa respiration. « Maintenant, suivez seulement les mouvements et les sons qui viennent spontanément d'eux mêmes... Comment êtes-vous, si vous êtes proche de votre âme en arrivant à la porte de la maison de votre beau-père pour reprendre votre femme ? Recevez maintenant ... »

Lentement, le visage d'André s'épanouit, comme tiré vers le haut par ses fins sourcils et de la lumière émanait de son intérieur. Sa bouche souriait à présent gentiment, ses bras écartés prêts pour une étreinte et il fit un pas en avant. « C'est bien pour le moment, terminez maintenant. » dis-je doucement et j'attendis quelques instants le retour de son moi ordinaire. Il reflétait le bonheur, totalement relaxé il souriait. « Merci, je comprends maintenant. » dit-il. « Pour ramener Félicité à la maison, vous savez maintenant quoi faire : restez proche de votre âme, lorsque vous serez devant la porte de la maison de votre beau-père » lui dis-je pour conclure et nous nous séparâmes.

Une semaine plus tard, nous étions de retour à Kinshasa après notre tournée dans le Sud-ouest et durant un latihan avec le groupe de Salembao, j'aperçus André. Je ne l'avais tout d'abord pas reconnu, puis je remarquai que son latihan était libre et expressif. Je fus heureux de voir que le passage de mon ami au Centre Catholique avait porté ses fruits. À la fin du latihan, il vint me voir pour partager son histoire. Le jour suivant les tests qu'il avait faits avec moi, il alla tout droit à la maison de son beau-père et avant de frapper à la porte, se reconnecta à ce qu'il avait reçu dans les tests en se laissant aller complètement libre de son ego et de ses peurs. Instantanément il ressentit un sentiment d'amour pour l'homme dont, par le passé, il avait eu si peur. Il frappa à la porte et à sa stupéfaction, son beau père sortit les bras grands ouverts pour l'accueillir et lui rendre Félicité, en s'excusant pour sa mauvaise conduite. Puis il ajouta qu'il souhaitait désormais être en bons termes avec son nouveau gendre. « Et votre latihan s'est débloqué ? » demandai-je en sachant bien qu'il l'était. « Oui, merveilleux et libre. »

Prendre conscience de nos ancêtres

L'histoire que je vais vous raconter maintenant montre que (on a commencé comme ça « être guidé par… ») Ma pratique du latihan a éveillé non seulement mon corps physique en le rendant plus libre, mais aussi ma conscience de l'au-delà, ainsi que des mondes que je ne peux pas voir avec mes yeux ordinaires. J'emploie le mot « monde » au pluriel, car j'ai remarqué que chaque monde est relatif à sa propre réalité et à son propre niveau de conscience. En d'autres termes, la relativité d'un monde a sa propre vérité et elle n'est pas vraiment applicable à l'autre.

L'expérience que voici me l'a démontré. Elle se passe non loin de l'aéroport international de Kinshasa pendant un latihan, précédant une séance de tests avec des membres masculins du groupe de N'djili. Environ 15 hommes étaient présents, la plupart en dessous de quarante ans, nous étions dans une petite salle sans mobilier. Je leur avais suggéré qu'après un bref latihan, nous procéderions à des tests généraux.

Pendant le latihan, je me trouvai proche d'un très jeune homme. Il était immobile et ne semblait pas être en latihan comme tous les autres. J'ouvris mes yeux intérieurs pour voir une longue queue de ce qui semblait être sa parenté habillée de couleurs vives et se tenant juste derrière lui. Mon attention fut attirée spécialement par une vieille dame fortement bâtie qui agrippait sa chemise d'une main pour le tirer vers l'arrière, tandis que l'autre main tenait un long bâton. La queue était longue et s'étendait à perte de vue. Ils paraissaient tous tristes, je remarquai qu'aucun d'eux ne souriait.

Après une vingtaine de minutes, la pratique spirituelle s'arrêta naturellement et je suggérai que les hommes s'asseyent à même le sol, le dos au mur, pour nous laisser un large espace au centre. Je partageai avec eux mon expérience sur les bienfaits de faire des tests et offris ensuite l'espace à qui aimerait partager ses expériences de latihan ou demander à clarifier une question sur un point au moyen de tests. Un silence substantiel s'ensuivit et je sentis qu'il y avait une timidité à rompre le silence.

À ma grande surprise, Daniel, le jeune homme que j'avais vu retenu par ses ancêtres pendant la pratique spirituelle, parla avec une nuance de colère dans la voix : « Je pratique le latihan depuis plus de 18 mois et je ne vois pas pourquoi je continuerai à le faire car je ne sens rien du tout, je ne bouge pas et n'émets pas de sons comme le font les autres ! »

« Peut être qu'un test pourrait t'aider ? » Suggérai-je. Il accepta et je demandai aux autres de rester assis tranquillement pendant la session de test. Daniel et moi nous étions face à face au centre de l'espace et quand je sentis que nous étions profondément calmes, je dis : « Daniel, relaxes complètement toutes les parties de ton Être, laisse s'assoupir tes sentiments, comme les eaux d'un lac quand il n'y a aucune brise… Maintenant, reçois par le latihan ce qui se passe lorsque tu rencontres ta grand-mère, la maman de ta mère ? » En l'espace de quelques secondes, Daniel se mit à hurler, mettant ses bras et ses mains au dessus de sa tête comme pour se protéger des coups de bâton. Son corps entier tremblait de peur. Il tomba par terre en positon fœtale, ses mains protégeant sa tête et son visage. Avec des hurlements d'agonie, mêlés de pleurs, il criait, « Oh non, non ! Ne fais pas ça, s'il te plaît, arrête ! »

Son expérience était intense. Nous sentions tous son mal-être et sa souffrance.

« Retrouve ton calme maintenant cher Daniel, relève toi et retourne à l'endroit tranquille qui est en toi, » dis-je doucement. Comme s'il était plein de contusions, il se releva lentement et se tint paisiblement à nouveau devant moi. « Tu viens juste de montrer comment sont tes relations avec ta grand-mère. Maintenant, reçois comment ta relation avec ta grand-mère pourrait être, si tu restais proche de ton âme. » En cherchant en lui quelque chose à quoi se raccrocher, Daniel rencontra le sentiment d'amour pour sa mère. Son visage devint beau en exprimant ce sentiment, ses mains s'ouvrirent le long de son corps. « Oui ; dis-je doucement, c'est le sentiment d'amour que tu as pour ta maman, mais maintenant pour trouver l'harmonie en toi et dans ta famille, reçois le sentiment en accord avec ton âme, que tu dois avoir pour ta grand-mère. » Cela prit plus longtemps à mon jeune ami pour recevoir ce test, car il eut un combat intérieur. Finalement, il abandonna sa résistance, ses bras se levèrent et il étreignit sa grand-mère avec amour. « À nouveau Daniel, relaxe-toi complètement... Où est cette peur qui réside en toi ? Exprime là... » Son corps fut pris de tremblements et son visage exprima la crainte. « Tout en continuant à recevoir cette peur, que peux-tu faire dans ton Être pour trouver des sentiments d'amour où il n'y a aucune place pour la peur ? »

Rapidement, Daniel exprima et montra qu'il était possible pour lui de laisser aller ses peurs lorsqu'elles survenaient et de retrouver le sentiment d'amour.

Lors de ma visite suivante au Congo, un an plus tard, Daniel vint à moi pour me dire que sa grand-mère avait cessé de le bastonner depuis cette session de tests et qu'il n'en avait plus peur. Elle était devenue douce et gentille avec lui. Je remarquai aussi que son latihan était maintenant complètement détendu, libre et puissant.

Vous devez vous demander comment je savais que sa première expression d'amour était envers sa mère. C'est parce que, lorsque je fais une session de tests avec un membre, ma conscience intérieure plus subtile devient attentive à ce que ce membre reçoit pendant son expérience. Ainsi, cela est clair pour moi car dans un détachement total, je reçois moi-même ce qu'il ressent. Pour la personne qui n'est pas habituée à cette pratique du latihan, cela peut sembler très étrange, presque magique, mais en vérité c'est aussi réel et logique que l'équation 2 +2=4 dans le monde matériel.

J'ai utilisé cette forme de tests d'innombrables fois pour aider les personnes à se connecter avec leur propre vérité, pour trouver ce qu'elles sont capables de faire pour améliorer leur manière d'être, afin de trouver l'harmonie en elles-mêmes, avec leur entourage et leur famille.

Lorsque je me connecte à mon âme, ma conscience accomplit une action transcendante. Le latihan a entraîné ma conscience à utiliser la transcendance pour atteindre l'âme, le vaisseau qui mène à la source. Dans certaines de ses causeries, à l'époque où il voyageait de pays en pays, Bapak expliquait souvent, non sans humour, ce qu'était la situation de l'âme pour la plupart d'entre nous : nos âmes possédaient seulement des parties ou des morceaux d'un corps spirituel. Il éclatait parfois de rire en décrivant quelqu'un qui pouvait avoir deux jambes spirituelles jusqu'à la taille, mais pas de corps au dessus ou juste une bouche, un estomac et des pieds. Ses descriptions étaient drôles et me rappelaient certaines figures de Jérôme Bosch. Il nous disait qu'en pratiquant le latihan régulièrement, nous pouvions éventuellement compléter notre corps spirituel. À vrai dire à l'époque, je ne réalisais pas complètement ce qu'il expliquait. Cela me semblait complètement bizarre. Cependant, je l'aimais tant que, sachant le peu que je connaissais du monde spirituel, j'acceptais sans jugement ce qu'il disait, en espérant qu'un jour je pourrais arriver à comprendre.

En toute simplicité, je peux dire aujourd'hui que dans ma propre réalité, je reconnais maintenant ce dont parlait Bapak autrefois. Naturellement, comme le latihan vient sans enseignement, le langage que j'utilise est tiré seulement de mes propres expériences. Dans ce sens, je n'utilise pas un langage religieux « appris » pour exprimer ma compréhension spirituelle.

Ce fut pour moi une opportunité extraordinaire de devenir Aide International et d'avoir la chance de voyager dans des parties si différentes du monde, non seulement pour rencontrer des gens de toutes nationalités, mais aussi pour pouvoir « lâcher-prise » ensemble en toute confiance avec des peuples indigènes dans l'entraînement du latihan.

SOURCE DE VIE

Pendant 4 ans nous avons pu voyager en Scandinavie, Russie, Ukraine, Europe Centrale, Europe du Sud, Afrique du Nord, Afrique Centrale, Afrique du Sud et faire le latihan avec les populations locales. Il y avait quelque chose de tellement réconfortant dans l'expérience : sans se servir de mots, de vivre ensemble la proximité et la grande similarité de tous les êtres humains. L'expérience du latihan, dans quelque continent du monde qu'on le pratique, semble nous rapprocher de nos semblables avec un sentiment d'amour. Pendant la pratique spirituelle, alors que chacun a laissé complètement aller son ego et ses désirs, sans enseigner de règle ou de code, la force de vie unifie les individus qui sont capables de suivre les mouvements initialisés depuis leur âme.

L'action du latihan libère ce qui bloque notre évolution

Je fus surpris, en visitant le Nigéria en automne 1992, de constater lors de mon premier latihan à Lagos, que la douzaine d'hommes présents étaient absolument immobiles et qu'ils ne proféraient aucun son. Surpris de me trouver le seul à bouger et à chanter, je leur demandai la raison de leur non expression. David, le président du groupe m'expliqua : « Notre latihan se passait habituellement avec liberté de mouvement et de son, en fait, il était très bruyant. Il y quelques années de cela, quelque chose de malheureux arriva, qui aurait pu se terminer en tragédie… » Il fit une pause quelques instants puis reprit : « Les hommes et les femmes, séparés par une cloison, faisaient leur latihan au 1e étage d'un vaste entrepôt de céréales, qui était situé sur le marché près du centre de Lagos. Il arriva qu'une fois, une sœur eût un latihan plutôt explosif, avec des cris et des pleurs bruyants. Ses hurlements furent entendus jusqu'au marché en dessous et les commerçants crurent immédiatement qu'un viol se passait dans l'entrepôt. Quelques uns d'entre eux avaient vu des hommes et des femmes monter l'escalier quelque temps auparavant. Ils en déduisirent qu'il était de leur devoir d'aller « sauver » les dames des griffes de ces violeurs barbares. Une bagarre folle s'ensuivit, quelques uns de nos frères Subud furent blessés et nous ne pûmes plus faire notre pratique spirituelle dans l'entrepôt. Nous fûmes très perturbés par cette mésaventure et demandâmes à notre Aide National de l'époque ce que nous devions faire. Il répondit que

Visite au Nigeria, 1992

Bapak avait expliqué une fois que lorsqu'on pratique le latihan dans une pièce qui n'est pas isolée pour le son, si cela perturbe les voisins, chacun de nous devions demander à recevoir un latihan silencieux. Depuis lors, nous ne bougeons plus et ne faisons plus de bruit. » termina t-il avec un large sourire.

Il était maintenant près de 21heures, et comme nous avions fait notre latihan dans le bureau d'un des membres, je demandai à David : « Y aurait-il quelqu'un en dessous de nous ou au dessus ou dans une pièce adjacente en ce moment ? » « Non, personne » répondit-il calmement. « Bon, c'est super. Je propose que nous testions avec ceux d'entre vous qui le désirent parce qu'ils ne sont pas satisfaits de leur latihan actuel. D'abord, je demanderai : comment est votre latihan à présent ? Ensuite, comment est votre latihan si vous êtes totalement libres de tout conditionnement ? »

Chaque homme se présenta pour le test, l'un après l'autre et le résultat fut probant pour chacun quand ils reçurent, par les sons et les mouvements, l'expression de leur véritable nature. L'un deux mentionna qu'il se sentait comme sorti d'un long sommeil depuis le jour de la grande bagarre.

Latif, le président Subud du Nigéria de l'époque, nous avait gentiment fait visiter les 4 autres groupes principaux et, dans chacun d'eux, nous rencontrâmes la même situation : contrainte, silence et pas d'expression dans le latihan. Chaque fois nous testions les membres un par un et chaque fois leur pratique spirituelle se débloquait et ils retrouvaient leur liberté de mouvement et de voix.

Malheureusement, beaucoup de membres avaient cessé leur pratique régulière durant cette longue période de « latihan silencieux », découragés par la sensation qu'ils ne progressaient plus dans leur spiritualité.

Les quelques derniers jours de notre visite se passèrent au Congrès National Nigérian à Ijebu-Ode. Il se tenait dans la vaste maison du Docteur Labagio qui était assez grande pour accueillir les nombreux membres nigérians qui étaient venus. Les latihan étaient puissants et c'était un plaisir de voir que chaque membre avait su se départir de la période du « latihan silencieux » et se laissait aller maintenant dans son propre latihan sans aucune restriction.

Une rencontre avec la Magie Noire

Pendant que nous sommes au Nigéria, je vais partager avec vous une étrange expérience qui arriva lors d'une visite dans la ville d'Enugu.

Samson, un jeune membre du groupe d'Enugu, avait demandé s'il pouvait m'emmener, tôt le matin suivant notre arrivée, voir les lieux où il espérait développer sa nouvelle entreprise de graphisme et de publicité. Il arriva dans une petite fourgonnette blanche où les fenêtres des deux portes avant manquaient. En se penchant vers la droite, il ouvrit la porte grinçante en m'invitant, avec un charmant sourire, à prendre la place du passager. Samson était très heureux que je sois à ses côtés dans sa fourgonnette et sa joie bouillonnante devint contagieuse. Nous apprécions l'un et l'autre d'être ensemble et de larges sourires s'épanouissaient sur nos visages. Il se sentait d'humeur loquace. Je l'écoutais simplement.

« C'est un peu dans la périphérie d'Enugu. Vous verrez, il y a là un grand potentiel. Mon premier travail sera de repeindre entièrement le bureau en blanc, à présent, vous allez voir, il est plutôt crasseux ! C'est surprenant de voir ce qu'un peu de peinture peut faire... Nous entrons maintenant dans la partie un peu sauvage de la ville et si quelque chose arrive, ne dites rien, laissez-moi faire la conversation. » M'avertit-il comme s'il avait eu une prémonition. Mon jeune ami devint soudain tendu et sérieux, fronçant les sourcils. Je regardai devant nous et vis que nous arrivions à un carrefour quand, à ma consternation, un homme de grande taille apparut soudain dans une rue latérale et courut au centre de l'intersection. Il tenait un petit arc et quelques flèches d'une main. Son visage était caché par un grand masque de bois agressif peint dans les tons ocre, blanc et noir. Il avait de larges bandes blanches peintes sur le torse et une courte jupe de raphia autour de sa taille pour seul vêtement.

Samson arrêta la camionnette à 5 mètres de l'individu menaçant qui se tenait maintenant droit devant nous, les bras étendus et les avants bras vers le ciel, les jambes bien écartées, les genoux pliés à angle droit, les pieds pointant vers l'extérieur. Tout son corps tremblait violemment. Les passants s'étaient arrêtés pour observer la scène. Parlant avec un calme forcé entre ses dents, sans remuer les lèvres ni la tête, mon compagnon me dit : « Regardez vers le bas, ne réagissez pas et ne remuez pas, ceci est de très mauvais augure ! »

L'homme masqué, dans sa danse guerrière, parlait fort dans une langue africaine et répétait mandala, mandala. Je reconnus juste ces mots en lingala qui veulent dire « homme blanc » qui revenaient très souvent dans son flot de paroles. En regardant du coin de mon œil droit, je vis un jeune homme qui pointait une flèche rouillée à l'air empoisonnée à quelques centimètres seulement de ma tempe. Une déplaisante sensation glaçante descendit le long de ma colonne vertébrale.

À présent, Samson tremblait de peur et son visage devenait gris. Je sentis que la meilleure place pour moi était d'être proche de mon univers intérieur et je me laissai complètement sortir de mon anxiété et atteignis un état de paix profonde. J'abandonnai totalement mon moi ordinaire et je tournai imperceptiblement la tête pour me concentrer sur le petit arc qui était maintenant tendu à fond. Je m'aventurai très lentement à regarder sur ma droite pour voir qui était au bout de l'arme. L'archer devait avoir environ 17 ans, les mains fortes et fermes qui bandaient l'arc et retenaient la flèche avaient les ongles rongés, couverts de traces de chaux. Le jeune visage qui me regardait fixement était grossièrement blanchi et d'un sérieux mortel Les lèvres normalement généreuses de son visage juvénile, étaient contractées en un petit cercle serré, à travers lequel le bout rose d'une langue pointue apparaissait. Dans ses profonds yeux noirs au regard glacial sans émotion que je regardais maintenant, je déchiffrai le regard du chasseur sur le point de frapper sa proie. Bien que je puisse toujours entendre le grand guerrier qui s'approchait, je laissai une expression bizarre prendre possession de mon visage. Ma langue poussa le côté gauche de ma lèvre inférieure vers le haut, ma pommette se souleva pour fermer mon œil gauche, pendant que mes narines s'élargirent. Mes mains avec mes doigts tordus dans tous les sens se joignirent à la grimace pour amplifier l'effet… Le jeune archer ne pu se retenir et explosa d'un énorme rire incontrôlable, son arc et ses flèches tombèrent sur le bord de la route, tandis qu'il se frappait les genoux avec une fougue joyeuse devant la scène comique. Je tournai lentement mon expression clownesque maintenant en direction du danseur qui, en voyant ma figure, se prit aussi d'un énorme rire, que nous pouvions entendre derrière son masque agressif.

Samson, sur le qui vive, vit une faille pour s'échapper et accéléra, laissant les passants et nos agresseurs dans leur bulle d'hilarité. Une fois le carrefour hors de vue, Samson me regarda et demanda, intrigué : « Ceci aurait pu devenir une tragédie, vous savez. Comment avez-vous fait pour la transformer en comédie ? » « J'ai simplement lâché prise, je me suis libéré de mon moi qui avait peur et j'ai suivi ce qui venait, tout comme dans le latihan, Samson » répondis-je, me sentant très soulagé d'avoir été une fois encore sauvé d'une situation embarrassante de façon complètement inespérée.

Être présent dans la conscience de mon âme

Je trouve le mot entraînement approprié pour expliquer le mot indonésien latihan. Les aboutissements des expériences que je décris dans ce livre furent possibles grâce à cet entraînement spirituel. C'est seulement petit à petit que je devins capable, à mes tous débuts, de débloquer ma conscience qui semblait résider seulement dans une minuscule partie de mon Être. Ensuite, par la pratique assidue du latihan, ma conscience, au départ hésitante, c'est aventurée dans d'autres parties de l'univers de mon tout. Je conçois l'âme comme un vaisseau divin, par lequel ma conscience peut voyager dans les différentes parties de mon univers.

Bapak expliquait souvent que notre Être intérieur pouvait être vu comme un château dans lequel il y a beaucoup d'étages et de pièces. Il nous disait aussi que la plupart d'entre nous habitent seulement une ou deux pièces et que si nous progressions dans le latihan, nous serions graduellement libérés et nous pourrions découvrir toutes les pièces des différents étages de notre château intérieur.

L'entraînement spirituel, dans mon expérience, me donne la capacité et la liberté de me départir de mon moi égocentrique ordinaire et de placer ma conscience dans le berceau de mon âme, de sorte que ce ne soit plus mon intérêt égoïste qui me guide, mais la force de vie qui toujours harmonise et garde l'équilibre universel parfait.

Pour revenir à l'explication de Bapak sur l'âme, plus son corps spirituel est complet, plus loin elle nous mènera dans notre univers intérieur. Je suis en ce moment en train de partager avec vous mon vécu dans ma compréhension du lien entre le monde matériel et le monde spirituel. Le processus du latihan, sur des années de pratique régulière, m'a guidé à travers une myriade de phases différentes, élargissant chaque fois un peu plus ma compréhension et ma conscience.

Dans mon cas, c'était l'état de peur, la peur de l'espace noir, du vide et de l'inconnu et aussi de ne rien trouver au-delà, qui bloquait mon évolution spirituelle. Maintenant, je comprends que le terme « rien » n'est pas applicable là où il y a une conscience spirituelle.

Être proche de mon âme en toute confiance et lui permettre de vivre pleinement, à travers ma personne terrestre, est devenu ma priorité, car je trouve que vivre à travers mon ego, mes volontés et mes désirs seulement, c'est vivre horizontalement sans beaucoup de profondeur. Naturellement, je ne puis détacher ou séparer mes expériences de vie du latihan. Il a été ma seule pratique spirituelle et j'espère que certains lecteurs, qui n'ont pas pratiqué le latihan de Subud, mais ont utilisé d'autres voies, ont vécu des expériences similaires et reconnaîtront mon langage.

Chapitre 6

Retour en Provence

Nous quittons l'Angleterre après 26 ans

La période à la houblonnière de Bassetts fut une étape merveilleuse dans notre vie de famille. La maison était assez grande pour nous loger tous les 11, ma mère Olivia et son partenaire Marcus Hamilton compris. La distribution inhabituelle de l'espace intérieur et le terrain qui

Bassett's Oast House printemps 1991

entourait la propriété nous permettaient de développer librement notre propre individualité, apportant aux enfants un environnement stable pour évoluer et faciliter ainsi l'épanouissement de leur propre caractère. Les activités d'antiquaire et d'architecte d'intérieur avaient pleinement subvenu à nos besoins et notre propriété anglaise représentait à l'époque une relative sécurité matérielle. Mais ce n'était pas suffisant pour nous donner, à Mélinda et moi, une retraite confortable.

Famille Lassalle à Bassett's 1988

Par le canal du magasin d'antiquités, j'ai découvert en moi différents talents que je fus capable d'utiliser pour créer des activités lucratives, comme vous l'avez lu dans les chapitres 1 et 4. Dans le fond de mon cœur, j'avais toujours eu l'intention, un jour, de m'exprimer par la peinture. Je sentais que c'était maintenant le moment de me consacrer de tout mon Être à une pure expression artistique. Mélinda et moi avions un fort désir de retourner dans le Sud de la France où nous avions commencé notre vie commune. Cinq de nos sept enfants, Lucianne (née Joanna puis Laura), Miriam, Richard, Marianna et Hermas avaient commencé leur vie propre. Les deux plus jeunes fils, Dahlan et Laurence, étudiaient à Londres : Dahlan à l'International Film School et Laurence dans la Graphic Design School. Ils partageaient une petite maison en location près de Hammersmith Bridge, à Londres et y semblaient relativement heureux, découvrant le vaste monde qui les entourait, avec lequel parfois il n'était pas facile de s'ajuster.

Deux années auparavant, en 1988, Richard, qui à cette époque travaillait avec moi dans le magasin d'antiquités et de décoration, découvrit notre secret désir de retourner en France. Il nous suggéra avec enthousiasme de prendre une semaine de vacances en Provence pour y chercher une maison. « Mais, mon chéri, nous n'avons pas l'argent pour ça ! » m'exclamai-je, me demandant comment financer un tel projet. « Ne t'en fais pas papa, nous le trouverons d'une manière ou d'une autre » répondit-il positivement. Suivant sa suggestion, nous partîmes en Mars de cette même année, ayant décidé de chercher dans la région du Mont Ventoux, qui est pour moi le Fuji-Yama de la Provence. Nous prîmes une chambre d'hôtel dans la partie médiévale de Vaison la Romaine qui s'étend au pied de cette belle montagne et allâmes tout droit à l'agence immobilière la plus proche. Nous cherchions une ancienne maison qui n'aurait pas encore été restaurée, préférant faire nous-mêmes ce travail.

Déménagement vers la Provence avec l'aide de Marianna et Laurence

Elle devait être construite en pierre, avec quelques hectares de terrain, dans un rayon de 10 km autour de Vaison la Romaine.

L'agent immobilier nous proposa trois maisons et avec un intérêt tout commercial nous emmena dans sa voiture pour les visiter. Tout d'abord il nous montra une assez grande propriété construite dans les années 20, c'était la plus éloignée, puis une petite maison de pierres haute et étroite, au milieu des vignobles. Il remarqua notre manque d'enthousiasme pour ces deux premières et nous dit finalement : « Bon, je vous montre celle-ci en dernier car je ne pense pas que vous la vouliez… quoique l'expérience me dit qu'on ne sait jamais ce qu'il y a dans le cœur d'un client. »

C'était la fin de l'hiver. Une pluie fine tombait et des nuages bas s'accrochaient aux collines. La route nous menait maintenant à travers des gorges étroites quand soudain le paysage s'ouvrit, révélant une délicieuse petite vallée nichée entre le Mont Ventoux et une montagne plus discrète nommée la Platte.

Les Mûriers Février 1992

L'agent nous conduisit rapidement à travers deux hameaux, puis un kilomètre plus haut dans la vallée, nous bifurquâmes à droite entre deux champs d'abricotiers sur un chemin cahoteux. En descendant de la voiture, nous fûmes instantanément charmés par l'ancienne bâtisse incrustée dans la roche du Mont Ventoux et entourée de 6 hectares de pins et de chênes. Malgré la pluie, l'intérieur de la vieille ferme était complètement dépourvu d'humidité. Des fermiers, manifestement très pauvres, l'avaient bâtie à même le roc uniquement avec des matériaux locaux. Elle devait posséder à l'origine une source qui s'était vraisemblablement tarie depuis fort longtemps, par conséquent la propriété n'avait ni eau ni évacuation. Il n'y avait pas l'électricité non plus. En contre bas de la maison, à droite et à gauche, il y avait deux grands champs d'une centaine d'abricotiers adultes qui complétaient la propriété. Apparemment, elle était restée inhabitée depuis plus de 100 ans et le fermier vendeur l'utilisait pour ranger ses outils agricoles. De vieilles feuilles sèches et de l'ancien crottin formaient un épais tapis sur le sol rocheux des trois étables. La bouse sèche venait probablement d'une paire de bœufs, le crottin d'un cheval de trait et d'un troupeau de moutons et de chèvres. Les fenêtres et les portes avaient disparu, mais le toit avait été bien entretenu, ce qui avait empêché les murs de s'écrouler.

Nous retournâmes à l'hôtel dans un silence complet, chacun dans ses rêveries. Une fois dans notre chambre, je dépliai une carte de la région sur la table et dit à Mélinda dans un esprit joueur : « Mettons chacun le doigt sur la maison que nous préférons en même temps. Une, deux, trois ! » Au milieu de nos rires, nos mains se rejoignirent tandis que nos doigts se concurrençaient pour toucher le même endroit sur la carte. Nous avions tous les deux choisi la vieille bâtisse qui n'avait pas d'eau, pas d'électricité, pas de toilettes, pas de tout à l'égout, mais qui était nichée dans les bois de la belle vallée. Maintenant que nous avions décidé que c'était la maison de nos rêves, il m'incombait de trouver un moyen de la financer. Je ne vais pas vous ennuyer avec l'histoire complète de la manière dont j'ai convaincu ma banque, mais finalement, sur la garantie de la houblonnière de Bassetts, mon banquier me prêta volontiers l'argent qu'il fallait pour acheter la propriété.

Les deux années suivantes nous avons passé nos vacances en campant dans la maison pour organiser les modifications de base pour la rendre relativement confortable. Un générateur diesel nous fournissait l'électricité et j'installai un tuyau de 200 m pour siphonner l'eau du puits en pierre qui se trouvait au plus haut de notre terrain dans la forêt. Cette eau nous servait pour les douches à l'extérieur et pour les usages généraux. Richard et moi avons dessiné les plans nécessaires pour rendre la bâtisse habitable : l'emplacement de la cuisine/salle à manger, des salles de bains, du salon et des futures chambres. Puis nous employâmes un jeune anglais pour faire les modifications de base à partir de ces plans. Nous bâtîmes un abri extérieur en pierre pour loger le gros générateur et pour amortir son bruit monotone. Le reste du travail devait être fait par nous-mêmes petit à petit une fois que nous aurions emménagé.

L'Angleterre traversait une dépression profonde à l'époque de notre déménagement et le marché immobilier s'était complètement effondré. J'avais espéré que la vente de notre grande propriété aurait suffi pour démarrer une nouvelle vie en France et planifié d'investir le reste en nous créant un petit revenu. Mais nous ne pûmes vendre notre maison, ni rembourser notre dette à la banque. Aussi nous louâmes notre houblonnière de Bassetts en attendant que la situation s'améliore. Mélinda savait combien mon désir de peindre était fort et je me souviens de lui avoir demandé avant de prendre la décision de quitter l'Angleterre : « Chérie, es-tu prête à emménager dans notre vieille ferme sauvage sur le Ventoux, où je reprendrai mes pinceaux pour peindre, sans aucun revenu sécurisé ? ». Elle répondit : « Il n'y a rien que j'aimerais plus que de te voir peindre à nouveau. Ne te soucie pas de l'aspect financier ; nous nous sommes toujours débrouillés. ». Son amour et sa confiance me donnèrent la force de faire face à notre nouveau futur. Ma mère confirma notre décision en disant que, dès que possible, elle aimerait nous rejoindre en Provence. La crise financière au Royaume Uni se faisait durement sentir, spécialement sur le marché des biens de luxe tels que les antiquités et l'immobilier. J'eus des difficultés à récupérer une partie de l'argent investi dans les stocks. Si cela s'était passé 2 ans plus tôt, la situation aurait été bien plus favorable.

« LÉONARD LASSALLE ANTIQUES Limited » nous avait fait vivre pendant 24 ans et nous avait fourni un merveilleux terrain pour déployer nos talents ; je sentais quelque nostalgie mêlée à beaucoup de gratitude pour ce qu'il nous avait donné. Je vendis le bail à un antiquaire enthousiaste. La séparation avec notre lieu de commerce créa un immense vide devant nous, toutes nos habitudes journalières allaient devoir maintenant changer, je m'appliquai donc à planifier notre futur.

Dans le courant de l'été 1991, après avoir placé provisoirement ma mère et Marcus dans une maison de retraite du Devonshire, très proche de l'endroit où vivait ma sœur Sylvette (devenue entre temps Lydia Corbett), nous nous sentîmes prêts à quitter l'Angleterre pour aller vivre dans notre vieille maison. Deux jours avant notre déménagement, nous organisâmes un petit « pot d'adieu » pour la famille et les amis proches. Nous fûmes surpris de recevoir de généreux cadeaux de nos amis : 2 pommiers, un Bramley et un Cox Orange Pippin, une combinaison complète d'apiculteur et, de la part du frère de Mélinda, une enveloppe contenant un chèque généreux qui nous aiderait grandement pour le déménagement et les premiers mois en Provence. Quelques larmes furent échangées avec nos trois enfants présents, Dahlan, Laurence et Marianna, qui étaient venus de Londres pour nous aider à nettoyer Bassetts et charger le camion de 40 tonnes et sa remorque.

Ce fut donc au milieu de l'été que nous quittâmes la houblonnière avec nos 2 chats stupéfiés, Taquila et Hercule, dans le CX safari chargé à bloc.

Lors du trajet sur les routes tortueuses du Kent en direction de Douvres pour attraper le ferry Hovercraft, nos oreilles furent remplies par les miaulements nerveux de Tequila. Chacun de nous flottait dans son propre monde. Mélinda, probablement le cœur lourd, pensait à ses enfants restés en Angleterre. De mon côté, je me sentais étrangement libéré du magasin et de toutes les responsabilités de la vie accumulées depuis notre emménagement originel à Tunbridge Wells, tout comme un cheval qui a été détaché de sa charrette. Je pensais à mes nombreux clients qui ne pourraient plus, juste sur un coup de téléphone, utiliser mes conseils et mes talents artistiques. 24 années excitantes de créativité s'étaient écoulées depuis l'ouverture du magasin d'antiquités et plusieurs de mes clients étaient devenus au fil du temps des amis et des collectionneurs. Soudain, je réalisai que j'avais conduit automatiquement pendant des dizaines de miles ; je décidai donc de concentrer toute mon attention sur ces petites routes étroites et très fréquentées.

CHAPITRE 6

Le travail suit

Combien ce fut merveilleux de trouver à notre arrivée un accueil chaleureux de notre fils Richard et de son épouse enceinte Miranda. Ils avaient séjourné dans la vieille ferme pour nous la préparer et étaient prêts maintenant à déménager pour une ville nommée Forcalquier, 100 kilomètres à l'est, derrière le Mont Ventoux.

Je pense me rappeler vous avoir dit que j'avais été élevé sur une île sauvage et déserte de la Méditerranée où l'eau était rare et le confort très spartiate. Eh bien notre première année de vie à la Grange du « Bout du Monde », comme s'appelait l'endroit, me rappela mes années d'enfant vivant sur l'Île du Levant avec ma mère et ma sœur. L'eau potable était à nouveau rare, nous n'avions pas d'électricité et tout était à l'avenant. Il y avait une énorme quantité de travaux à faire, la première chose était d'amener l'eau courante à la maison ; ensuite poser la tuyauterie à tous les endroits où il fallait des r obinets ; puis installer les salles de bains, les toilettes et aménager la cuisine avec tous ses appareils, bâtir des cheminées et les millions de choses qu'une maison nécessite pour devenir relativement confortable.

Nous avons baptisé la propriété « les Mûriers », en référence aux deux vieux mûriers blancs de la terrasse qui nous donnaient une ombre rafraîchissante pendant la saison chaude. En nous installant confortablement dans cette jolie vallée paisible, nous avons commencé à remplir les nombreuses tâches qui nous attendaient depuis notre arrivée. Mes obligations à Subud comme aide international prenaient toujours beaucoup de mon temps et je n'avais pas encore pu me remettre à peindre ni donc me promouvoir comme artiste local. Nous étions arrivés au bout de nos réserves financières et je me demandais comment nous nous débrouillerions dans les mois à venir.

Un après-midi, un jour avant mon vol pour Moscou pour mon travail Subud, un ancien client norvégien téléphona pour me demander si je pouvais le conseiller dans l'achat d'un grand appartement de luxe à la station de ski de Méribel, en Haute Savoie. Pourrais-je aussi lui dire, au cas où j'approuverais le projet, si je pouvais concevoir l'aménagement intérieur et le mener à terme ? Je lui demandai de me faxer les plans tout de suite, car je devais les voir avant que je puisse lui donner une réponse. L'immense chalet était bâti au pied d'une célèbre piste de ski. Il abritait trois grands appartements de luxe, plus des espaces de parking en sous sol. Le projet était prometteur et je vis qu'il était possible de le transformer en un bel espace ; je lui signifiai rapidement mon approbation et partis pour Moscou.

Le client voulait que je conçoive et fasse fabriquer le contenu entier du grand appartement, du mobilier au linge de lit et à la coutellerie, même jusqu'au choix des verres de cristal ! Je décidai de ne pas faire payer mon client pour le temps de la conception, mais de faire ma marge entre les prix de gros et de détail sur tout ce qui était acheté ou fabriqué pour l'appartement. Quand je peignais des effets spéciaux, je les lui facturais sur un taux horaire. Ce travail inattendu arrivait à un moment où notre situation financière était des plus critique et renforça ma confiance dans le fait que ce qui importait réellement, c'était d'être dans une paix positive à l'intérieur de moi ; le reste suivrait harmonieusement. Méribel était seulement à quatre heures et demie de route des Mûriers ; cela me permit de superviser de près le plan d'aménagement intérieur que je proposai à mon client. Après quelques mois de travail intensif, l'appartement fut complètement achevé et le client fut ravi, bien qu'il ne me crût jamais vraiment quand je lui expliquai qu'à la vérité mon concept et mon travail ne lui avaient pas coûté un sou !

Continuons sur cette lancée positive vis à vis du Talent/Travail. Voici encore, j'espère sans vous lasser, quelques exemples de tâches qui s'enchaînaient aux autres, quoiqu'elles fussent de caractères très différents.

Diana et son mari, des amis architectes qui avaient emménagé à Jakarta quelques années auparavant, téléphonèrent un jour pour me demander si cela m'intéresserait d'exécuter une série de peintures murales pour un grand hôtel de la cité Indonésienne. Je lui demandai de m'envoyer immédiatement le coin de la moquette portant les motifs et les couleurs de base de l'hôtel avec une description des murs des pièces où seraient accrochées les peintures. Les couleurs rouge/brun et jaune d'or et les motifs d'éventails décorant la moquette de l'hôtel Mandarin Oriental, me donnèrent la base des couleurs et du motif à choisir pour la décoration qui encadrerait mes peintures. J'envoyai 7 échantillons peints à la gouache de mes propositions. Ils furent acceptés immédiatement et maintenant tout ce que j'avais à faire était de trouver un endroit où peindre ces tableaux, car ils étaient trop grands pour être peints dans notre petite maison. Je n'avais pas encore construit mon grand studio dans les étables de la vieille ferme. Des amis artistes du village de Beaumont mirent gentiment leur atelier à ma disposition, qui se trouvait être proche de l'église et de la maison du maire. Un jour, alors que je peignais une des peintures murales au sommet d'un escabeau, Monsieur le maire vint visiter le studio et contempla intensément mon travail. « Hé, Léonard ! Je ne savais pas que vous pouviez peindre comme ça ! ». Il était visiblement très impressionné et proposa une exposition de mes œuvres à la salle de la Mairie avant de les envoyer à Jakarta, pour les montrer aux villageois. Il organiserait tout et préviendrait la presse.

L'exposition fut un succès et le lendemain, des photos parurent dans toute la presse locale. Monsieur. le maire avait invité aussi les 4 directeurs de la compagnie d'électricité de la région PACA et ils décidèrent qu'un si bon artiste devait voir convenablement dans sa maison. Ils s'arrangèrent pour que notre maison soit raccordée directement à la ligne électrique principale pour un coût raisonnable. Dans l'élan de son enthousiasme, M. le maire me demanda si j'accepterais de restaurer les fresques XVIIe du plafond et des murs de l'église ainsi que de créer une nouvelle fresque en l'honneur de Saint Roch le saint patron de l'église. J'acceptai le vaste projet et me mis immédiatement au travail. La plus grande partie des fresques originales avaient disparu avec le temps, mais je me débrouillai pour récupérer l'essentiel des dessins et repeignis entièrement le plafond et les murs en utilisant la technique « fresco-secco », pigments naturels avec liant à l'œuf et huile de lin. Je travaillai 8 semaines avec un enthousiasme inspiré, montant et descendant l'échafaudage, préparant ma mixture d'œuf, de lin et d'alcool pour l'ajouter aux pigments des couleurs gardées dans des pots en verre, y trempant ensuite mes pinceaux en poil de martre pour les laisser courir librement sur les surfaces préparées par un léger trait de fusain. Je découvris que je n'avais pas à penser à ce qu'il fallait faire ou comment le faire ; c'était comme si c'était déjà inscrit dans mes gestes, j'avais juste à suivre le mouvement et à observer passivement ma main qui tenait le pinceau faire le travail. Il n'y avait pas de chauffage dans l'église et rapidement je devais renifler la goutte d'eau salée qui se présentait à intervalles réguliers au bout de mon nez. Par moments je prenais conscience de certains peintres de la Renaissance Italienne. Je me sentais en affinité avec eux. Je pensais à Giotto, Fra Angelico, Mantegna, Simone Martini, sans parler de Léonard de Vinci, de Raphaël et de Michel-Ange. Non que je veuille comparer ma créativité à celle de ces Maîtres, pas du tout, mais leurs sentiments intérieurs ainsi que l'atmosphère de silence neutre des églises où ils travaillaient, ont dû être semblables à ceux que je vivais. Cette odeur particulière de la détrempe à l'œuf et de l'humidité des lieux, plus la sensation de calme profond ressentie pendant les moments de concentration, lorsque la respiration s'éteint en attendant que la main termine son coup de pinceau… C'étaient des moments puissants qu'ils devaient aussi avoir vécus. Quoique beaucoup d'entre eux aient en fait utilisé la technique originale de la fresque où l'on peint sur un enduit de chaux fraîchement déposée.

Je ne fis pas payer la commune pour mon travail, seulement une petite somme pour couvrir le coût des matériaux. Je sentais que ce serait notre contribution à la communauté de Beaumont du Ventoux. La population locale apprécia beaucoup de voir leur église restaurée et le manifesta en nous apportant des bouteilles de vin, de larges sourires et des poignées de main chaleureuses. Cela eut aussi pour effet de raviver mon désir de peindre. Je me mis immédiatement à restaurer les étables de notre ferme pour en faire un atelier.

Je retrouve la peinture à l'huile

Maintenant que mon studio était prêt et quoique nos finances fussent une fois encore très basses, je savais qu'il était grand temps pour moi de me remettre à la peinture. N'étant pas encore en mesure d'acheter des toiles de lin qui coûtent cher, je préparai trois grands panneaux de contreplaqué que j'enduisis avec un mélange fait maison de colle de peau de lapin et de blanc de Paris. Ayant juste terminé les peintures dans l'église, j'utilisai la même technique de détrempe à l'œuf mélangée avec mes couleurs de pigments naturels.

Depuis un certain temps, je voulais réactualiser la vie de Jésus et je pensais faire un triptyque des trois fameuses scènes : le baptême de Jésus avec Saint Jean Baptiste dans une de nos rivières locales, Marie Madeleine oignant les pieds de Jésus dans la maison de Lazare et Jésus sur la croix en premier plan avec les trois autres crucifiés plus au loin. Sur chaque panneau serait peint un paysage local avec le mont Ventoux en arrière plan ; mes personnages seraient habillés de vêtements d'aujourd'hui, Jésus baptisé en caleçon.

Quelle expérience sublime ce fut, après tant d'années, d'être dans le silence de mon nouveau studio, en face de la surface blanche qui n'attendait que d'être peinte. Je me trouvais là debout, pleurant, les larmes coulant le long de mes joues, rempli de sentiments de reconnaissance pour avoir pu revenir enfin à cet instant magique de pure création. Ce ne fut pas long avant que ma passion artistique s'empare de mon Être. J'étais de retour dans le monde des sensations, m'occupant de forme, d'espace et de couleur. En mon for intérieur, Peinture et Créativité étaient revenues à la vie et tout en travaillant je savais que je concevais d'autres peintures à venir. À mesure qu'elles apparaissaient dans mon esprit je les emmagasinais discrètement quelque part dans mon Être. Je me sentais presque gêné, vis-à-vis de moi, d'utiliser tout ce précieux temps de vie pour ma propre expression personnelle, mais je savais qu'il fallait mettre une certaine quantité d'égoïsme si je voulais revenir à mon talent initial. C'était intéressant de remarquer que, tandis que je peignais, ma toile devenait une sorte de miroir intérieur reflétant ma compréhension de ce qui était pour moi les bases de la vie : le thème d'Adam et Ève, la relation masculin-féminin en chacun de nous et la création du monde dans la Genèse où les quatre éléments principaux, par leur interaction, créaient la vie. Je voulais exprimer à travers ma peinture comment je comprenais et vivais ces réalités. Pour moi, Adam et Ève n'étaient pas au-delà, dans la lointaine préhistoire de l'homme mais étaient réellement présents dans chaque moment de ma vie. Comme je continuais à peindre, mon regard artistique et mes sensations s'éveillèrent lentement d'un long sommeil, me montrant que la nature immaculée m'entourait dans toute sa simplicité.

La lumière luminescente de Provence a cette particularité d'exalter la beauté inhérente de la création. Où que je regarde je voyais cette beauté et l'inspiration de peindre m'envahissait, que ce soit des paysages, des fleurs ou des natures mortes, des nus ou des visages. À l'instant où mes yeux se posaient sur un sujet choisi, le jeu dansant de la lumière apportant la vie aux formes sculptées et aux couleurs créait en moi un état de communion où je me sentais vraiment un avec le sujet. Je découvris que bien que n'ayant pas peint sur toile pendant plus de 30 ans, j'avais mûri dans mon art. Oui, c'était comme si ma créativité artistique avait progressé silencieusement, loin en dessous de la surface. Il y avait une grande différence avec ma façon de peindre à la fin des années 50 ou au début des années 60 ; probablement grâce à la pratique continue du latihan en vivant pleinement, j'avais atteins un niveau de conscience que je ne connaissais pas quand j'étais plus jeune.

Je continuai à peindre presque tout le temps, achevant suffisamment d'œuvres pour monter ma première exposition locale. Je fus encouragé par la réaction des visiteurs même si la vente des peintures ne se faisait qu'au travers d'amis. L'année suivante, je montai une autre exposition et trouvai à nouveau que, bien que les français de la région admirent mon travail, les seules peintures vendues l'étaient à des gens que je connaissais et qui venaient de l'étranger. Il ne se passa pas longtemps avant que le monde matériel me rattrape à nouveau et tende sa main exigeante. La seule façon pour moi de continuer à peindre était de revendre la moitié de mon assurance-vie personnelle. Je fus alors capable de continuer mon travail en me libérant des soucis d'argent immédiats.

Un challenge inattendu

Tandis que je peignais, je ne refusais pas les quelques travaux qui survinrent - concevoir du mobilier, remanier une maison, concevoir des cheminées, aider un client pour sa décoration intérieure, tous contribuèrent à notre modeste revenu. Fin juin 1995, je reçus un appel téléphonique de Diana Wildsmith, l'architecte qui m'avait donné le travail de peintures murales pour l'hôtel Mandarin Oriental. C'était un plaisir d'entendre sa voix venant d'aussi loin que l'Indonésie. Elle demanda si je me sentais capable de concevoir une gigantesque horloge de cristal pour un centre commercial à Jakarta. La demande était excitante et je lui demandai de me faxer immédiatement ses plans pour l'intérieur du vaste projet.

Il s'agissait d'un bâtiment de 32 étages au centre de la capitale. Les 3 niveaux inférieurs devaient devenir un immense centre commercial, composé de banques, de boutiques de luxe, de cafés et de restaurants. Un vaste atrium connecterait les 3 niveaux qui seraient accessibles par des escalators. L'étage inférieur aurait des fontaines et au milieu de cet énorme espace, la riche famille indonésienne à l'origine du projet désirait que soit conçue une gigantesque horloge en cristal qui serait suspendue au milieu de l'espace de l'atrium. En regardant les plans et dessins de Diana, son choix me fit penser aux temps des pharaons dans l'ancienne Égypte. Les principaux matériaux choisis étaient du granit noir, rouge et vert sombre. La sobriété de l'architecture intérieure avec ses fontaines et ses impressionnantes colonnes de granit de formes bulbeuses qui supportaient les étages, tout me rappelait fortement la Haute Égypte. Je me mis tout de suite au travail, crayon en main posé sur la feuille blanche de ma table à dessiner. Je fermai les yeux, conscient du besoin, vidant déjà mon mental de toutes ses pensées, puis je me visualisai intérieurement au milieu de cet immense espace vide. Ce ne fut pas long avant que toute la conception de l'ensemble apparaisse dans ma vision intérieure.

À l'étage inférieur, au milieu du vaste atrium, il y aurait un plan d'eau circulaire. En son centre s'élèverait un bloc rond de granit noir entouré de jets d'eau pour former une fontaine circulaire. Au milieu du bloc de granit noir se dresserait un cube de panneaux de granit rouge formant une boîte sans son couvercle à l'intérieur de laquelle des spots mobiles roses et verts seraient dirigés vers les hauts plafonds du 3e étage. Reposant sur la boîte de granit rouge de 1,20 m², il y aurait un obélisque de 10 mètres de haut formé de 4 pans de cristal de verre, illuminés par les lumières mobiles du carré de granit rouge. À l'intérieur de l'obélisque de verre de 5cm d'épaisseur, suspendue par un fil invisible, il y aurait une boule dorée de la taille d'un ballon de basket, avec à l'intérieur un petit treuil électrique activé par un ordinateur quelque part dans les bureaux du secrétariat du building. À 1 heure du matin, la boule dorée commencerait lentement sa descente. De chaque côté gauche des 4 pans de cristal de verre, l'obélisque aurait des lettres romaines de 8 cm de haut gravées et dorées, indiquant l'heure avec des chiffres de I à XXIV.

Je me mis au travail sur ma planche à dessin et suivant mon inspiration, j'arrivai rapidement à une série de dessins que je faxai à Diane. Mes propositions furent acceptées avec enthousiasme et les clients me demandèrent de créer d'autres fontaines, des statues de bronze et 4 grandes peintures murales. Ce projet était immense et je dus m'organiser méthodiquement de façon à ne pas être submergé. Jamais dans ma vie d'artiste et de designer, mes talents d'ingénieur n'avaient été mis à l'épreuve sur tant de différents fronts en même temps. Je trouvais cela stimulant et rassurant de découvrir que je n'avais pas de problèmes à avoir l'inspiration nécessaire pour le design et pour résoudre les problèmes techniques. Une fois encore je mettais de côté mes toiles, pinceaux et couleurs et m'appliquais à ma table à dessin.

Sur la base en granit rouge de l'obélisque de cristal, le client indonésien voulait voir une horloge ordinaire. Donc, sur le panneau de granit rouge de la base, celui qui faisait face aux escalators des 3 niveaux, je dessinai une horloge parfaitement circulaire dont l'épaisse vitre faciale affleurait exactement la pierre polie. Pour la fontaine suivante, je dessinai un long bassin étroit en forme de i, son point étant un large bassin rond sur lequel nageaient 4 canes en bronze de la taille d'une oie, suivie chacune par 3 canetons. Elles nageaient autour de 4 canards qui étiraient leurs cous tendus vers le ciel, les jets d'eau s'échappant de leurs becs formaient une fontaine à 4 jets. Ils se tenaient sur une étoile à 4 disques de marbre blanc. Le long bassin était ponctué de 12 grands nénuphars en grès de couleur céladon et de leur centre sortait une fontaine en forme de parapluie qui serait éclairée par des lampes immergées. La troisième fontaine en haut du grand escalier principal consisterait en une vasque ronde en marbre de Carrare reposant sur une colonne de cristal, à travers laquelle une eau mêlée de bulles monterait tout du long vers le haut aplati de la vasque où se dresserait une figure Javanaise mythologique grandeur nature en bronze doré de Kresno (le Krishna indonésien), dans sa position classique de danse javanaise, le pied droit écrasant la tête d'un démon noir.

Sculpture de Kreshno, projet à Jakarta

Le vieux directeur indonésien de la compagnie désirait aussi que je peigne 4 très grandes peintures, représentant les 4 étapes du développement de la vie d'un homme : de la naissance à la puberté, de la puberté à la vie d'étudiant, de la vie d'étudiant au monde du travail et du monde du travail à la retraite jusqu'à la mort. C'était vraiment un projet extrêmement stimulant. On me demanda aussi de créer quelques autres créations d'acier forgé pour le centre commercial. Je trouvai une société d'ingénierie, aux alentours de Marseille, pour fabriquer et assembler les différents éléments mécaniques et les stocker avant leur expédition. C'est la firme Saint-Gobain Glass France, qui fabriqua, assembla et grava l'obélisque de cristal. Une marbrerie locale fournit toutes les pièces en marbre et en granit faites selon mes plans et dessins. L'horloge, devant être incrustée dans le granit rouge de la base de l'obélisque, fut fabriquée par Omega. La mécanique et le logiciel de la boule dorée seraient faits au Royaume Uni et incluraient un carillon aux sons du gamelan qui annoncerait brièvement chacune des 24 heures. Les bronzes du danseur Kresno, des canards et des canetons seraient fondus en Allemagne près de Stuttgart et pour finir, une société parisienne ferait les pompes et les jets d'eau.

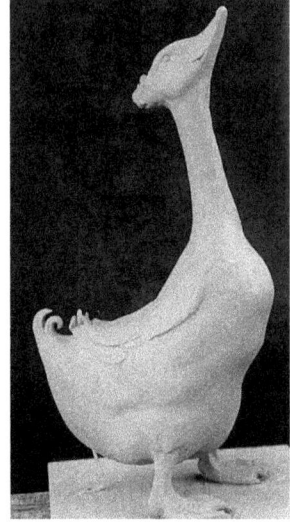

Sculpture du canard-fontaine, projet à Jakarta

Tout ce travail devait être coordonné sur un échéancier. Je décidai de développer le projet en 3 étapes. Le client paierait d'avance le montant dépensé par chaque étape. La famille indonésienne responsable du grand projet vint à mon studio, non seulement pour me rencontrer, mais aussi pour évaluer mon aptitude à planifier et gérer un tel projet. Pendant les 3 jours de notre réunion, je les menai à travers toutes les étapes du développement et les conduisis à la société d'ingénierie que j'avais choisie près de Marseille. Ils furent impressionnés par leur visite et nous reçûmes le feu vert pour démarrer immédiatement le projet. Je travaillais sur tous les fronts, jusqu'à faire les sculptures en argile qui seraient converties en bronze, puis dorées, colorées et patinées. Je n'avais jamais sculpté avant, sauf un peu à l'école d'art et je trouvais le défi très gratifiant. Dès qu'elles furent terminées, un courrier spécialisé dans les œuvres d'art vint chercher les 4 statues et les emmena à la fonderie de bronze en Allemagne.

Vers la fin d'avril 1997, alors que je travaillais sur le projet, un sentiment fort et clair s'éleva dans mon moi intérieur : « ce projet n'arrivera pas à son terme. Tu dois dire absolument à toutes les manufactures et aux gens impliqués de ne pas dépenser pour ce projet plus de temps que ce pourquoi ils ont été payés jusqu'à présent ». L'avertissement était si clair que j'y répondis immédiatement en écrivant à toutes les parties concernées pour leur demander d'arrêter le travail au point où ils avaient été payés et de continuer seulement quand le second paiement arriverait. J'avais été trop occupé pour porter mon attention aux grandes peintures, et je décidai de mettre ce temps à profit pour les commencer. Utilisant des pigments naturels liés par un medium acrylique, je peignis sur des toiles spéciales imputrescibles. Il y avait beaucoup de travail à faire et ceci m'a pris jusqu'à la fin août de cette année. Entretemps, je remarquai que mes partenaires indonésiens communiquaient moins souvent et n'avaient pas envoyé les secondes traites, bien que je leur aie dit qu'elles étaient dues. Puis un jour, en écoutant les nouvelles à la radio, j'entendis que l'économie indonésienne tout entière était en train de s'effondrer et que le pays était complètement dans la banqueroute. Toutes les banques devaient fermer ; l'économie était complètement au point mort. Je contactai Diana, qui confirma la crise économique et financière et me dit que le projet ne pouvait pas continuer, puisque la banque qui le finançait avait fait banqueroute. Après cet appel téléphonique, je sentis une profonde gratitude envers ma Source de Vie pour m'avoir guidé en temps utile, en me préservant du poids possible d'une énorme dette. À la fin, je ne devais pas un centime aux sociétés qui travaillaient pour ce chantier, excepté à moi-même, car j'avais utilisé l'attente de la suite du financement pour exécuter les 4 peintures murales. Quelques mois plus tard, en 1988, la famille indonésienne me proposa d'acheter les peintures qu'elle voulait vraiment posséder, mais offrit d'acheter les 4 pour le prix de 2. Je refusai, préférant les garder dans mon studio. Cette expérience renforça ma confiance dans mon inventivité et ma créativité ; elle fit aussi sortir de moi une capacité de conception que je ne savais pas posséder. Je laissai l'horloge de cristal aux ingénieurs à Marseille, je demandai aux fonderies de détruire les statues d'argile, car je n'avais pas les moyens de les faire couler en bronze. Il me resta les 4 plaques circulaires en marbre sur lesquelles auraient dû se dresser les canards, plus la base de la fontaine pour Kresno ; elle sert maintenant de table en marbre dans notre jardin, me rappelant à chaque regard une aventure exaltante. Sans aucun doute j'aurais préféré voir ce projet arriver à son terme, mais je sentis que l'exercice avait été au total très positif. Il avait étendu ma créativité à de nouvelles frontières et m'avait donné l'occasion de travailler avec des ingénieurs de talent sur les problèmes qui se posèrent au fur et à mesure du développement des nombreux aspects du projet. Dernier point mais pas le moindre, il rapporta un bon revenu à Lassalle Art and Design, ma société, pendant ces deux ans et demi.

La tragédie du 11 septembre 2001

Le 11 Septembre 2011, vers 16 heures, j'étais en train de peindre dans mon studio, complètement absorbé par un bouquet de lys blancs tout en écoutant un concerto pour piano de Frédéric Chopin diffusé sur France Musique, lorsque brusquement la musique s'interrompit pour un communiqué urgent : « Nous venons d'apprendre, par notre correspondant à New York, qu'une des tours jumelles a été percutée par un avion de ligne. » Abasourdi par le communiqué, je branchai la télévision que je garde normalement derrière un rideau dans mon studio. Ce que je vis alors était incroyable. La même tour commerciale que j'avais visitée quelques années auparavant était en feu. La caméra qui filmait la scène d'horreur ne devait être qu'à quelque distance du drame. Le ciel de New York était parfaitement bleu, à l'exception d'une fumée dense qui montait des 3/4 supérieurs de la tour.

Éberlué, je ne pouvais en croire mes yeux quand un autre avion de ligne percuta la seconde tour dans une immense explosion de feu et de fumée noire. La caméra zooma sur la scène ; je voyais maintenant, parmi les débris tombant du point d'impact, des formes humaines de la taille d'une fourmi comme flottant au ralenti vers le bas des colossaux buildings. Mon rythme cardiaque augmenta rapidement, je sentis la pression de mon sang pulser dans tout mon corps ; la colère s'empara de moi, « comment la stupidité criminelle des hommes peut en arriver là ? Le monde était-il devenu complètement fou ? » Mon corps entier tremblait à cause de mes émotions gravement perturbées. C'était difficile de croire que ce que je voyais était bien réel et en train de se passer à ce moment précis. Dans mon bouleversement, je demandai à mon moi intérieur : « Léonard, quel est le meilleur état et l'endroit où tu dois te trouver en un moment aussi dramatique ? ». Aussitôt j'éteignis la télévision et me levai, puis ma présence lâcha complètement mes sentiments bouleversés et indignés, les souffrances de mon ego et toute ma perturbation. Immédiatement, une profonde tranquillité neutre se propagea à l'intérieur, tandis que ma conscience s'élargissait, que ma voix s'adonnait à un puissant son mélodieux. Le latihan que je faisais était très fort et j'étais pleinement conscient. Mes yeux intérieurs s'ouvrirent alors que le chant se poursuivait et je vis une scène très surprenante : de la rive droite de la rivière Hudson, je vis la ville de New York éclairée par la lumière dorée du soleil matinal. Le vent du nord-ouest poussait l'énorme nuage de poussière gris noirâtre qui s'élevait des tours, maintenant effondrées, vers la lumière du soleil. Je vis dans le nuage poussiéreux le supplice d'une humanité souffrante, hurlant et pleurant son profond désespoir. Puis j'entendis des voix angéliques et hautement harmonieuses. Je levai les yeux vers les cieux et vis qu'ils étaient remplis d'Êtres angéliques descendant vers la scène dramatique les bras ouverts, leurs corps presque transparents dorés par les rayons du soleil. Quoique le sombre nuage d'agonie qui s'étendait depuis la ville contînt beaucoup de visages exprimant une grande confusion et une grande souffrance, je pus voir aussi, dépassant au-dessus du nuage, des hauts de corps, des bras et des mains s'offrant vers le haut à l'arrivée des assistants divins. Il y

SOURCE DE VIE

*New York le 11 Septembre 2001,
huile sur toile de lin*

avait une sorte d'équilibre entre la beauté et l'agonie. Il me sembla que le chaos en dessous soit la création de l'homme, la souffrance se manifestait dans la poussière et dans l'épaisse fumée. Les âmes étaient sauvées par la multitude des anges. Ils semblaient être là pour donner assistance et réconfort aux âmes indécises qui émergeaient de l'obscurité poussiéreuse. Il n'y avait pas de jugement dans leur action. L'amour et la sollicitude étaient là pour assister les âmes qui avaient abandonné leur colère et leur souffrance. Je ne rallumai pas la télévision. Je sentis le besoin de partager la compréhension que j'avais reçue de cette expérience ; je pris rapidement un grand bloc et commençai à dessiner. Après quelques croquis rapides, je sus que le tableau était déjà en attente dans mes sensations intérieures. Je pris une grande toile blanche et commençai à peindre. Je me sentais absolument neutre en voyant ce dont j'avais été témoin réapparaître sur la toile de lin blanc.

Quelques jours plus tard, la peinture n'était pas complètement sèche quand deux visiteuses entrèrent dans l'atelier pour voir mon travail. Issa, une psychanalyste et chamane et son amie Laura, chanteuse professionnelle. Elles vivaient toutes deux à San Francisco. Issa alla droit au tableau 9/11 et demanda « Combien ? » Je le lui dis et sans aucune hésitation, elle acheta le tableau sur le champ. Toutes deux apprécièrent tant mon travail qu'elles me proposèrent de faire une exposition dans leur maison de la périphérie de San Francisco. Elles suggérèrent aussi que je fasse une exposition de mes peintures allégoriques à l'Institut Californien d'Études Intégrales, ce que j'ai fait.

CHAPITRE 6

Une histoire de plus

Pour enchaîner mon introduction, je vous raconterai une dernière histoire pour montrer comment l'action de lâcher-prise permet à d'autres pouvoirs latents d'entrer en action, des pouvoirs qui sont très au-delà de ceux auxquels peut accéder notre moi ordinaire. Ce que je veux dire, c'est qu'en ne m'accrochant pas aux nombreux désirs de mon ego et de mon moi, je deviens conscient de mes vrais besoins : ceux qui sont au bénéfice de ma famille, de moi-même et de mon environnement. Connaître mes besoins mais ne pas utiliser mon ego pour trouver un moyen de les satisfaire, permet à l'action de l'âme de se révéler.

Je saisis l'aimable proposition d'Issa et préparai 2 expositions pour San Francisco. C'était un gros travail et plus de 40 tableaux, dont certains très grands, furent soigneusement emballés et empaquetés dans de grandes caisses de bois et emportés à l'aéroport Paris-Charles de Gaulle pour être pris en charge par une compagnie de transport. Mélinda et moi restâmes un mois à San Francisco, logeant dans la maison d'Issa et Laura. Les 2 expositions furent des succès et quelque 15 tableaux furent vendus. Je laissai les autres à San Francisco en dépôt car j'avais en tête d'organiser une exposition à New York l'année suivante avec les 25 tableaux restants.

Nous revînmes fin décembre, fatigués de notre long voyage et découvrîmes en arrivant à notre maison vers 22 heures que nous ne pouvions pas ouvrir la porte de la cuisine. En notre absence, une pluie torrentielle avait inondé les étages inférieurs de la maison et de l'atelier, et 3 à 5 centimètres d'eau couvraient le plancher. Le lendemain, j'allai à mon atelier pour découvrir que j'avais perdu plus de 200 de mes dessins et autres œuvres d'art. C'étaient des œuvres que j'avais produites sur une période de 45 ans, beaucoup d'entre elles à l'encre de couleur sur bristol lisse. L'eau les avait collées ensemble, et il n'était pas possible de les sauver. L'inspecteur de la compagnie d'assurances vint rapidement, et après avoir enregistré mes déclarations, me dit qu'il y avait très peu de chances que je sois remboursé

SOURCE DE VIE

de la perte de mes œuvres d'art. La police d'assurance couvrirait seulement le nettoyage de quelques tapis et rideaux, ce qu'ils confirmèrent en m'envoyant un chèque de 200 €. Je renvoyai le chèque avec une lettre de protestation et 6 mois plus tard le litige n'était pas encore réglé.

Quelque temps plus tard, je reçus un appel d'un ami de Chicago nommé Daniel, me demandant si j'étais d'accord pour travailler avec d'autres personnes qui avaient l'expérience du travail social en Afrique. Ayant été en Afrique Centrale à plusieurs occasions, j'étais devenu assez bien informé sur les projets Subud de nos amis en République Démocratique du Congo (ex Zaïre) et de l'Angola.

Cliniques, écoles, projets sociaux et petites entreprises avaient été soutenus par le SDIA (Susila Dharma International Association) et par des entrepreneurs privés membres de Subud. Daniel organisait maintenant un séminaire dans son grand bureau pour voir comment nous pourrions mieux aider les populations locales dans leurs pays respectifs. Il offrit généreusement de payer tous les frais, vols compris et j'acceptai.

La veille de mon départ pour les USA, j'écrivis une lettre très forte à la compagnie d'assurances, leur rappelant que chacun de mes dessins valait plus de 200€, et que s'ils ne me dédommageaient pas au moins partiellement pour leur perte, je mettrais l'affaire entre les mains de mon avocat, ajoutant que je lui envoyais une copie de cette lettre. Sur le chemin de l'aéroport, je réfléchis que ma voiture, une vieille Renault Nevada avec plus de 380.000 km au compteur, commençait à donner des signes de grand âge. Je me demandai comment je pourrais m'offrir une autre voiture et comment je pourrais rembourser les dettes que j'avais accumulées l'année passée. Je postai ma lettre à la

Mélinda sur le tour dans son atelier

compagnie d'assurances avant de prendre mon vol pour Chicago.

Quoique le département immigration des USA refusât l'entrée aux Congolais, il donna un bref visa de visiteur aux Angolais. Malgré l'absence de nos frères de la République Démocratique du Congo, nous eûmes ensemble une semaine de travail fructueuse. Le dernier jour, nous sentîmes qu'il était nécessaire de mettre la main à la poche pour donner à nos frères angolais quelques dollars pour les aider à démarrer leur entreprise. Je regardai discrètement dans mon portefeuille où il me restait exactement 330 dollars. Je sortis 3 billets de $100, gardant les 30 pour mon voyage de retour et les mis dans la cagnotte. Le jour suivant, à mon arrivée, Mélinda me tendit une enveloppe et dit : « ...l'assurance a envoyé seulement un chèque, je m'embrouille avec tous ces zéros, est-ce 3.000 € ? ». Nous regardâmes le chèque et découvrîmes avec étonnement que c'était « 30.000 € ! Nous pouvions à présent rembourser la dette et acheter une nouvelle voiture que j'utilise encore aujourd'hui au moment où j'écris ces lignes. Il n'y avait pas d'explication de la compagnie d'assurances, pas d'excuses, juste le chèque que j'encaissai le jour suivant. À nouveau, je ressentis une gratitude profonde d'être si protégé. Cela me rappela l'époque où j'entendais Bapak dire : « Quand vous donnez du bon endroit, vous recevrez le centuple en retour. »

Depuis notre emménagement à Beaumont du Ventoux, Mélinda et moi étions totalement acceptés par les habitants. Peindre les fresques dans l'église avait été sans aucun doute une bonne initiative, mais ce n'est pas tout ; les gens du pays nous montrent maintenant beaucoup de respect et des sentiments chaleureux. Je proposai mon nom pour les élections municipales et fus presque élu, à une voix près pour faire partie du conseil municipal. Le parti d'opposition, auquel j'appartiens, décida de démarrer un journal trimestriel, distribué gratuitement à tous les membres de notre communauté. Ce bulletin relate exactement ce qui a été discuté aux conseils municipaux, les nouvelles locales et est ouvert à tout article, pourvu qu'il soit signé par les auteurs et non polémique mais seulement factuel. Cette création a apporté de l'unité et un sentiment plus démocratique dans notre communauté. Quelques personnes de la localité ont commencé l'entraînement spirituel et nous pouvons faire le latihan ensemble.

Quelques mots pour finir

Comme je l'ai écrit dans les premières pages de ce livre, j'ai commencé le latihan kejiwaan de Subud quand j'avais 19 ans. Ma vie entière a été inspirée par sa pratique ; je ne peux donc pas la séparer de moi-même, car elle est maintenant intégrée dans mon tout. J'espère que vous avez trouvé mon langage accessible et que vous aussi avez reconnu quelques phénomènes imprévisibles de même nature dans votre vie de tous les jours, qui pourraient avoir trouvé leur origine dans votre propre « Source de vie ».

L'amandier en fleur de notre maison, huile sur toile de lin

Glossaire

Bapak   Terme indonésien respectueux pour s'adresser à un homme âgé.

Ibu   Terme indonésien respectueux signifiant Mère.

Latihan   Mot indonésien signifiant entraînement ou exercice.

Kejiwaan   Mot indonésien signifiant spirituel.

Subuh   Signifie l'aube. Bapak est né à l'aube.

Subud   Issu d'une langue asiatique pré-sanskrite et signifie « complet ».
                Bapak l'explique par trois mots sanscrits : Susila, Buddhi, Dharma.

Cilandak   Village dans la périphérie de Jakarta.

Testing   Terme utilisé pour décrire une façon d'approcher une question ou une situation, d'une manière neutre sans passer par le cœur ou le mental et de recevoir une compréhension qui vienne du profond de notre Être.

Note de l'auteur: J'ai évité d'utiliser des termes religieux pour décrire mes expériences spirituelles de manière à rendre la réalité de mes expériences plus accessible à tous les lecteurs.

Index des changements de prénoms

François devient Léonard.

Jean, mon épouse, devient Mélinda.

Joanna Melia, notre première fille, devient Laura, puis Lucianne.

Honor, ma mère, devient Olivia.

Sylvette, ma sœur, devient Lydia.

Philippe, mon frère, devient Rainier.

Lucas, notre petit-fils devient Melvin.

Peter Gibbs, mon ami architecte, devient Lambert.

À propos de l'auteur

Léonard Lassalle est né à Nice le 7 Décembre 1937 d'une mère anglaise et d'un père français d'Afrique du Nord tous deux artistes peintres.

Ses six premières années il les passe avec son père adoptif, Marcel Lassalle, sa mère et sa sœur Sylvette, de trois ans son aînée, sur l'Île du Levant à 15km de la côte Varoise.

En 1942, en pleine guerre, ils quittent l'île pour se réfugier à Dieulefit, dans la Drôme où il va avec sa sœur à l'École de Beauvallon. Marcel Lassalle part pour l'Allemagne.

Intéressée par l'éducation alternative, leur mère les envoie en Angleterre à l'école libre de Summerhill.

À l'âge de 15 ans, Léonard étudie pendant deux ans le dessin et la publicité à Paris chez le célèbre artiste-affichiste Paul Colin. Puis En 1955 à Londres, il étudie les arts graphiques et ensuite la peinture à la Central School of Arts and Crafts. Il y rencontre Jean Orton qui deviendra sa femme en 1959.

Juste après leur rencontre ils commencèrent un entraînement spirituel appelé « Latihan Kejiwaan de Subud » qui correspond à leurs natures indépendantes.

Léonard doit interrompre son activité artistique en 1962, poussé par le besoin matériel de nourrir sa famille et devient brocanteur ambulant à Paris. Puis avec leurs trois enfants la famille déménagera dans le sud de l'Angleterre, à Tunbridge Wells, où Léonard ouvre un magasin de décoration intérieure et d'antiquités spécialisé dans le XVIIe siècle. Cette petite entreprise leur a permis d'élever leurs 7 enfants.

Après 26 ans, ils sont revenus en France et sont établis en Provence où chacun y cultive son talent d'artiste.

www.ingramcontent.com/pod-product-compliance
Lightning Source LLC
Chambersburg PA
CBHW050129170426
43197CB00011B/1772